한국 교육의 오늘을 읽다

22개의 키워드로 보는 교육계 지형

별도의 표시가 없는 한 교육공동체 벗이 생산한 저작물은 크리에이티브 커먼즈
[저작자표시-비영리-변경금지 4.0 국제 라이선스]에 따라 이용하실 수 있습니다.
http://creativecommons.org/licenses/by-nc-nd/4.0

한국 교육의 오늘을 읽다
22개의 키워드로 보는 교육계 지형

ⓒ 정용주 외, 2023

2023년 2월 28일 처음 펴냄

글쓴이 | 정용주, 한승현, 하정호, 천용길, 진냥, 조진희, 정병오, 이정은, 이윤승, 이윤경,
     이봉수, 이병곤, 배경내, 남미자, 김진, 김아미, 김기룡, 공현
기획·편집 | 이진주, 서경, 공현
출판자문위원 | 이상대, 박진환
디자인 | 이수정, 박대성
제작 | 세종 PNP

펴낸이 | 김기언
펴낸곳 | 교육공동체 벗
이사장 | 조성실
사무국 | 최승훈, 이진주, 설원민, 서경, 공현
출판등록 | 제2011-000022호(2011년 1월 14일)
주소 | (03971) 서울시 마포구 성미산로1길 30 2층
전화 | 02-332-0712
전송 | 0505-115-0712
홈페이지 | communebut.com
카페 | cafe.daum.net/communebut

ISBN 978-89-6880-174-7 03370

한국 교육의 오늘을 읽다

22개의 키워드로 보는 교육계 지형

정용주 한승현 하정호 천용길 진냥 조진희 정병오 이정은 이윤승
이윤경 이봉수 이병곤 배경내 남미자 김진 김아미 김기룡 공현

교육공동체벗

| 책을 펴내며 |

우리가 만들어 온 오늘,
우리가 만들어 갈 미래

지그문트 바우만의 《이것은 일기가 아니다》라는 책이 있다. 그는 이 일기 아닌 일기를 쓸 당시 80대였는데, 삶과 유산에 대한 성찰과 세계 정치와 경제에 대한 관찰, 사랑과 관계의 본질에 이르기까지 다양한 주제와 씨름했다. 책은 바우만의 개인적 삶에 대한 일상적인 설명을 제공하지 않는다는 점에서 우리가 생각하는 일기가 아니며, 연대기적이라기보다는 주제적으로 구성되어 있다.

《한국 교육의 오늘을 읽다 – 22개의 키워드로 보는 교육계 지형》 역시 키워드에 관한 책이 아니다. 이 책은 우리가 만들어 온 교육운동과 실천을 대표하는 주제를 다루지만, 사람들의 관심이 쏠리는 문제를 선별하여 소개하는 책은 아니다. 이 책의 저자들은 우리가 처한 상태로서 현상을 수동적으로 표현하는 것이 아니라 우리의 교육적 실천을 통해 적극적으로 구성되고 변형되는 것으로서 주제에 접근한다.

최근 빅 데이터를 활용한 메가 트렌드 분석과 같은 것들이 유행하고 있다. 사람들이 어떤 분야를 이야기하면서 사용하는 특정 단어나 구문의 빈도와 경향을 탐색한다. 이러한 키워드 분석은 데이터에서 패턴과 주제를 식별하는 데 귀중한 도구가 될 수 있지만, 이 접근법에는 몇 가지 문제가 있다. 하나는 교육 문제를 투자적 관점으로 접근하게 하여 자원과 기회가 적게 주어진 불리한 배경을 가진 학생들의 생각과 언어를 보이지 않게 할 수 있다는 점이다. 더욱 심각한 문제는 추세에 대한 비판적인 사고와 평가가 부족해질 수 있다는 것이다. 시류에 편승하여 최신 유행이 효과적이기 때문에 인기가 있을 거라고 가정하는 경향이 강화될 수 있다. 이렇게 되면 교육과정 담론, 미래 교육 담론에서도 교육 트렌드를 반영한 개정 논리가 지배하게 된다.

물론 교육적 실천에서 혁신과 실험을 표상하는 키워드가 중요하지 않다는 것은 아니다. 끊임없이 변화하는 세상에서 필요한 기술과 지식을 갖추도록 새로운 아이디어와 접근 방식을 통해 교육을 혁신하는 것은 중요하고 그것은 새로운 키워드를 등장시킨다. 그러나 교육 키워드는 고정되거나 객관적인 실체가 아니라 맥락 속에서 형성되고 맥락을 벗어나면서 재맥락화되는 과정을 반복한다.

  이 책에서 다루는 22가지 키워드는 《오늘의 교육》 창간 10주년을 맞아 한국 교육이 어떤 경로로 지금에 이르렀고 어떤 변화와 논의가 필요한 시점인지를 다각도에서 이야기하면서 선정되었다. 《오늘의 교육》에서 주요하게 다루어 온 주제에서 출발해 우리 시대의 가장 시급한 교육 키워드가 어떻게 인식되고 있는지 분석하였다. 각각의 저자는 고정된 키워드를 해체하는 작업을 수행하면서, 어떤 키워드도 독자적으로 완성되지 못함을 드러낸다. 그럼으로써 독자들은 키워드를 두고 어떻게 활용, 실천할 것인가 뿐만 아니라 키워드가 생성되는 정치적, 사회적 맥락에 눈을 돌리게 된다. 키워드는 늘 불완전하므로, 그를 형성하는 다양한 요소를 이해해야 하며, 그것이 등장하는 복잡하고 역동적인 상황을 이해할 수 있어야 한다는 것, 그래서 키워드는 완성태로 존재하지 않으며, 늘 만들고 해체하는 과정 속에 있음을 이 책은 보여 준다.

  교육을 어떻게 정의하든지 교육이 사회의 미래를 형성하는 중요한 요소 중 하나라는 것을 부정할 수는 없다. 이 시대에 교육 실천을 하는 사람들이 어떤 개념을 사용해 현실을 인식하였으며 어떤 문제를 해결하려고 하였는지 파악하는 것은, 어떤 미래를 만들어 갈 것인가를 논의하는 데 필수적이다.

2023년 2월
저자들을 대신하여
정용주

차례

책을 펴내며 4

1부 맴돌고 있는가 나아가고 있는가
대학 입시 입시와 교육의 주객전도 | 이봉수 12
고교 서열화 고교 서열화가 만든 계급 사회 | 이윤경 26
특성화고 직업계고 본연의 목적을 달성할 수 있으려면 | 이윤승 40
특수교육 특수교육은 장애인을 위한 교육이라는 통념을 넘어서 | 김기룡 59
대안교육 공교육의 안티테제를 넘어 교육의 본래 자리를 묻다 | 이병곤 71
교원노조 교육 안에 갇힌 교원노조 운동 | 정용주 83

2부 전선을 어디에 둘 것인가
진보 교육감 진보 교육감 기획은 계속 운동일 수 있는가 | 공현 92
혁신교육 혁신교육과 교육 개혁 운동의 지속 가능성 | 정용주 105
마을교육 문제 해결을 위한 실천공동체로서의 마을교육공동체 | 하정호 117
자유학기제 개혁이 멈춰 선 자리, 그곳에서 다시 시작하자 | 정병오 130
학교 비정규직 우리는 투명 인간이 아니다 | 천용길 143
학교 돌봄 '어디서 책임질 것이냐'라는 질문은 잘못되었다 | 한승현 156
미디어 리터러시 미디어와 어린이·청소년 학습자는 어떻게 만나는가 | 김아미 168
역량 새로울 것 없는, 하지만 새로워야 할 | 남미자 183

3부 어디를 바라볼 것인가

공정 공정의 담론에 갇혀 버린 교육, 그래서 더 비극적인 | 정용주 198

안전 안전하다는 판단은 누가 내리는가 | 진냥 206

청소년 시민 학교, '청소년 시민' 앞에 서다 | 배경내 217

페미니즘 페미니즘 페다고지를 향한 발걸음의 기록 | 조진희 228

다문화교육 소수를 위한 교육에서 모두를 위한 교육으로 | 이정은 243

미등록 이주 아동 있지만 없는 학생들 | 김진 256

인공지능 인공지능 활용 교육은 교육 격차를 줄일 것인가 | 정용주 268

생태교육 생태전환교육, 교육과정의 생태적 전환 | 정용주 278

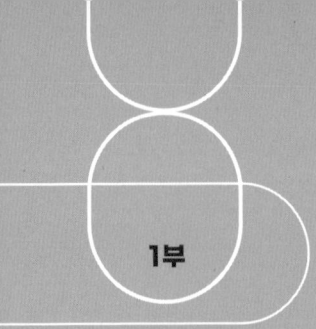

맴돌고 있는가
나아가고 있는가

📝 대학 입시

입시와 교육의 주객전도

이봉수
중등 교사, 좋은교사운동

"공동체 의식을 가지고 다양성에 대한 상호 이해와 존중을 바탕으로 세계와 소통하는 민주 시민으로서 배려와 나눔, 협력을 실천하는 더불어 사는 사람"
"고등학교 교육은 중학교 교육의 성과를 바탕으로, 학생의 적성과 소질에 맞게 진로를 개척하며 세계와 소통하는 민주 시민으로서의 자질을 함양하는 데에 중점을 둔다."

2022년 12월, 개정 교육과정 총론 및 각론이 고시되었다. 교육과정 고시 전에 있었던 성취 기준 갈등에도 불구하고 총론 속 한국 교육의 목표, 특히 고등학교 교육의 이상적 목표에 이의를 제기하는 사람은 없었다. 2009년과 2015년 교육과정 목표 진술에는 이런 표현이 등장한다. '배려와 나눔을 실천하는', '인성 교육의 실천', '핵심 역량의 함양', '창의 융합형 인재'······. 고등학교 교육의 목표는 '진로 개척 능력과 세계 시민의 자질 향상', '세계와 소통하는 민주 시민의 자질 함양'이라고 제시하고 있다. 이처럼 국가 수준의 교육과정은 지속적으로 전인적 교육과 인간적 성장이 중요하다는 점을 강조해 왔다.

현실은 반대다. 한국의 고등학교에서 인간적 성장이라는 목표는 보이지 않으며 학교는 그야말로 대학을 들어가기 위한 준비 기관이 되어 버렸다. 많은 고등학교의 교육 목표는 인간의 성장이 아니라 대학 진학률의 성장이다. 이상적 목표와 현실적 욕망의 모순 속에 놓여 있는 것이다. 고등학교의 3학년 2학기는 이 두 요구가 가지는 모순과 힘의 불균형이 극명하게 드러나는 시기다. 이 시기의 교실은 국가 수준 교육과정이 작동하지 않는 치외 법권이다. 학생들은 수능 선택 과목이 아닌 과목의 수업을 들으려 하지 않고 교사는 이들을 설득할 명분을 찾지 못한다. 학교는 학생과 학부모의 공모자가 되거나 소극적 방관자가 된다. 교육 당국은 과거에는 현실을 알면서도 교육과정 정상화를 이야기했다면 지금은 아예 그런 요구조차 없다. 고등학교 과정은 6학기로 계획되어 있지만 실상 5학기 후 개점휴업을 한다. 이처럼 한국 사회에서 입시 제도는 교육 활동 평가의 의미를 넘어 개점휴업과 치외 법권을 만들어 낼 정도로 큰 힘을 가진 '절대 반지' 같은 존재다. 교육의 본래 목표를 달성하기 위해서는 이 절대 반지를 잘 다루어야 한다. 지난 30여 년간 이 절대 반지는 어떻게 다루어졌을까? 입시 제도의 변천을 살펴보면서 이야기해 보자.

30년 입시 제도의 변천 과정

입시 제도를 직조하는 씨실과 날실이 있다. 씨실은 대학의 자율성이고 날실은 정부의 통제다. 씨실인 대학부터 생각해 보자. 대학은 평가와 선별의 몫이 온전히 대학에 있기를 바란다. 해방 이후 '대학별 입학 고사'가 그런 제도다. 이 선별 방식에서는 입시 비리 문제가 발생하기 쉽고 고교 교육과정이 무력화되기 쉽다. 날실인 정부는 이 문제를 해결해 달라는 학부모 및 일반 국민의 강한 압력을 받는다. 고등학교 교육과정의 무력화를 막아 달라는 교육자 집단의 압력도 받게 된다. 이 경우 대입에 '고교 내신'을 반영하고 객관성을 담보한 국가 수준의 시험을 개발하여 이를 대입 선발의 자료로 제공하는 방법을 택하게 된다. 민주화 이전에 진행된 수십 차례의 입시 변화는 이런 씨실과 날실의 조합이라고 할 수 있다. 변화는 대학의 입시 부조리라는 사회적 이슈, 적절한 인재를 선발할 수 없다는 대학의 불만, 입시 부담에 대한 학부모와 학생들의 호소, 교육의 본질을 강조하는 교육자 집단의 요청 등에 따라 사후 처방식으로 이루어졌다.

민주화 이후 한국 교육은 교육의 본질적 가치의 회복이라는 명제를 실현하기 위한 노력을 기울여 왔다. 1980년대 학생 자살률 증가 현상에 따라 입시 경쟁 과열과 암기식 교육, 학생인권 침해 문제가 제기되었고 교육의 본질에 집중하자는 주장이 힘을 얻었다. 이로부터 시작한 개혁은 내신 절대 평가, 수능 절대 평가 같은 정책부터 학생들의 다양한 능력을 평가하기 위한 학생부 종합 전형(학종) 확대까지 다양한 방향에서 진행되어 왔다. 민주화 이후 대입 제도 변천사 및 주요 사건을 표로 정리해 보면 다음과 같다.

한편으로는 신자유주의 구조 조정과 맞물려 소득 불평등이 심해졌다. 1999년 집계된 중소기업 노동자 평균 임금이 대기업

민주화 이후 대입 제도 변천사 및 주요 사건[*]

시기	내용	문제점
1994~1996	수능+내신+본고사	과열 과외, 수능과 본고사의 유사성 문제가 제기됨
1997~2001	수시 모집(2회), 수능+학생부+논술 *1999년 3불 정책(기여 입학제, 본고사, 고교 등급제 금지) 시행	학생부 반영 비중 미흡
2002	수능+학생부+논술+추천서+면접	학생부 반영 비중 미흡
2007	입학사정관제 실시	대입 제도가 복잡해짐
2008	내신과 수능 반영 비율 대학 자율화	
2010	1학기 합격자에 의한 학교교육 파행 문제 제기에 따라 수시 전형 연 2회에서 2학기 1회로 통합	
2015	대입 전형 간소화, 학생부 종합 전형 선발 비율 확대	학생부 종합 전형 확대에 따른 공정성 저해 문제가 제기됨
2018	공정성 문제 제기에 따라 국가교육회의에서 공론화 거쳐, 교육부에서 2022년까지 대입 수능 정시 선발 비율을 30% 이상으로 확대할 계획을 발표함.	
2019	2022년 서울 소재 주요 16개 대학에 정시 전형 선발 비율을 40% 이상으로 확대할 것, 수도권 대학에 지역 균형 선발 및 학생부 교과 전형 선발을 확대할 것을 요청	조국 자녀 입시 비리 사태 직후 급작스러운 결정

---

[*] [김지하 외(2017),《미래지향적 대입제도 개선 방안 연구》, 한국교육개발원, 43~44쪽], [김학한(2021),〈끊임없이 변해 왔지만 변함없는 입시 제도〉,《오늘의 교육》, 60호(2021년 1·2월)] 참고

노동자 평균의 71.7%인 데 비해 2019년에는 그 수치가 59.4%로 떨어졌다.* 최근 10여 년 들어 가장 도드라진 변화는 출산율 저하와 인구 노령화 현상이다. 2010년 1.149명이었던 합계 출산율이 2019년에는 0.918명으로 줄어 1명 미만이 되었다. 이러한 사회 변화는 연금 제도 및 복지 제도의 개혁과 확대에 대한 강한 요구를 불러일으켰으나 개혁은 지지부진했다.

사회적 불평등 심화와 계층 갈등은 한국 교육의 정책 설정에도 지대한 영향을 끼쳤다. 전공 공부에 필요한 기초 지식과 문제 해결력을 살피는 '교과 통합형 시험'이자 자격 시험으로서 수능의 구상**과 종합적으로 인간을 살펴보겠다는 입학사정관제(이후 학생부 종합 전형) 등의 개혁 시도는 이해관계에 따른 압력 속에서 변형되고 후퇴하거나 사라졌다. 예를 들어 2002년 경쟁 완화를 목표로 도입된 내신 절대 평가제가 폐지되었다. 2007년 시도된 수능 등급제 실험은 1년 만에 폐지되었는데 명분은 1점이라도 더 점수가 높은 사람을 변별하는 것이 공정하다는 논리였다. 이는 내신과 수능 모두에서 더 유리하고자 하는 경제적 기득권 계층의 강한 반발의 결과라 할 수 있다. 2010년 이후로 이해 집단의 영향력은 더 커져서, 정시 전형과 수시 전형의 비율 및 방법을 좌지우지했다. 사교육비 경감 정책은 교육적 목적뿐 아닌 출산

---

* "20년간 대·중소기업 간 격차 증가… 중소기업 월급, 대기업 60%도 못 미쳐", 〈조선비즈〉, 2021년 3월 14일.
** "'수능 창시자' 박도순 명예교수의 '수능 폐지론'", 〈내일신문〉, 2021년 4월 14일.

율 제고 등의 교육 외적 목적이 섞여 갈팡질팡하였다. 이러한 교육 정책의 표류는 2018년에 정점을 찍는다. 국가교육회의의 대학입시 개혁 공론화를 통해 정시 전형 선발 비율 30% 확대안이 도출, 발표되었다. 교육적 목적이 아닌 공정성의 사다리를 복원한다는 명분을 띤 정치적 목적의 달성이었다. 이듬해, 조국 자녀 입시 비리 사태를 무마하기 위한 문재인 대통령의 정시 전형 선발 비율 40% 확대안은 학교교육의 교육적 기능 회복을 열망했던 교육 본질론자들에게 한 번 더 찬물을 끼얹었다. 한마디로 교육 담론의 축소, 교육 정책에 있어 기득권의 영향력 확대가 한국 입시 제도 변화의 특징이라 할 수 있는데 구체적으로 살펴보면 세 가지 정도를 이야기해 볼 수 있다.

교육 담론의 위축과 개혁의 실패

2010년 경제학자 이주호가 교육부 장관에 취임한다. 그가 차관 시절부터 진행했던 교육 개혁 정책들을 더 큰 권한을 가지고 주도하게 된 것이다. 종종 자유주의를 이야기할 때 '권력이 시장으로 넘어갔다'라고 말하는데 이주호 장관의 교육 정책 전반이 신자유주의 개혁 운동인 GERM^{Global Educational Reform Movement}(세계 교육 개혁 운동)과 궤를 같이한다는 점에서, 교육이 완전히 시장으로 넘어간 것까지는 아니지만 시장화의 원리에 의한 정책들이 진행되었다고 말할 수 있다. 이 장관은 자율형사립고, 마이스터고,

기숙형 공립고 설립을 포함한 '고교 다양화 300' 프로젝트를 통해 학교 간 경쟁과 교육 수요자의 선택권을 강화하는 시장주의적 교육 정책을 채택했다. 입시 제도에 있어서는 입학사정관제, 수시·정시 선발 비율의 대학별 자율화, 사교육비 감소 대책, 논술 폐지 유도 및 대입 과목 축소 등의 대책을 내놓고 실행에 옮겼다. 과거 교육 정책들이 거버넌스 속에서 교육 담론과 함께 논의되고 수립되었던 것과 달리, 이명박 정부의 교육 정책은 자율과 경쟁의 원리, 그리고 사교육비 경감이라는 정치 경제적 담론을 중심으로 추진되었음을 알 수 있다.

이명박 정부의 교육 정책은 성공하지 못했다. 고교 다양화 300 프로젝트는 학교 간 서열화 문제를, 입학사정관제는 불투명한 성과 보여 주기식 스펙 쌓기 문제를 야기했다. 대학별 선발 과정 자율화는 입시 준비를 지나치게 복잡하게 만들었다는 비판을 받았다. 사교육비 경감 대책이었던 EBS 수능 70% 연계는 국가가 만든 전인 양성의 교육 목표를 스스로 부정하고 학교를 문제 풀이의 장소로 만들어 버렸다. 결국 대학 서열화, 소득 격차 및 일자리 문제를 우회하여 시도한 시장주의적 정책은 사회의 양극화를 학교의 양극화로 확장하는 결과만 가져왔고, 교육 담론은 크게 위축되었다.

민주화 이전, 학교는 학부모와 학생들에게 신뢰를 얻지 못했다. 과한 체벌과 촌지로 상처받은 학생들과 학부모들이 많았다. 많은 학교에서 공부를 잘하는 학생들과 못하는 학생들을 구분하여 차별했다. 대입의 경우 학교와 담임은 최종적 추천권을 가지고 학생들을 통제했다. 민주화 이후 제도적, 문화적으로 이를 개선하기 위한 노력이 있어 왔는데 특히 제도적인 시도가 두드러졌다. 경기도교육청에서 시작되고 다른 시·도로 퍼져 나간 학생인권조례는 인권의 주체인 학생을 재인식하게 하는 계기가 되었다. 좋은교사운동 등에서 주도한 '촌지 받지 않기 운동'은 「부정청탁 및 금품등 수수의 금지에 관한 법률」의 세례를 받으면서 이제는 표준으로 정착했다.

입시 과정에도 변화가 있었다. 지원 대학 선정에 있어 학생과 학부모의 결정권이 커졌다. 인터넷으로 원서 제출이 가능해짐에 따라 교사는 조언자의 위치가 되었다. 학교장 추천 전형의 경우도 많은 학교가 그 투명성을 담보하기 위해 학교 홈페이지 공지, 가정통신문 배포 등의 절차를 진행하고 있다. 정부 당국도 입시에 대한 신뢰를 확보하기 위해 과하리만치 노력했다. 모의고사 문제 유출 행위를 처벌하고, 시험 중 휴대전화 소지만으로도 부정행위에 해당한다고 보는 등 부정 행위 적발에 심혈을 기울였다. 그런 노력들에도 불구하고 지난 10여 년간 입학사정관제와 학생부 종합 전형으로 이어지는 입시 제도에 대한 불신은 깊어져만 갔다. 상위권 성적 학생들의 명문대 진학을 위해 스펙을 부풀리는 교사, 범접할 수 없는 스펙을 만들거나 허위로 스펙을 조작해 기록해 줄 것을 요구하는 일부 학생과 학부모, 이를 조장하는 학원의 컨설팅, 명문고 학생을 뽑기 위한 대학의 꼼수 등이 주요한 원인이다. 이 원인들이 방치된 것은 아니었다. 교사 추천서 폐지, 자기소개서 축소, 학생부에서 평가 요소 및 항목 변경, 해외 스펙과 봉사 활동 등 특정 내용 기록 금지, 출신 학교 및 지명 표기 금지 등 여러 차례 규정을 바꾸며 개선을 시도했다. 신뢰받지 못하는 학종을 폐지하기보다 개선하려 애쓰는 이유는 그 영향으로 학교 현장에서 토론, 쓰기, 말하기 등의 활동이 활발해졌고 그것이 역량 함양이라는 교육적 목표와 부합하다고 평가했기 때문이다. 2010년대 후반 교육 당국은 학종을 유지하며 불신을 해소하려 노력했지만 성공하지 못했다.

공정이라는 착각

우리 사회에서 정치는 희화화의 대상이다. 후진적이고 권위적이라는 비판을 받으며 정치인은 탐욕스럽고 무능한 사람들로 묘사되곤 한다. 하지만 시계열로 정치를 살펴보면 그렇지 않다. 고무신과 연탄으로 매표를 하고, 기업이 '차떼기'로 불법 정치 자금을 지원하고, 국회 명찰을 한자에서 한글로 바꾼다고 한탄하고, 정장이 아닌 옷을 입고 국회의원 선서를 한다고 비난하던 시절이 그리 오랜 과거가 아니다. 여전히 부족하지만 한국 정치는 더 투명하고 덜 권위적인 방향으로 점진적 발전을 해 왔다.

교육도 그렇다. '신분 상승의 사다리'로서만 교육을 중시했을 때 교육의 본질적 기능에 대한 강조는 그저 선언적이었다. 신분 상승의 사다리로서 입시에 대한 관심은 얼마나 공정했는가라는 질문으로 귀결되었다. 시험 문제가 사전에 유출되지 않았는지, 평가가 너무 쉽거나 어렵지 않았는지, 평가 과정이 투명했는지 등이 중요한 관심이었다. 추가하자면 그 신분 상승 사다리의 가격(사교육비)이 너무 비싸지 않았는지 정도가 되겠다. 1990년대 초 민주 정부가 들어서면서 사회 각 분야에 대해 개혁의 요구가 있었다. 교육 분야는 교육 담론과 교육의 본질적 기능의 회복이 그 중심이었다. 학생의 개성과 교육적 성장이 강조되었고 민주 시민성과 공동체성 함양이 중요한 교육 의제로 취급되었다. 이에 따라 내신 절대 평가, 수시 제도, 수능 등급제, 특기자 전형 등이 도입되고 실천되었다. 이명박, 박근혜 정부의 교육 정책은 지난 진보 정부의 교육 정책을 전면적으로 부정하지 않았다. 고교 다양화, 대학의 선발 자율권 확대 등 신자유주의적 정책을 추진했지만, 3불 정책, 사교육비 경감, 입학사정관제에서 학생부 종합 전형으로 이어지는 대입 평가 정책과 같은 큰 줄기는 거의 유지했다. 이는 문제 풀이식 수능 중심 제도로는 '인간 자본론'에 근거한 역량 있는 시민의 양성을 할 수 없다고 보았기 때문이기도 하고 투표권자인 학부모들의 마음을 사는 것이 정책의 주요 고려 대상이기 때문이었다.

2010년에서 2019년 기간 중 수시의 비율은 크게 증가(57.9% → 76.2%), 정시의 비율은 크게 감소(42.1% → 23.8%)했다. 그중 주요 대학들의 학생부 종합 전형의 비율은 43.4%에 이르게 되었다.* 교육부의 적극적 지원이 이를 견인했고, 이에 더해 수시 입학 학생들이 대학에 갖는 충성도가 높으며, 대학이 자신의 입맛에 맞는 학생들을 선발할 수 있다는 점(특히 특목고·자사고 학생들을 뽑기에 유리하다는 점) 등의 이해관계가 맞아떨어진 것으로 추측할 수 있다. 어찌 되었건 수시 선발 비율 확대가 고교 교육의 정상화라는 측면에서 긍정적인 효과를 내기도 했다. 이런 가운데 문재인 정부의 입시 정책은 교육 본질론자들에게는 배신과 충격이 아닐 수 없었다. 문재인 정부의 주요 공약은 수능 절대 평가, 고교 학점제 실시 등 지난 진보 정부 정책과 방향을 같이했다. 하지만 집권 이후 공정 담론을 꺼내 들며 정시 확대를 추진하였다. 국가교육회의는 이 문제를 공론의 장으로 끌어들인 후 여론을 등에 업고 정시 비율 확대를 추진하였다. 조국 사태 이후 악화된 여론을 잠재우기 위해 대통령도 이에 가세하였다. 이는 소득 격차, 일자리 문제, 대학 서열화 등 심화되고 지속된 한국 사회의 배경적 모순을 방기한 채 모든 책임을 수시 전형의 악용 가능성에 돌린 것이라 할 수 있다. 하지만 학력고사를 신분 상승의 사다리로 삼았던 586 집권 세력의 '날카로운 첫 키스의 추억'에 따른 정시 확대 기획은 소득 격차가 이미 교육 격차로 이어진 현재의 상황에서 성공할 것으로 생각되지 않는다. 이들의 정시 확대 기획은, (미국의 SAT 등에서 확인된 바와 같이) 정시 또한 사회 경제적 배

---

* "오락가락 입시정책… 수험생 대혼란", 〈동아일보〉, 2018년 4월 10일.

경에 의해 점수 격차가 생길 것이라는 점에서 공정성을 달성하지 못할 것이며, 학생들에게는 정시와 수시 중 어떤 것도 포기하지 못한 채 이중의 고통을 겪게 한다는 점에서 잔인하다. 고등학교 교육을 문제 풀이 정도로 생각하는 이들에게 좋은 반격의 기회를 준다는 점에서도 이전의 대입 기획보다 여러 면에서 후퇴했으며 실패할 가능성이 크다.

해방 이후 입시 제도는 교육적 목적보다 선별과 선발의 기능으로 주목받아 왔다. 인구 증가, 대학 정원 확대, 고등교육 진학 비율 증가와 맞물려 학교교육은 입시 종속성을 벗어날 수 없었다. 대학 서열화, 소득 격차 확대, 비정규직 증가 등으로 입신양명에 대한 욕구는 더 강렬해졌다. 입시 제도의 변천을 복기할 때 얻을 수 있는 깨달음은 기득권이 교육에 정치적 압력을 강하게 행사할 수 있는 구조를 그대로 두고서 교육 정상화는 난망하다는 것이다.

하지만, 힘을 낼 일이다. 두 가지 면에서 우리는 입시 종속성에서 교육을 해방시키기 위해 다시 신발끈을 매고 분투해야 할 것이다. 우선 당위적 이유다. 민주주의의 확대는 정치적 평등의 확대를 의미한다. 3년이라는 짧지 않은 고등학교 시절 동안 모든 학생은 성장을 위한 교육의 기회를 제공받아야 한다. 소수 학생의 입시 들러리로 전락하는 일은 용납되어서는 안 된다. 학교 공부는 1등부터 꼴찌까지 모두의 성장을 돕는 의미 있는 교육이 되어야 한다. 인구 구조 변화도 중요한 이유다. 2023년 기준 고3 학생은 40만여 명에 불과하다. 2040년에는 30만여 명 정도로 줄어들 것으로 예상된다.* 100만 명 중 40만 명을 선별하던 관점에서 40만 명 모두를 역량 있는 학생으로 만들고자 하는 사고로의 전환이 이루어질 시점이다. 그럴 때 국가 교육과정이 학생들의 역량과 도덕성을 성장시키는 주인공의 역할을 회복할 것이고, 입시는 이를 충실히 실현했는지를 확인하는 종복으로서의 역할에 충실할 수 있을 것이다. 새로운 입시 제도는 이런 전제 아래 기획되어야 할 것이다.

---

* "올 고3 학생 수 '사상 최저'… 대입 '역대급 미달' 예고", 〈한국경제〉, 2023년 1월 1일.

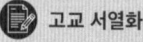 고교 서열화

고교 서열화가 만든 계급 사회

이윤경
참교육을위한전국학부모회

'서열화'는 한국 교육의 특징 중 하나이다. 시험과 경쟁을 통해 학생들을 줄 세우고, 학교들 역시 입학생과 졸업생의 성적으로 서열화된다. 학교 서열화는 경쟁을 부추기고 교육 활동을 입시 위주로 변질시키기 때문에 이를 개혁하는 것은 오랫동안 한국 교육의 화두였다. 공교육이 확대되고 취학률이 증가하면서 중학교 입시 경쟁이 심해지자 1969년 중학교 무시험 배정제 도입으로 평준화가 이루어진 것이 그 예다. 같은 이유로 1974년 대도시 지역을 중심으로 고교 무시험 배정제(고교 평준화)가 추진되었다.

그럼에도 다른 한편에선 특수목적고(특목고) 도입 등 고교 서열을 확고히 하려는 움직임이 꾸준히 있었다. 특히 2010년대의 결정적 사건은 이명박 정권이 '고교 다양화'를 내걸고 자율형사립고(자사고)의 수를 크게 늘린 것이었다. 그 이후 10여 년이 지난 지금까지 자사고로 대표되는 고교 서열화는 일반고 교육의 질을 하향시키고 우리 교육의 발목을 잡는 주범으로 사회적 논란과 갈등을 야기하고 있다. 고교 서열화 해체는 대학 입시 제도 개편과 함께 반드시 해결해야 할 교육 개혁의 선결 과제다.

이명박 정부의 고교 다양화 정책

고교 평준화로 많은 지역에서 일반계고등학교가 평준화되었으나, 대신 특목고와 자사고 등 전국 또는 광역 단위로 학생을 모집하며 일반고와 다른 교육과정 또는 운영 방식을 표방하는 학교들이 세워지기 시작했다. 수월성 교육이나 교육 수요자의 선택권 확대가 이유였다. 특목고란 영재학교, 외국어고, 과학고, 국제고로 대표되는데, 마이스터고도 특목고에 포함되나 대학 진학보다는 취업을 목표로 한다는 점에서 나머지 학교들과 차이가 있다. 자사고는 정부 지원금 없이 독립된 재정과 교육과정으로 운영되는 고등학교를 말한다. 이명박 정부의 대선 공약이었던 '고교 다양화 300 프로젝트' 이행을 위해 도입되었다. 2008년 「초·중등교육법 시행령」을 개정하여 시범 학교를 운영, 민족사관고등학교로 대표되는 기존 7개 자립형사립고*를 자사고로 통합하였고, 2009년부터 본격적으로 수를 늘렸다. 정부는 사립 학교들이 자사고로 전환하도록 유도하기 위해 자사고 지정을 위한 법인 전입금 기준을 학생 납입금 총액의 25%에서 3~5%(소재지에 따라 경기도를 제외한 나머지 도는 3%, 경기도·특별시·광역시는 5%)로 대폭 축소했다. 결과 자사고 숫자는 2010년에 43개교, 2013년에 49개교로 증가했다. 이런 고교 다양화 정책이 학생·학부모가 학교를 선택하는 데에 혼란을 초래한다는 비판이 일자 정부는 2010년, 「초·중등교육법 시행령」을 개정해 고등학교의 유형을 교육과정과

---

* 정식 명칭은 자립형 사립 고등학교 시범학교로, 자율형사립고 도입 이전부터 존재하던 정부 지원금 없이 독립된 재정과 교육과정으로 운영되는 고등학교를 말한다. 2011년 모두 자율형사립고로 전환하며 폐지되었다.

운영의 자율성을 기준으로 일반고등학교, 특수목적고등학교, 특성화고등학교, 자율형고등학교의 4개 유형으로 정리했다(「초·중등교육법 시행령」 제76조의3).

자사고는 중학교 성적 상위 50% 이내 학생이 지원할 수 있고 추첨으로 선발하며 모집 인원의 20%를 사회적 배려 대상자로 선발해야 한다. 광역 단위 소재 지역의 학생만 모집하는 것이 원칙이지만, 법인 전입금을 20% 이상 출원하면 전국 단위 모집이 가능하다. 2022년 기준 35개 자사고 중 광역 단위 자사고는 25개교, 전국 단위 자사고는 10개교(광양제철고, 김천고, 민족사관고, 북일고, 상산고, 외대부고, 인천하늘고, 포항제철고, 하나고, 현대청운고)다. 단, 경상남도, 충청북도, 제주특별자치도, 세종특별자치시에는 자사고가 없기 때문에 이 지역의 학생들은 전국 자사고 어디에든 지원할 수 있다. 특히 현대, 포스코, 하나금융그룹, 인천공항공사, 삼성 등 기업들이 운영하는 기업형 자사고는 해당 기업의 임직원 자녀를 선발하는 등 교육의 사유화 및 불평등을 더욱 심화시킨다는 지적이 나온다.

'고교 다양화'라는 이름에서 알 수 있듯이, 이명박 정권은 자사고가 늘어나면 학교와 교육과정이 다양해지고 교육 수요자의 선택이 확대되며 만족도도 높아질 거라는 주장을 내세웠다. 자사고는 학교가 자율적으로 교육과정을 편성해 운영할 수 있기 때문이다. 하지만 대학 서열과 입시 경쟁이 힘을 발휘하는 상황에서 학교에 주어진 자율성은 질적인 다양화로 이어지기보다는 대학 입시 위주 교육으로의 획일화와 학교 간 서열화를 초래했다. 고교 평준화 이전의 특권 학교가 대도시 지역의 소위 '명문' 인문계고였다면, 오늘날 그 위상은 고스란히 특목고와 자사고로 이전되었다. 2022년 교육 통계에 따르면 영재고는 8개교, 국제고는 8개교, 과학고는 20개교, 외고는 30개교가 운영되고 있다. 35개 자사고와 더하면 전국 고등학교 2,373개교 중 4.3%를 차지하는 101개교가 고교 서열화를 부추기고 있는 것이다.

고교 서열 체제는 해체될 수 있을까

역대 정부는 자사고를 일반고로 전환하는 데 소극적인 편이었고, 일부 정부는 한 번 지정된 자사고를 어떻게든 유지시키려 노력하기도 했다. 교육감 권한으로 지정을 취소해도 교육부가 부동의하고, 대통령의 권한인 시행령을 개정하지 않고 미루면서 특권층의 값비싼 특권 교육, 차별화 교육과 기득권 대물림을 보장해 주는 식이었다. 어쩌다 교육부가 동의해 재지정이 취소된 자사고들은 행정 심판과 헌법 소원 등을 통해 지정 취소 처분에 불복하고 나섰다. 문재인 정부는 정권 말기에 가서야 자사고와 외고를 2025년에 일괄 폐지하겠다고 발표하며 공을 차기 정부로 미뤘다. 하지만 윤석열 정부가 이전 정부의 약속을 이행할지는 미지수이며, 현재 자사고는 폐지하고 외고는 존치한다는 입장을 보이고 있다.

그러나 자사고와 외고에 대한 학생들의 선호는 하락세로 접어들었다는 것이 교육계의 분석이다. 외고의 경우, 2022년 기준 전국 30개교 중 15개교가 신입생 정원을 채우지 못했다. 입학 경쟁률도 2020학년도 1.37:1, 2021학년도 1.04:1, 2022학년도 0.98:1로 3년간 감소했다. 일반고로 전환하는 자사고도 늘고 있다. 서울은 기존의 자사고 중 10개교가 일반고로 전환했다. 2022년만 해도 한가람고, 숭문고, 동성고, 장훈고가 일반고 전환을 결정했다. 일반고로 전환하는 학교들은 대부분 재정이 불안정하며 특히 장훈고는 3년 연속 신입생이 정원 미달되었던 학교다.

해당 학교들은 2년간 총 25억 원(교육부 15억, 교육청 10억)을 고교 무상 교육 시행에 따른 재학생 등록금 감면과 교직원 인건비 등의 명목으로 지원받는다. 현재 재학생들에게 자사고 졸업을 인정하면서 등록금을 지원해 주겠다는 교육청의 제안을 자사고 재학생들과 학부모들은 거절할 이유가 없었을 것이다. 서울시교육청 자율학교심의위원회에서는 해당 사안에 대해 '재학생 등록금이 아닌, 일반고 전환 이후 신입생들을 위한 시설 개선, 교육과정 지원 등에 예산이 투입되어야 한다'고 지적했으나, 이에 교육청은 일반고 전환 시점부터 고교 무상 교육 원칙이 적용되어야 하기 때문이라고 설명했다. 일반고 학부모들 입장에서는 납득하기 어려운 해명이다. 일반고 전환을 명분으로 자사고에 투입되는 막대한 예산은 본래 일반고 교육의 질을 높이는 데 쓰였어야 옳다. 자사고 폐지가 일반고를 살리는 여러 방법 중 하나일 수는 있지만 자사고만 없앤다고 일반고의 교육의 질이 저절로 향상되는 것은 아니기 때문이다.

외고나 자사고와 달리 과학고는 2023학년도 자료를 보면, 전국 20개교의 평균 경쟁률이 3.50:1로 전년도(3.16:1)보다 높아졌다. 특히 서울 지역 과학고의 경쟁률은 한성과학고 4.91:1(전년도 3.78:1), 세종과학고는 4.01:1(전년도 3.09:1)로 높아졌다. 이러한 과학고의 약진은 인문계의 취업난에 더해 역대 교육 및 연구 지원 정책이 인문 분야보다 이공계 분야에 집중되었던 것이 원인 중 하나로 분석된다.

고교 서열화가 만든 계급 사회

2021년, 교육부는 〈고교 체제 발전을 위한 빅데이터 분석 연구〉 보고서에서 "고교 체제가 고등학교 서열화 또는 계층화와 어떤 관련성을 가지며, 이에 따라서 교육을 통한 사회 계층화(불평등)에 어떻게 작용해 왔는가"를 분석해 발표했다. 이 보고서는 2005~2007년 중학생과 2015~2017년 중학생을 10년간 종단 연구한 결과, 특목고·자사고의 진학이 지역이나 가구 소득 등의 배경 요인에 좌우되는 경향이 커졌다고 밝혔다. 특히 중학교 1학년 시기 성취 수준이 중요해졌다고 하면서 특목고·자사고 진학을 준비하는 시기가 초등학교 단계로 하향 이동했을 가능성을 제기했다. 고교 서열화가 초등학교 교육에까지 영향을 미친다는 것은 익히 알려진 사실이다.

보고서에 따르면 2012년 이후, 서울 소재 대학과 대학 평가 상위 30개 대학에 진학한 학생 중 일반고 졸업생 비율은 감소하고 자사고 졸업생 비율은 증가해 특목고·자사고 졸업생 비율이 22.49%(특목고 8.75%, 자사고 13.74%)를 차지했다. 보고서는 "지난 10년간 고교 유형의 변화에도 불구하고 특목고 및 자사고 학생들은 대학 진학에 있어서 유리한 위치에 있었으며, 특히 고교 다양화 정책으로 인한 졸업생들이 유입되기 시작한 2013년 이후부터는 그 경향이 더욱 강하게 나타났다"라고 덧붙였다.

보고서는 또 고교 서열 체제가 사회 계층화로 이어지는 부분에 대해 중학생이 대학을 졸업해 취업할 때까지의 종단 조사 결과를 발표했다(이들이 고등학교에 진학할 때는 자사고가 도입되기 전이라 과학고와 외고만 해당됐다). 결과는 다음과 같다.

가구 소득이 많고 부모의 학력과 직업이 좋을수록 특권 학교에 많이 진학하고, 일반 학교에 비해 특권 학교 졸업생이 상위 5개 대학에 많이 진학했다(과학고 졸업생의 78.6%). 대기업에 취업하는 비율도 더 높아, 과학고 졸업생의 76.7%, 외고 졸업생의 57.9%가 직원 300명 이상인 대기업에 취업했다.

고교 서열화가 야기한 사회 계층화 연구의 마지막은 임금 소득으로 정리된다. 서울의 과학고 졸업생은 월 472만 원, 외고 졸업생은 월 314만 원, 일반고 졸업생은 월 231만 원, 전문계고(특성화고) 졸업생은 190만 원. 고교 서열 체제가 어떻게 계급을 재생산하고 불평등을 확대하는 데 기여하는지 보여 준다.

고교 평준화의 현주소

고교 서열화가 유지되는 이유는 특목고와 자사고가 대표적인 특권 학교, 상위권 고등학교 집단을 형성하고 있어서이기도 하지만, 또 다른 요인은 고교 비평준화 지역이 여전히 적지 않기 때문이다. 하지만 이는 특권 학교 문제와는 다르게 각 지역의 문제로 여겨지고 있다. 이 지역들에서는 지역 내 같은 유형의 고교 사이에도 서열이 존재한다. 현재 지역별 고교 평준화 현황은 다음과 같다. 서울 및 6대 광역시는 일부 도서 지역을 제외하고 모두 평준화가 이루어졌으나 아직 적지 않은 수의 중소 도시와 모든 군 단위 지역이 비평준화 지역이다.

지역별 고교 평준화 현황

권역	고교 평준화 지역
서울·경기	서울, 인천(도서 지역 제외) 고양, 과천, 광명, 군포, 부천, 성남, 수원, 안산(대부고 제외), 안양, 용인(백암고 제외), 의왕, 의정부
강원	강릉, 원주, 춘천
충청	대전, 세종, 청주, 충주
전라	광주, 군산, 목포, 순천, 여수, 익산, 전주
경상	대구(달성군 일부 제외), 부산(도서 지역 제외), 울산, 거제, 김해, 진주, 창원(마산합포구, 마산회원구, 성산구, 의창구), 포항
제주	제주

고교 평준화 지역에 사는 사람들은 비평준화 지역의 상황을 잘 모른다. 경기도 주민들 사이에서는 지역별로 고교 평준화 여부가 다르다는 것을 몰랐다가, 자녀가 고등학교에 진학할 때에야 알고 급하게 이사했다는 사례도 종종 들린다. 고교 서열화는 특목고, 자사고만 폐지한다고 해소되는 것이 아니다. 그러나 고교 비평준화 지역 문제는 전국적·사회적 사안으로 다뤄지지도 않고 각 지역에서 힘겹게 싸워야 할 문제로 남겨져 있다. 경기도 김포시처럼 시민단체들이 오랫동안 문제를 제기하고 싸워도 이뤄 내지 못하는 경우도 있다. 2011년 강원도에서는 민병희 교육감이 원주, 춘천, 강릉에서 고교 평준화 정책을 폈지만, 이것이 빌미가 되어 2022년 교육감 선거에서 일부 후보들로부터 강원도 학력 저하의 주범이라고 공격받기도 했다.

한편, 일부 과밀 지역을 제외한 고교 비평준화 지역에서는 '비평준화의 평준화' 현상이 나타나고 있다. 비평준화 고등학교지만 입학 정원보다 학생 수가 적어 어느 학교든 지원만 하면 입학이 가능하기 때문이다. 비평준화라는 이미지 때문에 우수 학생들이 타 지역으로 이탈한다면서 이럴 바엔 고교 평준화 지역으로 바꾸자는 의견들도 제시되고 있다. 고교 서열화를 해체하려면 특권 학교 폐지와 함께 전국 모든 지역에서 고교 평준화가 완성되어야 한다.

특권 학교에 대한 사회적 논의와 폐지 투쟁

2019년, 서울시교육청은 자사고 재지정 평가 대상 13개 학교 중 8개교를 지정 취소시켰다. 당시 서울교육단체협의회 소속 30여 개 단체들은 44일 동안 교육청 앞 릴레이 1인 시위와 수차례의 기자 회견을 진행하며 재지정 취소를 촉구했고, 자사고학부모연합의 학부모들은 도심 한복판에서 대규모 집회를 열며 재지정을 요구했다. 이런 갈등 상황은 자사고가 생긴 이래 끊임없이 반복되어 왔다. 조정이나 타협이 불가능한 평행선 위에서 학부모들은 서로 적으로 마주 섰다.

양측이 주장하는 논리는 이명박, 박근혜, 문재인 정권을 거치는 세월 동안 한마디도 달라지지 않았다. 자사고 찬성 측은 "자녀가 원하고 부모가 능력이 있으면 좋은 환경에서 자녀의 소질을 길러 주는 것이 당연하고 그것은 헌법 제31조에 보장된 '능력에 따라' 교육받을 권리"라고 말한다. 덧붙여 자사고가 우리나라 고등학교 교육의 질을 높이는 긍정적 역할을 하고 있다고 강조하면서 자사고를 없애는 건 '하향 평준화'라며 '아이들이 더 높이 올라갈 수 있는 사다리를 걷어차지 말라'라고 한다.

이에 대해 자사고 반대 측은 헌법 제31조는 부모의 경제력에 관계 없이 누구나 '균등하게' 교육받을 권리라고 반박한다. 또한, 공부 잘하는 아이들만 따로 선발해서 특별한 교육을 시키는 '분리 교육'이야말로 우리 교육을 황폐화하고 차별이 당연한 사회로 만드는 지름길이라고 설명한다. 일반고로 전환하는 것이 '하향'이 되지 않게 하기 위해 일반고에 예산을 지원해 교육과정을 자사고 수준으로 끌어올리는 것이 급선무라고 강조한다. 교육의 과정에 서열을 만들어 사다리를 올라오라고 하기보다는 사다리가 필요 없는 세상을 만들어야 한다고 주장한다.

자사고, 외고, 과학고 등의 특권 학교 폐지 투쟁은 해당 학교들이 탄생될 때부터 지금까지 계속되고 있다. 특권 학교 설립을 위한 근거 법령이 제정될 때부터 재지정 시기가 도래할 때마다 교원·학부모·시민단체들은 국회, 교육부, 교육청, 도로에서 반대 투쟁에 앞장섰다. 서울특권학교폐지공대위, 교육혁명공동행동, 특권학교폐지일반학교살리기국민운동, 특권학교폐지촛불시민행동 등 연대체를 꾸려 기자 회견, 집회, 농성, 토론회 등으로 10년 넘게 특권 학교 반대 투쟁을 이어 갔다. 지역별 교육시민단체들도 특권 학교 관련 사안이 발생할 때마다 각 지역에서 폐지 투쟁에 앞장섰다. "자사고는 탄생하지 말았어야 한다"는 말을 오랫동안 반복하며 언젠가는 특권 교육을 뿌리 뽑을 수 있을 거라고 꿈꿔 왔다. 하지만 2023년, 여전히 특권 학교 폐지가 지지부진하고 고교 서열화 해체가 오히려 후퇴할 조짐이 보이는 상황은 절망스럽다.

고교 서열화 해체는 대학 서열 및 입시 개혁과 함께 가야

자사고의 증가와 그로 인한 고교 서열화는 초등학생 때부터 상급 학교 진학을 위한 사교육을 부추기며 초·중·고 교실을 경쟁 교육으로 내몰고 학교를 '시장'으로 전락시켰다. 학교 간 서열화로 인해 학교 및 학생들 사이에 우열 의식이 강해졌고 가정의 경제력에 따라 차별적인 교육을 받게 되었다. 교육을 황폐화시킨 고교 서열화 정책의 명백한 실패와 문제점을 외면하고 정치 세력이 시장주의적 이념과 아집에 따라 체제를 유지하고 오히려 강화하려고 한다면 우리의 교육 현실은 더욱 암담해질 것이다.

대학 입시 제도를 손봐서 일반고 학생들에게 조금 더 많은 기회를 주면 된다는 생각은 단편적인 접근이다. 현행 입시 제도와 경쟁 교육 체제에서는 어쨌건 '성능 좋은 사다리'가 유리하다. 정시 전형 비율을 확대하면 일반고보다 잘 가르치는 특권 학교에서 비싼 수업료를 내면서라도 공부 잘하는 학생들과 함께 배우려 할 것이다. 수시 전형에서도 다양한 교육과정이나 지원으로 인해 학교생활기록부에 기재할 사항이 풍부한 특권 학교가 유리하다고 여긴다. 내신에 유리하니 일반고에 진학하라는 옛말은 이젠 통하지 않는다. 서열화가 심해질수록 점점 일찍부터 출발선이 달라지는 건데, 이를 고치려 하지 않고 다른 방식으로 응원을 해준다는 것은 문제를 외면하는 일이다. 교육운동단체들이 특권 학교 폐지를 외치는 이유는, 그것 외에 답이 없기 때문이다.

고교 서열화는 결국 대학 서열 체제, 입시 경쟁의 문제와 직접적으로 연결되어 있다. 입시 경쟁과 학력·학벌 차별 속에서 교육은 학생들을 경쟁으로 줄 세워 사회적 차별을 만들고, 학생들로

하여금 그것을 정당화하게끔 한다. 그러니 경제력이 있는 가정에서는 대학 입시의 직전 단계인 고등학교에서부터 자녀가 조금이라도 더 유리한 자리를 차지하게 하려는 시도가 끊이지 않는다. 대학 입시 경쟁이 사라지지 않는 한 어떤 식으로 개편해도 특권학교를 유지하려는 욕망은 존재할 수밖에 없다. 그러므로 고교 서열화를 해체하려는 노력은 고등학교만이 아니라 대학을 비롯해 모든 교육에서의 서열화 문제를 해결하려는 노력으로 이어져야 한다. 윤석열 정권의 특권 학교 존치 방침에 맞서 다시 한 번 서열화 교육, 특권 교육 폐지를 위해 나서야 할 때다.

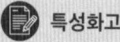 특성화고

직업계고 본연의 목적을 달성할 수 있으려면

이윤승
서울 이화여대병설미디어고 교사, 《오늘의 교육》 편집위원

공장의 기계를 운전할 노동자가 필요했고 은행에서 출납 업무를 담당할 노동자가 필요했다. 산업화 시기, 기업에서 바로 쓸 수 있는 인력을 키워 내는 것이 실업계고등학교들의 설립 초창기 목표였다. 지금의 특성화고는 그때의 목적으로부터 반쯤 벗어나 있다. 지난 시간 그 반쯤 걸쳐 있는 목적의 추가 조금씩 흔들리며 시소처럼 두 방향으로 움직여 왔다. 특성화고는 산업 현장에서 바로 일할 수 있는 노동자를 교육하는 곳일까, 산업과 별개로 학교마다 특성화된 교육을 할 뿐인 곳일까. 점점 교육에서 노동이 배제되고 있는 지금, 지난 시간보다 특성화고는 더욱 흔들리게 될 것이다. 교육, 노동, 기업의 이해관계에 따라 각 학교는 중심을 잡기 어렵다. 학교가 중심을 잡기 힘든 상황이니 그 안에 속한 학생들은 이제 뭔가를 선택하기조차 쉽지 않은 상황으로 내몰리고 있다. 지난 사례에서 답을 찾을 수 있을까. 혹은 더 나은 새로운 방향을 찾아야만 하는 것일까.

이후에 서술될 글을 보기 전에 먼저 이해해야 할 부분이 있다. 특성화고는 일반 인문계 학교와는 다르게 볼 필요가 있다는 점이다. 일반 인문계고등학교는 인구 분포나 대학과의 관계에 따라 역사적인 맥락을 이해할 수 있지만 특성화고는 그 외에도 각 시대별 경제 정책, 노동에 대한 인식, 기업에 대한 정부의 규제와 같은 더 많은 인자들과 연결되어서 해석될 수 있기에 특성화고를 일반화해서 설명하기가 쉽지 않다. 또한 같은 특성화고라고 해도 기업들의 지역 분포가 다르다 보니 대도시와 소도시 지역의 특성화고, 상업계와 공업계, 농업계 등 다양한 계열의 학교마다 역사적 흐름이 상이하다. 최대한 다양한 지역과 계열에서의 교사, 학생과의 만남과 경험을 통해 전체적인 해석을 추구하고 있지만 다소 부족함이 있더라도 양해를 부탁드린다. 적어도 내가 속한 곳, 그리고 내가 파악할 수 있는 영역까지는 최대한 파악하고자 노력하여 쓴 결과물이다. 그럼에도 부족한 부분이 있다면 전적으로 내가 속한 영역의 한계일 것이다. 참고로 내가 속한 학교는 서울의 사립, 상업 계열 특성화고이며, 실업계고에서 특성화고로 직업교육 체제가 전환되던 단계에서 비교적 초기인 2005년에 특성화고로 전환했다.

실업계고에서 마이스터고까지, 직업교육 학교의 변천사

실업계고, 전문계고, 특성화고, 마이스터고……. 직업교육을 담당하는 학교를 부르는 명칭은 시대에 따라 달라졌다. 초기에는 농고, 공고, 상고 등 전통적 유형의 실업계고로 한정되었으나, 1998년 시행된 「초·중등교육법 시행령」 제91조에 따라 특성화고라는 분류가 추가되었다. 이에 2000년대 초반 선린인터넷고, 서울관광고, 예일디자인고 등 몇몇 학교가 실업계고에서 특성화고로 전환했다. 특성화고는 예술, IT 등 특정 분야의 인재를 키운다는 목표를 가졌기에 기존의 실업계고보다는 특목고에 보다 가깝게 여겨졌다. 특성화고의 인기가 높아지며 실업계고의 이미지는 점점 더 부정적으로 바뀌었다. 이에 2007년, 교육부는 실업계고라는 명칭을 전문계고로 변경하는 내용으로 시행령을 개정하였고, 2012년에는 전문계고를 특성화고로 통합하였다. 수도전기공업고, 미림여자정보고 등은 처음엔 실업계고였지만 2008년 「초·중등교육법 시행령」 제90조 개정과 함께 마이스터고(산업 수요 맞춤형 고등학교)로 변경되었고 그 후로는 특수목적고로 분류되고 있다.

특성화고에 2010년대는 어려운 질문의 답을 찾아야 하는 시간이었다. 오랜만에 찾아온 제2의 전성기가 빠르게 막을 내리지 않게 하기 위해서 어떻게 해야 하는가라는 문제였다. 앞서 산업화 시대 서울여상으로 대표되는 여상의 전성기가 있었다. 1997년 외환위기 당시 먼저 정리 해고된 사람들은 고졸 노동자들이었고 은행조차 고졸 신규 채용을 줄이거나 없애면서 실업계고의 취업률은 바닥으로 떨어졌다. 이와는 반대로 비슷한 시기 여러 대학이 신설되며 입학 정원이 늘어나고 일반고의 대학 진학률은 폭발적으로 증가했다. 이전에는 대학에 가고 싶지만 돈을 벌어야 해서 실업계고를 선택하는 학생들이 있었는데 돈조차 못 버는 상황이 되니 아무도 실업계고를 찾지 않았다. 2000년대가 되어도 상황은 달라지지 않았다. 실업계고를 살리기 위해 교육부가 선택한 것이 바로 특성화고로의 전환이었다. 취업문이 좁

아진 상업, 공업을 버리고 각자 새로운 길을 찾으라는 요구였다. 2000년대 초반 여러 전문계고가 IT, 예술 계열의 특성화고로 전환하며 틀에 박힌 일반고의 교육을 벗어나고 싶은 학생들에게 인기를 얻기 시작했다. 2004년부터 대학에 특성화고 특별 전형까지 생기며 일부 특성화고는 특목고와 비슷한 학교로 인식되기도 했다. 특성화고의 설립 목적이 직업교육이 맞는지 의심스러울 정도였다. 특성화고와 전문계고의 격차가 커졌고 대학 진학의 파이는 한정되어 있으니 특성화고의 진학률이 오른 만큼 일반고의 인기는 내려갔다.

이렇게 새로운 학교의 상이 만들어지는 것 같았고 인기도 오래 유지될 거라 믿었다. 하지만 2010년 이후 특성화고의 인기는 파도처럼 들썩였다. 2008년 출범한 이명박 정부는 특성화고의 평가 항목에서 취업률을 우선시했다. 대기업과 은행에서 고졸 채용을 늘리도록 했고 공기업은 의무적으로 특성화고 졸업생을 일정 비율 이상 뽑도록 했다. 중소기업에도 고졸 채용 시 혜택을 주는 방식으로 고졸 인력의 수요를 늘리려고 했다. 그리고 수요만큼 공급도 늘려야 했기에 특성화고를 압박했다. 취업률에 따라 지원금과 교장·교사의 성과급을 차등하고 일정 수준에 도달하지 못하면 통폐합할 수 있다는 교육부의 지침이 있었다. 결정적으로 2012년부터 대학 특성화고 전형의 정원 비율을 5%에서 1.5%로 줄이도록 했고 취업 후 3년 이후에나 가능한 재직자 전형으로 진로를 바꾸도록(선 취업 후 진학) 유인책을 썼다. 갈 수 있는 대학 학과의 성격도 상업이나 공업에 관련 있는 계열로 점차 줄어들어 특성화고에서 대학을 가는 일이 점점 어려워졌다. 새로운 것을 배우며 진학이든 취업이든 모두 가능할 줄 알고 온 학생들에겐 황당한 상황이었고 그런 마음을 가진 학생들이 특성화고를 찾는 비율은 점점 줄어들었다.

그러니 특성화고 학생이라면 취업만이 살길로 여겨졌다. 그런데 취업할 수 있는 분야는 한정되어 있었다. 대한민국에서 고졸 채용의 수요가 있는 곳은 대부분 전문성이 없다고 여겨지는 곳들이었다. 전통적으로 고졸 채용의 상징이었던 금융권의 창구 직원, 제조업 공장, 서비스업들이 대부분이었고 대기업이라 해도 말단 사무직이거나 상담 창구의 영역이었다. 예술 계열이든, IT 계열이든 일단 취업을 하기 위해선 상업·공업 계열의 일자리를 선택해야 했다. 특성화고를 졸업하면 공무원도 할 수 있고 공기업과 대기업, 은행에서 고액 연봉도 받을 수 있다고 홍보하긴 했지만 그런 곳은 상위 10% 이내의 학생들에게나 가능한 것이었다. 대부분의 학생들은 낮은 임금의 비정규직으로 갈 수밖에 없었다. 학생들에겐 선택권이 없었다. 진학의 길은 정부가 막아 버렸고 취업처의 다양성이나 안정성은 고졸에게 허락되지 않았다. 심지어 취업률을 높이기 위해 학교는 학생들을 성적대로 줄 세워서 차례로 회사에 추천하였고 추천권을 독점한 교사들은 학생이 원하는 회사가 아니라 학교가 정해 준 곳으로 취업하도록 했다. 추천을 거절하거나 취업한 후 일찍 그만두려고 하면 학교가 피해를 입는다며 어떻게든 참게 해서 취업률 통계가 잡힐 때까진 고용 상태를 유지하도록 했다. 빨리 취업하는 것이 장려되었고 학생들은 회사에서 참고 일하는 법을 배우며 취업을 준비했다. 잘 길들여진 학생이 착한 노동자가 되었고 착한 학생들은 학교와 회사를 위해 자신의 고통을 참아야 했다.

정부의 압박으로 수치상 취업률은 증가하였고 대기업과 공기업의 채용도 늘어났기에 겉으로는 특성화고 졸업생들의 상황이 나아진 것처럼 보였다. 하지만 그 수치를 유지하기 위한 조치들이 끝나는 순간 모두 무너질 것들이었다. 정부가 바뀌고 압박이 줄어들자 대기업과 은행은 차례대로 고졸 채용을 줄였다. 그나마 있던 안정적인 일자리는 점점 더 희소해졌다.

현장 실습 - 학생도 아닌 노동자도 아닌

2016년 서울 구의역에서 스크린도어를 수리하던 특성화고 졸업생 노동자가 사망했다. 조기 취업형 현장 실습을 통해 취업한 업체에서의 사고였다. 해당 업체는 지하철 설비를 관리하는 용업 업체였다. 2017년 콜센터에서 일하던 학생이 업무 스트레스로 인해 자살했다. 특성화고의 학생이었고 실습 기간이었다. 처음 있는 일도 아니고 갑자기 발생한 것도 아니었다. 삼성반도체 백혈병 피해자들은 특성화고 졸업생이었고 그들은 실습 기간에도 똑같은 노동 조건에 놓여 있었다. 2011년 광주 기아자동차 공장에서 실습 기간에 사고를 당한 학생도 있었다. 특성화고 학생이라서 사고를 겪은 것이 아니라 워낙 한국의 노동 조건이 열악하고 안전을 보장하는 조치가 부족했다고 본다. 다만 성인의 산재는 한국에서 특별한 일이 아니었을 뿐이다. 특성화고 학생들의 실습은 실습이라기보다는 조기 취업에 가까웠기에 실습생이라고 다른 노동자들보다 더 안전할 이유는 없었다. 특성화고 학생들의 관심이 잠시 진학 쪽에 쏠려 있을 때에도 학생들의 실습 중 사고는 매년 있었고 특성화고 학생들의 취업이 늘어나자 피해를 겪는 실습생이 늘어난 것이다. 정부는 고졸 채용을 무리하게 늘리기만 했지 고용의 질을 높이지 않았다. 보여 주기식으로 반짝 확대되었던 대기업과 공기업의 채용 규모가 줄어들며 학생들은 더 취약한 곳으로 내몰리게 되었다.

2018년부터 교육부는 실습생들의 안전을 위한 조치로서 조기 취업 형태의 실습을 금지했다. 학생들이 원한 것은 안정된 일자리였지만 그것은 정부가 할 수 없다고 판단했는지 아예 졸업 전에 실습할 수 있는 기회를 줄인 것이다. 실습을 할 수 있는 회사의 조건이 까다로워졌고 취업도 졸업을 앞둔 방학이 되어야 가능하도록 했다. 이런 조치들은 학생과 교사, 회사 모두가 원하지 않는 것이었고 과도한 규제처럼 보이기도 했다. 하지만 처음으로 특성화고 학생이 학생인가 노동자인가라는 질문에 교육부가 응답을 시도한 것이었기에 의미는 있었다. 언제나 이도저도 아닌 신분이어서 보호도 없으면서 통제만 받는 특성화고 실습생이었으니, 특성화고 학생은 어쨌든 학생이라는 답을 내놓은 교육부의 시도는 긍정적이었다. 가장 좋은 대답은 아닐 수 있어도 모호한 정의 아래에 놓여 있는 위치보단 나았다.

2019년이 되면서 실습 기업의 기준이 조금 완화되고 실습을 시작할 수 있는 기간에도 여유가 생겼다. 학교마다 전담 노무사를 배정하여 교사와 함께 실습생의 노동 조건을 감독하도록 하고 취업 지원관이 학교에 상주하며 학생들의 상담을 돕기도 했다. 그렇다고 일자리의 안정성이 높아지진 않았고 비정규직 비율은 여전히 높다. 실습 기간 동안 힘들어도 참을 수 있을 만큼 참아 보라고 말하는 교사들이 여전히 많다. 실습을 중도에 포기하면 학생에게 불이익을 주는 학교도 있고 특성화고 학생의 인권은 취업이 우선이라는 핑계로 무시되기 일쑤다. 하지만 예전처럼 실습 기간 동안 야근을 밥 먹듯 하는 경우는 거의 없다. 주말 근무를 하는 경우도 많이 사라졌고 부당한 일을 겪으면 학교로 돌아와야 한다고 말해 주는 교사들이 늘어났다. 취업 담당 교사들이 다음 해에 회사마다 찾아다니며 졸업생이 잘 지내는지 상담하고 있다. 실습생에게 무리하게 일을 시키는 것이 잘못된 일이었음을 깨닫는 회사가 늘었다.

그렇다고 모두 긍정적인 것은 아니다. 청소년을 보호한다는 명분으로 청소년의 노동권을 축소한 측면도 있다. 실습 기간이라는 이유로 실습생의 노동이 실습으로 평가 절하되어 적절한 임금을 받지 못하게 되었다. 실습 기간이 종료되었을 때 회사가 실습생을 고용할 의무가 없으므로 조기 취업이었을 때보다 쉽게 해고될 수 있었다. 특성화고 실습생을 '학생'이라고 정의하는 순간 이와 같은 문제들을 함께 해결하기는 어려웠다. 특성화고가 여전히 필요하다면, 특성화고의 목적이 단지 특성화된 교육만 하는 것이 아니라 특성화된 노동자를 교육하기 위한 것이라면 정책도 이와 같은 방향으로 조금씩 발전해야 한다. 폐지하냐, 허용하냐만 결정하는 정부가 아니라 적절한 규제와 지원을 해야 한다. 고용노동부는 기업이 학생을 소모품으로 취급하며 제대로 교육하지 않고 위험을 떠넘기지 못하게 해야 하고, 교육부와 교육청은 학교가 취업률 통계를 위해 학생을 위험한 현장으로 내모는 상황이 근절될 수 있는 환경을 조성해야 한다. 관심과 지원이 줄어들면 정책 시행 초기에만 잠시 주춤할 뿐 현장 실습에서의 안전 문제는 언제든 다시 발생할 수 있다. 오랜 시간 규제와 지원이 지속되어야 현장 실습생이든 특성화고 졸업생이든 상관없이 노동 환경에서의 안전도가 높아질 수 있다. 그렇게 해야 기업도 학교도 실습생을 바라보는 관점이 바뀌고 특성화고 학생들의 실습 환경이 변할 수 있다. 하지만 그런 발전과 개선은 없었다.

하나의 답으로 모든 문제를 해결할 수는 없다

2020년은 특성화고 학생들에게 악몽 같은 1년이었다. 점차 줄어들던 취업 자리는 코로나19로 대폭 축소되었고 진학과 취업 모두 그 어느 때보다 어려운 시기였다. 2021년을 보내며 코로나19로부터 조금은 자유로워졌지만 특성화고 학생들의 상황은 쉽게 나아지지 않았다. 정부의 현장 실습생 및 특성화고에 대한 정책은 2019년의 상황에서 달라지지 않았다. 현장 실습에 국한해 안전 문제만 터지지 않길 바라는 그 지점에서 한 발도 나아가지 못했다. 아무것도 하지 않았지만 통계의 지표는 좋아 보이는 착시 현상이 코로나19 유행 시기 동안 있었다. 코로나19로 워낙 취업이 힘들다 보니 취업을 원하는 학생이 줄고 대학에 진학하는 학생들의 비율이 급격히 늘었다. 현장 실습생에 대한 상황을 개선하고자 하는 정책의 발전도 없었고 예산도 늘지 않았다. 대기업과 중견기업은 현장 실습과 특성화고 졸업생 채용을 줄였고 중소기업들은 노무사와 교사의 현장 검증을 달가워하지 않았다. 굳이 현장 실습생을 받아 줄 필요가 없다며 경력직 채용으로 돌렸다. 학생들에게는 전염병으로 인해 학교생활도 힘들지만 졸업 이후가 더 걱정되는 상황이었다. 그렇다고 모두가 대학에 진학할 수는 없었고 경제적으로 더 어려운 학생들은 어떻게든 취업해야 했기에 자신을 필요로 하는 곳이면 어디든 갈 준비를 할 수밖에 없었다.

교육부도 고용노동부도 별 대책이 없었다. 교육부에선 현장 실습생에 대한 안전 대책을 실시한 이후 실습 도중의 사고가 줄었다는 것을 강조했지만 그 시기 동안 현장 실습 자체가 줄었다는 점은 굳이 밝히지 않았다. 현장 실습생의 평균 연봉이 늘었다고도 했지만 중소기업이 현장 실습생을 받아 주지 않는 상황에서 평균 연봉이 상승하게 된 맥락에 대해 구체적으로 설명하지는 않았다. 취업률 감소와 진학률 증가의 흐름 속에서 교육부는 자신들의 정책에 만족한 듯 더 앞으로 나아가지 않았다. 특성화고 학생들의 취업을 돕는 취업 지원관은 여전히 언제 예산이 끊길지 모르는 데다 1년 내내 고용하기에는 예산이 부족해 1년 중 두 달은 어쩔 수 없이 공석인 상태이다. 이에 따라 취업 지원관이 매년 바뀌니 학생들은 안정적인 취업 지원을 받지 못하고 있다. 그렇다면 학교라도 현장 실습생을 더 적극적으로 지도하고 보호해야 하는데 특성화고는 지금 중학생을 모집하는 것조차 어려운 상태이다 보니 학과를 개편하고 학급 수와 교사 수를 감축하느라 학생을 지원하는 데 적극적이지 않다.

    결국 특성화고 학생이 현장 실습 도중 안전사고로 사망하는 일이 또다시 발생했다. 2021년 10월이었다. 학생이 실습하러 간 업체는 매우 영세한 업체였고 법의 규제가 느슨한 5인 미만 사업장이었다. 어쩌다 그 학생은 그러한 열악한 환경에서 현장 실습을 할 수밖에 없었으며 잠수 자격이 없음에도 잠수 작업을 해야만 했을까. 교육부는 정책을 시행한 후에도 빈틈이 없도록 장기적인 개선 방안을 고민해야 했지만, 사고가 일어나 논란이 되면 그때그때 드러난 문제에 미봉책만 마련하는 모습을 보였다. 특성화고 학생들이 노동 현장에서 겪는 수많은 문제들 중 안전사고만 없으면 된다는 식의 정책인 데다 안전 문제조차도 해결하지 못한 셈이다. 정부만의 문제도 아니다. 노동을 교육하고 실습생의 현장을 감독해야 했던 학교와 교사는 여러 핑계 속에 자신의 역할을 다하지 않았다. 학교는 학생을 충분히 돕지 않았고 학생은 업체의 부당한 요구를 거부할 수 있는 입장이 아니었다.

그렇다고 역시 현장 실습은 금지되어야 한다는 결론에 이를 수는 없다. 현장 실습이 있어서 사고가 생겼다고 말하기엔 그동안 정부가 시행한 정책이 부실했다. 이명박 정부 당시 현장 실습 사고가 늘어났던 것은 단순히 이전 정부의 현장 실습 규제를 폐지했기 때문만이 아니다. 고졸 취업 정책을 펴는 데 있어 취업률 증가에만 초점을 맞췄고 일자리의 질과 안전에는 중점을 두지 않았기 때문이다. 그로 인해 혼란스러운 것은 특성화고의 학생들이다. 폐지안이 거론될 때마다 실습을 준비하던 학생들은 취업이 안 되면 어쩌나 하는 불안감에 휩싸인다. 현장 실습생의 사고는 현장 실습으로 인해 발생한 사고가 아니라 고졸 취업 현장의 문제이고 대한민국 노동자들이 처한 환경의 문제이다. 고졸 노동자에 대한 편견 해소와 권리 신장 없이는 어느 나이의 고졸 취업생이든 사고를 당할 수 있다. 고졸 취업생은 취업 초기 어린 노동자로서 회사와 직장 상사로부터 부당한 대우를 받기 쉽고, 학력 차별로 이직이 쉽지 않아 일터가 위험하다고 느껴도 벗어나기 어렵다. 그렇기에 졸업 이전에 현장 실습을 폐지하거나 실습 시간 동안만의 안전 대책을 세우는 것만으로는 사고를 예방하기 어렵다. 교육부와 고용노동부가 간과하고 있는 부분이다. 특성화고 현장 실습 문제를 해결하기 위해서는 학교와 기업뿐만 아니라 사회 전반의 의식이 변화해야 하는데 그에 대한 대책은 논의되지 않고 있다.

2019년 교육부가 내놓은 현장 실습 대책은 큰 방향에서 틀리지 않았다. 노무사와 교사의 실습 현장 감독, 현장 실습 참여 업체 허가 기준 보완 등은 좋은 시도였다. 다만 그 정책으로 해결할 수 없는 부분을 더 보완하는 것과 기업과 학교가 정책을 이해하고 충분히 따를 수 있도록 관리하는 데 있어 부족했다. 정부의 정책 이행 의지가 약해지고 관련 부처들의 관리가 소홀해지면서 현장 실습생의 안전을 담보하기 위한 규정을 달가워하지 않는 중소기업들이 늘어났고, 중소기업에서 실습하기 어렵다고 하자 일부 학교들은 어디든 실습만 가능하다면 학생을 보냈다. 이런 정부, 기업, 학교 때문에 언젠가는 일어날 사고였다. 그런데도 윤석열 정부는 교육에서 노동을 배제시키려 하고 학교는 당장의 이익과 중학생 모집에만 혈안이 되어 있다.

그래서 특성화고에서 현장 실습과 취업 연결 역할을 분리해 직업 훈련 기관으로 이관해야 한다는 의견도 있다. 무엇이 더 좋은 방향인지 지금 확신할 수는 없지만 직업 훈련 기관으로 이관하는 것만으로는 현재의 문제를 해결하기 어려워 보인다. 이는 특성화고의 교사들에겐 어쩌면 반가운 일일 수도 있다. 학생들의 현장 실습과 취업에 대한 걱정을 덜 수 있기 때문이다. 하지만 직업 훈련 기관이 당장 큰 예산을 편성받을 수 없는 상황에서는 문제는 그대로인데 책임만 떠넘기는 결과를 초래할 수 있다. 특성화고에서 많은 학생들이 학교로부터 부당한 대우를 받아 왔다. 완전히 해결된 것은 아니지만 지금은 예전보다 학생의 입장을 고려해서 현장 실습과 취업을 추천하고 있다. 학생 입장에서도 자신과 3년을 보낸 학교의 교사를 더 신뢰할 수 있고 특성화고는 자신들의 계열과 분야에 맞게 취업처를 발굴해 온 시간이 있기에 어떤 기관보다도 누적된 노하우가 있다. 이명박 정부 시절처럼 취업률로만 학교를 평가하는 정책과 같은 압박만 없어도 학생들에게 무리하게 희생과 인내를 강조하지 않는다. 또한 지금의 특성화고에서 일하는 교사들을 싸잡아서 일방적으로 학생에게 갑질하는 교사로 취급할 수는 없다. 문제를 일으키는 교사도 있지만 그보다 더 많은 교사들은 졸업 후에도 학생들과 소통하며 학생들이 안전한 환경에서 일하기를 바라고 있다. 교사와 학교의 선의에 기대는 것이 아니라 교사와 학교가 선의를 충분히 발휘할 수 있는 제도를 마련해 줄 수 있다면 지금의 특성화고 구조에서 가장 효율적인 해결책이 나올 수도 있다. 그리고 선의까지는 아니더라도 학교와 교사, 기업이 자신들이 해야 할 일들을 할 수 있게 지원과 규제만 정부가 잘해도 지금보다는 분명 나아질 것이다. 다시 현장 실습을 폐지하거나 현장 실습을 학교와 분리하는 정책보다 지금의 구조를 충분히 활용하는 것이 학생들에게 이로울 수 있다. 그리고 그 안에서 학생들이 자신의 목소리를 낼 수 있다면 개선의 속도도 빨라질 것이다.

힘을 모아 말하기 시작한 학생들

어떤 정부에서든 특성화고 학생들이 행복하기만 한 시절은 없었다. 늘 어렵고 위험한 상황이 가까이에 있었다. 하지만 특성화고 학생들이 비관만 하며 이 상황을 보내고 있지는 않았다. 특성화고 실습생이 아픔을 겪는 일이 알려질 때마다 실습생을 보호하자는 여론이 있었고, 그에 따라 그들의 목소리가 모일 수 있는 계기도 마련되었다. 먼저 2018년 구의역 사고 이후 특성화고권리연합회가 만들어졌다. 교육부와 고용노동부의 정책이 학생들의 입장에서 보면 미흡한 지점이 많았기에 자신들의 목소리가 직접 전달될 필요성을 느낀다며 특성화고졸업생노동조합(특고노조)*도 결성되었다. 분노와 추모가 특성화고 학생 및 졸업생들을 규합하게 만들었다. 2020년에는 이들을 중심으로 코로나19 팬데믹 상황으로 반 토막 난 고졸 취업의 대책을 촉구하는 운동이 일어나, 당시 '모두가 어려운 때이니 특성화고 학생들도 그만큼 힘든 거'라고 여겨지던 분위기를 바꾸었다. 나아가 현장 실습생의 문제는 안전 대책만으로 해결할 수 있는 것이 아니라 특성화고 학생들의 교육 여건과 취업 여건, 사회적 차별에 대한 대책까지 필요하다는 점을 지적했다. 특히 2021년 여수 현장 실습생 사고를 계기로

---

* 현장 실습은 재학생의 문제이기도 하므로 졸업생이 아닌 재학생도 가입할 수 있도록 하면서 2021년 '전국특성화고노동조합'으로 이름을 바꿨다.

특고노조는 「근로기준법」의 적용을 받지 못하는 현장 실습생에 대한 처우와 서울과 지방 사이 취업 지원관 제도의 지역 격차, 특성화고 교육과정의 문제 등을 지적하였다. 2022년에는 교육부의 교육과정 총론에서 노동이 배제되는 상황을 고발했다.

특고노조의 요구 조건들을 살펴보면 문제의 본질을 확인할 수 있다. 특성화고는 특성화고답게 교육해야 하고, 특성화고의 관리자들은 중학생 모집보다 교육과정을 충실하게 운영하는 데 최선을 다해야 하며, 특성화고 교사들에게만 부여된 현장 실습 관리 감독 업무에 취업 지원관이 협조할 수 있도록 관련 예산을 충분히 지원해야 한다. 이는 지금 학생들에게 가장 절실한 요건이다. 단지 실습을 해야 한다, 말아야 한다의 논리는 학생을 오로지 보호의 대상으로만 생각했던 것인 데 반해 특고노조의 요구는 자신들이 교육의 주체임을 확인시켜 준다. 2006년과 2018년에 교육부가 내놓은 대책은 학생은 학생일 뿐이니 현장 실습을 그만하라는 것이었다. 특성화고이기에 노동교육이 필요하다면서 갑자기 노동 현장을 교육의 장소에서 빼 버렸다. 그러다 반발이 있으니 조금 양보하며 학생을 보호하는 시간만 늘리려 했다. 그들이 왜 노동교육을 받고자 하며 노동을 원하는지에 대해서는 무심했다. 현장에서의 안전한 경험이 필요하다는 학생들의 요청에 제대로 대답하지 않았다. 특성화고의 현장 실습생은 엄연히 학생이면서 노동자이다. 근로 계약서를 쓰기 전이든 후이든 그들은 학교에도 회사에도 소속되어 있다. 서류상의 소속이 어떤지를 따지기보다는 학교와 회사 모두에 속해 있으니만큼 양쪽 모두 실습생을 위한 장치를 마련해야 했고 교육부, 교육청, 고용노동부는 이들을 지원하는 정책을 만들고 발전시켜야 한다.

특성화고는 다양하다. 처음에 밝힌 것처럼 서울에서 일하는 상업계 특성화고의 교사인 내가 모든 특성화고를 하나의 잣대로 평가하기는 어렵다. 하지만 적어도 모든 특성화고는 처음 설립되던 시기부터 직업교육을 하는 중등 교육 기관이었다. 한때 진학으로 그 목적이 기울었던 학교도 있지만 단 한 번도 취업과 현장실습이 멈춘 적은 없었다. 앞으로도 그럴 것이다. 그리고 특성화고는 학교라는 점도 분명하다. 직업 소개를 하는 업체가 아니다. 그렇기에 잊지 말아야 할 것은 그곳의 학생들은 취업을 위해 인권을 포기할 이유가 없고 회사의 갑질이 있다면 참지 않고 부당노동 행위를 거부할 수 있는 청소년 시민이라는 점이다. 이것을 학교와 교사가 인정하고 학생들에게도 교육해야 한다. 진학을 하든 취업을 하든 학생의 선택에 의해 결정되어야 하고 학생과 회사가 서로 원하는 상황에서 실습하고 또 취업으로 이어질 수 있어야 한다. 학교들이 이런 점들을 잊지 않아야만 특성화고로서의 목적에 도달할 수 있을 것이다.

지난 20여 년간 특성화고의 상황을 돌아보며 앞으로의 특성화고를 상상해 본다. 정부가 노동자의 안전할 권리를 책임지고 학교는 특성화고의 목적에 맞는 교육과정을 만들고 일관성 있게 학생에게 교육 기회를 제공하는 모습, 노동에 대한 폄하와 배제 없이 교육이 이뤄지고 안전한 공간에서 노동자로서의 충분한 권리를 갖고 실습하는 학생들, 고졸이라고 무시당하지 않고 있고 회사와 직장 상사의 부당한 지시엔 거부할 수 있다며 자랑하듯 얘기하는 졸업생. 이런 모습을 상상만 하지 않고 그렇게 될 수 있다는 희망을 가지게 하는 정책들이 만들어진다면 특성화고는 앞으로도 계속 필요할 것이고 존재할 것이다. 10년, 20년 후에도 특성화고의 교사로 일하는 내가 존재하길 바란다.

특수교육

특수교육은 장애인을 위한 교육이라는 통념을 넘어서

김기룡
중부대학교 중등특수교육과 교수

2018년은 「장애인 등에 대한 특수교육법」(특수교육법)이 시행된 지 10년이 되는 해였다. 이때를 시작으로 특수교육법의 실효성이 검토되기 시작했고 교육부 차원의 관련 정책 연구도 잇따라 진행되었다. 이 법 시행으로 장애인의 교육권이 다양한 측면에서 보장되는 기틀이 마련되었으나 장애인 교육을 둘러싼 전통적이고 고질적인 문제는 해결되지 못하고 있다. 장애에 대한 편견, 장애를 이유로 한 교육 현장에서의 직간접적 차별과 폭력, 형식적 통합교육 등은 여전히 난제이다. 이러한 문제 해결을 위해 지난 몇 년 동안 다양한 연구가 이루어지고 특수교육법 전부개정 등 보다 근본적인 해결 방안을 검토하고 있으나 아직 충분치 못하다. 이 글에서는 지난 14년여 동안 장애인 교육권을 둘러싼 주요 사건을 중심으로 장애인 교육의 현실과 함께 장애인 교육의 구조적 문제와 향후 과제에 대해 살펴보고자 한다.

2008년, 새로운 시대를 기대하게 만들었던 특수교육법

2008년 특수교육법 시행 첫해, 장애 학생 부모들과 현장의 많은 특수교사들은 특수교육 현장의 일대 혁신을 기대했다. 지난 1977년 한국 최초의 장애인 관련 법률로 알려진 「특수교육진흥법」이 장애인 교육 현장의 요구와 시대 변화를 반영하지 못한다는 비판이 제기됨에 따라 기존 「특수교육진흥법」이 '특수교육법'이라는 이름으로 전부개정되었다. 개정된 법률에는 장애 학생에 대한 무상·의무 교육 연한 확대, 학급당 학생 수 감축, 특수교사 확충, 특수교육 관련 서비스 신설, 개별화 교육 강화, 통합교육 촉진, 교원의 전문성 향상 지원, 특수교육지원센터를 중심으로 한 전달 체계 구축, 장애인의 고등교육과 평생교육 지원에 관한 근거 마련 등 장애인 교육 현장의 양적 성장과 질적 발전을 기대하게 만드는 다양한 근거가 담겼다. 2008년 법 시행 당시 교육부는 세계 최초로 장애 학생에 대해 만 3세부터 의무 교육을 실시하게 되었다는 보도 자료를 발표한 바 있으며, 특수학교 및 특수학급의 학급당 학생 수 감축에 따른 특수교육 교원의 정원도 예년과는 달리 대폭 확충되기 시작했다. 전담 인력이 배치되지 않아 제대로 운영되지 못했던 200여 개의 특수교육지원센터에도 인력이 배치되기 시작했고, 특수교육 현장에서 센터를 활용하거나 센터의 도움을 받으려는 움직임도 일어났다. 특수교육 현장뿐만 아니라 법적 근거 없이 시행되었던 장애 학생에 대한 보조 인력 제도, 통학 지원 서비스 등 특수교육을 보다 효과적으로 제공하기 위하여 특수교육 관련 서비스라는 새로운 교육 복지 지원 체계도 본격적으로 가동되었다.

「특수교육진흥법」이 장애 학생의 교육권을 국가 차원에서 보장하기 위한 최소한의 근거를 마련했다면, 그로부터 30년 후에 개정된 특수교육법은 실질적으로 권리를 보장하기 위한 구체적 근거를 마련하는 데 기여한 것은 분명하다. 그러나 특수교육법 시행은 장애 학생이 교육받을 수 있는 권리를 보장하기 위하여 특수교육 기관과 특수교사를 확충하고, 특수교육지원센터의 지원 체계를 구축하는 등 주로 인프라 구축에 필요한 양적 성장으로 이어졌고 질적 성장은 부족했다. 예를 들어, 특수교육 대상 학생의 진학률 또는 취업률은 지난 10여 년 동안 40% 수준에서 크게 향상되지 않았고, 통합교육 현장에서 장애를 이유로 한 차별 경험 비율이 60%에 육박하고 있으며,* 특수교육에 대한 인식 수준도 크게 나아지지 않았다.** 특히 법률이 시행된 이후 대부분의 특수교육 사업이 지방으로 이양되면서, 특수교육 환경의 지역 간, 학교 간, 학생 간 격차가 심화되고 있으며,*** 이는 특수교육의 질적 발전을 도모하는 데 걸림돌이 되었다.

2014년, 국가인권위원회의 실태 조사
: 끊이지 않는 통합교육 현장에서의 장애 차별

특수교육법은 「장애인차별금지 및 권리구제 등에 관한 법률」

---

* 김삼섭·김기룡·박은혜(2014), 〈장애학생 교육권 증진을 위한 실태조사 : 통합교육 현장의 교육권 침해를 중심으로〉, 국가인권위원회.
** 김병하·이근용(2015), 〈한국의 특수교육 : 대구대학교〉,《한국특수교육문제연구소 학술대회 발표 자료집》, 대구대학교 특수교육문제연구소, 211~217쪽.
*** 김기룡 외(2017), 〈특수교육의 국가 책무성 강화 방안〉, 국립특수교육원.

(장애인차별금지법)과 함께 교육 현장에서의 장애를 이유로 한 차별을 금지하고 이에 따른 적법한 대응 절차를 제시하고 있다. 양 법률은 현재까지도 장애인 교육권을 보호하고 증진하기 위한 법적 근거로 활용되고 있으나, 장애 학생을 대상으로 한 차별과 폭력은 중단되지 않았다.

특수교육법 시행 이후 5년간 국가인권위원회의 장애인 차별 관련 진정 사건 중 교육 영역과 관련된 사건은 총 323건이었고 이 중 181건이 통합교육 현장에서 발생한 사건이었다. 문제는 이러한 사건이 매년 증가한다는 것이었다(2009년 49건, 2010년 55건, 2011년 62건, 2012년 96건).* 이러한 문제로 인해 국가인권위원회는 지난 2014년에는 일반 학교에서 통합교육을 받고 있는 초·중등학교 재학 장애 학생을 대상으로, 2015년에는 유치원 또는 어린이집의 장애 영유아를 대상으로 인권 상황 실태 조사를 잇따라 진행하여 결과를 발표했다. 특히 2014년 실시된 통합교육 현장에서의 장애 학생에 대한 인권 상황 실태 조사 결과에서 10명 중 6명 정도가 지난 1년 동안 1회 이상의 장애를 이유로 한 차별 또는 학교폭력 경험이 있는 것으로 나타났다. 통합교육이 실시된 지 30년 이상이 지났으나, 여전히 장애 학생은 비장애 학생 또는 다른 학교 구성원으로부터 인권 침해를 당하고 있는 것이다. 특히, 편의 제공 미지원(29.9%), 사생활 침해(16.3%), 언어폭력(25%),

---

* 김삼섭 외(2014), 앞의 보고서, 4쪽.

괴롭힘(19.2%), 폭력(16%), 장애를 고려하지 않은 조치(14.4%) 및 교육 기회 차별(12.5%) 등을 경험하는 비율이 평균 10% 이상으로 나타났다. 장애 영유아의 경우 응답자 중 23.5%가 적어도 한 가지 이상의 인권 침해 또는 장애 차별을 경험하고 있었다.* 유치원이나 어린이집이든 학교든 통합교육이 이루어지는 모든 곳에서 장애를 이유로 한 차별과 인권 침해가 계속 발생하고 있는 것이다. 물리적 통합에만 그치고 있는 현재의 통합교육 환경으로는 장애 학생에 대한 교육의 질을 담보하기 어렵다. 통합교육 현장에서 발생하는 교육권 침해에 대한 정책적 대안이 마련되지 않고서는 의미 있는 성과를 기대할 수 없다.

2014년, 한국 통합교육의 실효성에 대한 유엔의 권고
: 통합교육 정말 이대로 괜찮은가?

2014년 11월, 유엔장애인권리위원회는 한국 정부에 "장애통합교육 정책이 존재하고 있음에도 불구하고, 정규 학교에서 재학 중인 장애 학생들이 특수 학교로 돌아가고 있는 데 대해 우려하고 있다"라고 지적하고, "현행 장애통합교육 정책의 효과에 대한 연구를 실시하고, 장애 학생이 접근 가능한 학교 환경을 제공하며, 일반 교원에 대한 교육 훈련을 강화할 것"을 권고한 바 있다. 완전

---

* 김삼섭 외(2014), 앞의 보고서, 291쪽.

한 통합을 목표로 개별화된 지원 조치가 이루어져야 함을 명시한 「유엔 장애인의 권리에 관한 협약」 제24조를 실천하려는 한국 정부의 노력이 부족하기 때문이다.

위원회의 권고는 교육 당국과 통합교육 현장의 교육 주체들에게 큰 충격을 안겨 주었다. 특히 특수학교에서 일반 학교 특수학급으로, 특수학급에서 일반 학급으로 장애 학생의 교육 장소가 점차 통합된 공간으로 옮겨져야 했으나 한국의 통합교육은 반대로 진행되었다고 평가받았기 때문이다. 실제로 특수교육 대상 중학생 또는 고등학생의 일반 학교 재학 비율이 특수교육 대상 초등학생의 일반 학교 재학 비율보다 낮고, 상급 학교로 올라갈수록 통합의 비율은 점차 감소하고 있다. 입시 위주의 교육 풍토가 바뀌지 않는 한 상황은 나아지기 어렵다. 졸업 후 지역 사회 내에서 다른 사람들과 함께 살기 위해서는, 어렸을 때 통합교육이 이루어지는 것도 중요하나 고등학교 과정을 거칠 때 그 효과가 높을 것이다. 이런 점에서 유엔장애인권리위원회의 권고는 정곡을 찌르는 지적이었다.

그러나 한국의 통합교육은 여전히 많은 문제를 안고 있다. 우선 통합교육이 특수교육 즉 장애 학생 교육을 고민하고 연구하며 실천하는 특수교사와 특수교육 연구자들, 그리고 장애 학생 부모들에게만 중요하게 인식되고 있다는 것이다. 사실 통합교육이 실현되는 장소는 일반 학교의 일반 학급이고, 통합교육의 주요 실행 주체는 비장애 교사와 비장애 학생들이다. 일반 학급에 있는 비장애 교사와 비장애 학생들이 통합교육에 대한 중요성을 인식하고 장애 학생과 비장애 학생을 구분하지 않고 함께 교육공동체를 만들고자 하는 의식적인 노력이 전제되지 않는 한 특수교육 분야에서만 제안하고 실천해 왔던 노력만으로는 의미 있는 성과를 기대하기 어렵다.

**2017년, 장애 학생 부모의 '무릎 호소'
: 특수학교 설립을 두고 계속되는 갈등**

통합교육 현장에서의 각종 차별과 인권 침해 사건들이 학교 내에서의 장애 학생에 대한 인식 수준을 드러낸 것이라면, 2017년 여름 언론을 통해 보도되었던 특수학교 설립을 둘러싼 장애 학생 부모와 지역 주민 간의 갈등은 지역 사회 내에서의 장애 학생 교육권에 대한 우리 사회의 인식 수준을 여실히 드러낸 사건이었다.

2020년 3월, 서울 강서구의 공립 특수학교인 서진학교가 개교했다. 이 학교는 애초 2016년 3월 개교할 예정이었으나, 해당 지역 주민들의 반대로 상당 기간 개교가 미뤄졌다. 당시 지역구 국회의원이 학교 터에 국립 한방 병원을 짓겠다고 공약하면서 지역 주민들의 특수학교 설립 반대 목소리는 더 커졌고 급기야 물리적 충돌 직전까지 치달았다. 이 상황을 보다 못한 장애 학생 부모들이 주민 설명회 현장에서 무릎을 꿇고 학교 설립을 호소했다. 이 모습을 담은 영상이 온라인을 통해 알려지면서 설립 쪽으로 여론이 기울어졌고 결국 서진학교는 당초 계획보다 4년 늦어지긴 했지만 개교할 수 있게 되었다.

지난 수십여 년 동안 특수학교, 장애인 거주 시설, 장애인 복지관 등이 들어오는 것을 반대하며 지역을 떠들썩하게 만들었던 사례는 수십여 건에 이른다. 특수학교가 들어와 장애인들이 많이 다니게 되면 집값 하락 등 다양한 문제가 발생할 수 있으므로 우리 지역에 들어올 수 없다는 것이 대체로 일관된 주장이었다. 2017년 교육부는 이러한 주장이 사실인지 확인하가 위해 정책 연구를 시행했다. 이 연구에서는 167개 특수학교 주변의 부동산 가격 변화를 조사했는데, 그 결과 2006년부터 2016년까지 특수학교 인접 지역과 비인접 지역 간 부동산 가격 변화는 유의미한 차이가 없는 것으로 확인되었다. 그러나 지역 주민들의 편견이 해소되지 않는 한 이러한 문제는 반복될 것으로 보인다.

2018년, 연달아 고발된 폭력 사건
: 더 이상 안전하지 않은 특수 학교

2018년은 특수학교 내 폭력 사건으로 특수학교도 더 이상 안전한 공간이 될 수 없다는 것이 확인된 해였다. 태백 미래학교 교사가 벌인 충격적인 장애 학생 성폭력 사건, 서울 인강학교 사회복무 요원들이 벌인 장애 학생 상습 폭행, 서울 교남학교 교사들이 벌인 아동학대 및 방조 등 하루가 멀다 하고 특수학교 폭력 사태가 언론에 보도되었다.

장애 학생이 특수학교를 선택하는 이유는 대다수의 경우 일반 학교보다 특수학교에서 좀 더 적절한 교육을 보다 안전하게 받을 수 있을 거라고 기대하기 때문이다. 안전의 보루로 믿어 왔던 특수학교는 이제 위험한 폭력의 공간이 되어 버렸다. 급기야 일부 학부모는 모든 특수학교 교실에 CCTV 설치를 요구하고 나섰다. 학교를 믿을 수 없고 위험한 공간으로 인식하고 있는 것이다.

장애 학생을 대상으로 한 학교 내 폭력 사건은 특수교육의 구조적 문제가 해결되지 않는 한 반복될 수밖에 없다. 특히 훈육이나 행동 수정이라는 미명하에 장애 학생에 대한 폭력을 정당화해 온 고질적인 지도 행태, 일부 학교 구성원의 인권 감수성 부족, 장애 학생의 특성과 요구에 대한 이해 부족 등의 문제는 이러한 폭력을 양산한다.

한편 특수학교에 입학하는 학생의 장애 정도는 일반적으로 점차 심해지는 데 반해 학급당 학생 수는 날로 늘어나고 특수교사는 추가 배치되지 않고 있다. 이런 국가 차원의 행·재정적 지원 부재도 원인이 될 수 있다. 특수교사의 법정 정원 확보율이 80% 수준에 머무르고 있고, 특수학교 내 과밀 학급 수가 전체 학급의 14.7%에 달하고 있다는 것*은 이 같은 현실을 뒷받침한다. 한정

---

* 2018년 조승래 의원실 국정 감사 자료.

된 인력으로 많은 학생을 통제하려면 강압적인 방법으로 대응하게 되고, 이 과정에서 교사 또는 보조 인력의 일탈이 야기될 수 있다.

이들 사건 이후 교육부가 발표한 〈장애학생인권보호 종합대책〉, 국회의 특수교육법 개정 등의 작업은 그간의 특수학교 내 폭력 사건에 대한 여론을 잠재우는 데 일조하였으나, 특수학교의 교육 환경 전반에 대한 근본적인 문제를 해결하지 않는 한 완전한 해결은 기대하기 어려울 것으로 보인다.

새로운 희망의 시작, 특수교육법 개정 본격 추진

특수교육법은 특수교육의 양적 성장을 견인하는 역할을 담당해 왔다는 평가도 있지만, 앞에서 제시한 바와 같이 차별과 폭력, 인권 침해 등으로 점철된 장애인 교육권의 현실을 크게 개선했다고 보기 어렵다. 또한 급격히 변하고 있는 교육 환경과 구조, 교육 주체들의 다양한 요구 등을 반영할 필요가 있다. 이 점을 반영하여 지난 2019년부터 교육부, 학계, 장애인단체 등을 중심으로 특수교육법 개정을 요구하고 있으며, 2022년 9월에 법안이 상임위를 통과했다. 특수교육법에서 정하는 대상의 범위를 장애 학생뿐만 아니라 학습에 어려움을 가진 학생, 학교생활에 어려움을 겪는 학생에 이르기까지 특별한 교육적 요구가 있는 모든 아동으로 확장할 필요성도 제기되고 있다. 이러한 방향에서 지원 내용 역시 건강 관리, 행동 지원 등 교육 활동과 직간접적으로 관련된 복지 서비스로 확장되어야 할 것이다. 그리고 특수교육이 학생의 가정과 지역 사회를 연결하는 가교 역할을 담당하고 있다면, 학생의 가정에서 학교로의 전이, 학교에서 지역 사회로의 전환에 필요한 구체적 역할을 담당할 수 있어야 한다. 또한 특수교육이 특수교육 대상 학생과 교사 등 관련인에게만 영향을 미쳐서는 안 되고, 교육 전체 구성원에게까지 영향을 미쳐야 한다. 이처럼 특수교육법이 모든 교육 기관과 교육 주체들을 아우를 수 있는 법률로 그 위상이 높아져야 할 필요성이 대두되고 있다.

 대안교육

공교육의 안티테제를 넘어 교육의 본래 자리를 묻다

이병곤
제천간디학교 교장, 건신대학원대학교 대안교육학과 겸임교수,
《오늘의 교육》 편집자문위원

학교에 기반을 둔 대안교육의 출현 시점은 산청의 '간디청소년학교'가 개교했던 1997년이다. 그로부터 26년이 흘렀다. 그동안 대안교육의 양상은 여러 갈래로 확산 분화했다. 인가 사립 또는 공립 대안학교 설립, 공립 학교 내 대안 교실 탄생, 위탁형 대안교육 시설 등장, 그리고 종교계 비인가(또는 인가) 대안학교의 폭발적 증가와 같은 현상이 나타났다.

2011년까지 200여 개의 대안학교가 존재하는 것으로 비공식적으로 확인되었다.* 2017년 교육부 발표를 종합하면 비인가 대안학교는 170개교, 인가 대안학교는 71개교이다. 다만 비인가 대안학교 통계를 정확하게 파악하기란 어렵다. 조사자나 기관에 따라 400~900개 사이를 넘나들고 있으니 추정 폭이 매우 큰 편이다. 전체 대안학교 가운데 50% 이상이 기독교 대안학교이고, 이들 대다수는 비인가 학교다.** 2020년 조사 시점에서 대안교육연대 소속 회원 학교는 52개교, 한국기독교대안학교연맹 소속 회원 학교는 76개교이다.

전국의 대안학교에 재학 중인 학생 수를 모두 합해도 1만 명 미만이겠지만 학교의 출현 배경과 확산 과정이 다양하기에 전체 상

---

* 조혜정 외(2011), 《대안교육 종합발전 방안에 관한 연구》, 교육과학기술부, 5쪽.
** 박창훈(2020), 〈한국 기독교 대안학교의 발전과 전망〉, *Asian Journal of Religion and Society*, 8(2), 71쪽.

황을 요약 기술하기에는 어려움이 따른다. 대안교육의 역사를 돌아보는 논의를 종합적으로 해내는 일도 쉽지 않다. 이 글에서는 자본주의적 생활 태도와 방식에 저항하면서 새로운 교육 이념을 추구하고자 '교육운동' 차원에서 설립했던 비인가 대안학교들에 관해 2010년대 이후를 중심으로 기술하려 한다. 필요에 따라 인접 분야 교육의 흐름과 부분적으로 연관을 지어 서술하기도 했다.

변화의 시점과 방향을 놓쳤던 2010년대 대안학교들

2010년 무렵까지 비인가 대안학교들의 상황은 새로운 교육운동의 좋은 흐름을 유연하게 타고 흘렀다. 1년에 한 번 개최하는 '대안교육한마당' 행사는 "대학 캠퍼스를 이틀씩 통째로 빌려서 활용했으며, 강연장마다 수백 명씩 청중이 몰려다녔다"고 전불이학교 이철국 교장은 회고한다. 그 시점이 대안교육을 이끌어 갈 차세대 리더십을 형성했어야 할 시기였다. 하지만 학교마다 교내 갈등을 극심하게 겪으면서 중견 교사들이 차례로 현장을 떠났다.*

특히 2010년대 이후부터 대안교육에 참여하는 학부모들이 자세와 생각 면에서 예전과는 다른 모습을 드러내기 시작했다. 2010년 무렵 초등 1학년~중등 1학년 학부모들이라면 대략 1970년대 전

---

* 이철국(2018), 〈대안교육 20년의 반성적 평가〉, 《민들레》, 117호(2018년 5월), 74~75쪽.

후 출생 연령대이다. 이들은 한국 전쟁 이후 최고의 경제 성장률을 기록할 즈음에 청소년기를 보냈다. 개인적 자유로움을 추구하며, 대중문화의 전성기라 평가하는 1990년대에 20대 청년 시절을 통과했던 세대이다. 대안학교들은 '386세대 이후' 학부모와 학생들의 변화에 주목하면서 교사와 학교를 유연하게 탈바꿈하지 못했다.

한번 기울어지기 시작한 운동장은 좀처럼 평탄하게 바로잡히지 않았다. 2022년 현재 비인가 대안학교 현장 가운데 안정적으로 신입생 정원을 확보하는 곳은 한 손에 꼽을 정도이다. 겨울 방학 기간 중 웬만한 대안학교의 웹 사이트 첫 화면에 들어서면 신입생 추가 모집 안내문 팝업 창이 뜬다. 학령 인구 감소, 혁신학교로 대표되는 공교육 측의 변화 노력, 대안적 교육에 대한 필요성이나 절박성 약화, 대안학교 스스로의 변화와 혁신 결과물 제시 부족, 중산층들의 경제적 어려움 등 중층으로 겹친 부정적 요인을 생각해 볼 수는 있겠다. 하지만 이것은 객관적 연구나 분석으로 뒷받침되는 판단이 아니어서 이것만으로 정확한 원인을 찾기에는 어려움이 있다.

그럼에도 한 가지 경험적 데이터를 전할 수 있다. 2019년에서 2022년 사이에 나는 전국의 10여 군데 지역에 흩어져 있는 30여 개 대안교육 현장의 교사 또는 학부모 들을 대상으로 교육 관련 강연과 토론을 이어 나갔다. 대화를 나눠 보면 학부모들은 자기 자녀들이 훌륭한 인성을 길러 공동체 안에서 '좋은 삶'을 살아가

길 기대한다. 동시에 다른 한편으로는 '생존에 필요한 기술과 자존감'도 갖추기를 바랐다. 얼핏 상반되는 교육적 의식과 욕구처럼 보이지만 학부모라면 자녀들에게 당연히 가질 수 있는 기대감이기도 하다. 결국 이러한 욕구는 가족 단위에서의 '학교 선택'이라는 행위를 통해 현실에 반영되는 과정을 거친다.

학부모들과 대화를 나누다 보면 '자녀 교육을 위해 윤리적으로 더 나은 선택'을 하려는 지향을 가진 이들이 예상 외로 많다. 다만 그들은 불확실성으로 인해 불안할 뿐이었다. 부모들도 다 안다. 사교육이 자녀의 학업을 쉽게 증진시킬 수 없다는 사실을. 그렇기에 한국 사회에서 사교육은 단순한 교육 경쟁이 아니다. 역설적이지만 자식들을 위해 그거라도 하지 않을 수 없는 부모들의 '윤리적 행동'이다. 사회학자 김형준은 이런 행동을 일컬어 '연명 교육'이라 이름 붙인다.*

그럴 때는 대안교육이라는 '결단'에 가까운 선택이 과연 잘하는 일인지 부모들로서는 확신할 수 없다. 이 지점에 대해 대안교육 진영은 응답할 수 있어야 했다. 교육 방식, 학교 조직, 지성으로의 초대 등 '대안적 교육 실천'으로 쌓아 온 구체적 교육 성과를 가지고서 말이다. "사회적 공감을 위한 소통이 부족했다"**라는 이철국의 반성적 진단은 바로 이 부분을 가리키는 표현이리라.

---

* 김형준(2017), 〈사교육의 잠재적 기능과 교육경쟁의 동학〉, 《문화와 사회》, 23, 311~377쪽.
** 이철국(2018), 앞의 글, 77쪽.

대안학교의 실천 속에서 찾아낸 의미

이러한 상황적 한계 안에서도 대안학교가 지켜 낸 실천적 의미들은 여전히 별처럼 빛난다. 그중 몇 가지를 소개해 본다.

첫째, 작은 규모의 교육공동체 안에서 학생 개인의 목소리를 듣는 데 정성을 기울인다. 수업, 동아리, 학생회 운영에서 학생들의 선택을 존중한다. 식구 총회, 가족 회의, 담쟁이 토론 등 그 이름은 다양하나 공통된 특징은 학교 안에서의 의사 결정 절차와 과정을 민주화하려고 끊임없이 노력했다는 점이다. 현장에서 교사는 '아이들의 기氣를 받아 산다'라고 말한다. 어린이와 청소년들이 발산하는 긍정적 에너지를 말하는 것이리라. 약간은 되바라지고 맹랑한 구석까지 감지되는 학생들의 표정, 그것은 학생들을 존중하고 그들 말을 귀담아듣고자 하는 교사의 태도가 전제되지 않으면 만들어지지 않는다.

나는 26년 전 처음 잉글랜드의 서머힐 교정에 들어섰을 때 아이들에게 느꼈던 활달한 에너지를 잊지 못한다. 학교 안에서 교사와 학생이 대등한 '정서적 주체'로 바로 서기, 그것은 우리 대안학교 진영이 일궈 냈던 보이지 않은 성과이다. 자유로운 학생들 앞에서 그들 삶을 통제할 수 있는 수단은 대안학교 교사에게 없다. 다만 교사의 품성과 인격, 그리고 (학생들이 말하는) '실력'만으로 학교공동체 안에서 학생과 삶을 나눠야 한다. 결코 쉬운 일이 아니다.

둘째, 강렬한 신체 활동, 장기간의 여행을 통해 새로운 교육적 가능성을 실험했다. 몇 주 동안의 강 기행, 산악 등반, 둘레길 순례를 거치면서 학생들은 협력하고 인내하는 방식을 터득했다. 해외여행 프로그램도 학교별로 다양하게 펼쳐졌다. 인도, 네팔, 필리핀 등지에서 봉사와 노작을 병행했고, 아시아의 역사를 배우며 평화를 지향하는 세계 시민으로 성장하는 계기를 맞았다.

대안학교 학생들 역시 몸 움직이는 것을 극도로 싫어한다. 2010년 무렵부터 확산한 스마트폰은 이런 경향을 더욱 자극했다. 학생들이 졸업할 무렵 역설적인 진술이 자주 나온다. 가장 기억에 남는 교육과정이 투덜대며 걸었던 둘레길, 월악산 올랐던 일, 인도에서 6주간 긴 여정을 밟았던 것이라고 졸업 면담 때 고백한다. '아이들은 땀 흘리기, 노작, 자연 체험을 싫어하면서 좋아한다'는 말도 안 되는 결론을 나는 내린다. 교사는 어떻게 하면 '싫다'면서 버티는 학생들과 몸 움직이는 활동을 견실하게 해낼 것인가를 전문적으로 고민하는 사람이다.

셋째, 시간표로 정해진 교육과정이 전혀 없는 학교에서부터 계절과 절기에 맞춘 학사력을 운영하는 학교에 이르기까지 다양하고 과감한 교육과정 실험이 잇따랐다. 노작 활동, 농사짓기, 2주에서 4개월간에 이르는 긴 인턴십 수행 등 공교육에서 참조할 만한 교육과정 실험이 많다.

크고 작은 프로젝트 학습 실행도 진행됐다. 개별 교과목을 프로젝트 학습 방식으로 이어 가는 모습은 대안학교마다 공통된 현상이었다. 학기마다 혹은 학년마다 생태, 환경, 평화, 진로, 사회 참여 이슈 등을 정하여 큰 규모의 학교 프로젝트가 정기적, 비정기적으로 진행되기도 한다.

이와 같은 학습 방법은 공교육에서도 혁신학교와 공립 대안학교에서 이미 보편적으로 실행하고 있기에 교육 제도 밖 대안학교와의 차별성은 점점 줄어드는 추세이다. 하지만 시계를 20년 전으로 돌려 본다면 이런 방법은 당시 교육계 일반의 교수-학습 방법과 많은 차이가 있었다. 공립 혁신학교 설립 초창기에는 여러 대안학교가 공교육 측에서 요구하는 실천 자료들을 제공했었다.

넷째, 관계를 통한 인성 형성을 강조해 왔다. 학교 내에서의 인간관계 맺기가 인성과 학습에 끼치는 영향은 공교육에서 쉽게 간과된다. 개인과 집단 활동의 기초가 바로 신뢰이다. 서로 믿는 사이를 만들어 가고, 그 결과 개인의 동기가 부여되면 인격 형성과 학습을 위한 기초가 마련된다. 그것이 바탕이 되어 개인의 창의성이 살아나고, 지식과 행동에도 좋은 영향을 끼친다.

당대의 사회적 이슈를 학습 활동에 편입시켜 교육의 계기로 삼기도 했다. 4대강 사업 반대, 밀양 송전탑 싸움, 강정마을 해군기지 반대 운동, 세월호 사건 진상 규명 촉구, 그리고 최근의 기후 위기 비상 행동 활동에 이르기까지 생생한 사회적, 역사적 이슈 현장에 학생과 교사들은 함께 있었고, 배움과 삶, 앎의 일치를 위해 함께 노력했다.

동시에 부족한 지점도 여전히 존재한다. 무엇보다 위에서 언급한 소중한 교육 실천의 내용을 차곡차곡 정리하여 취합하지 못했다. 열악한 현장에서 쫓기듯 학사 운영을 하다 보니 훗날 연구와 분석을 위한 자료 아카이빙을 적절히 하지 못한 것이다.

교육과정 운영에서의 편중도 문제다. 대부분 인문학 분야와 예술 분야에서 강하고, 상대적으로 수학, 과학, 정보 통신 기술 분야에서의 가르침과 배움이 취약하다. 기존 공교육에 대한 안티테제로서 대안교육 운동이 시작된 탓에 지식 교육을 대할 때 경계심이 풀리지 않는다. 대안적 교육을 통해 다음 세대를 지성의 세계로 이끌기 위한 전략을 심각하게 고민해야 할 시점이다.

끝으로 민주주의에 대한 깊이 있는 통찰과 실행이 더 필요하다. 대안학교 현장에서 내부 갈등으로 인한 분열과 상처가 깊다. 사건이나 갈등 사안 발생 자체가 문제라기보다는 그 이후에 어떤 과정을 거쳐 공동체 안에서의 문제를 해결해 나가는가 하는 조직 역량의 문제에 더 가깝다. 민주주의 체제를 운영해 나가기 위한 훈련과 경험, 리더십 등 입체적으로 보완해야 할 점들이 쌓여 있다.

대안교육계 변화의 변곡점

지난 10여 년간 대안교육계 안에서 주목해 볼 만한 이슈들이 있었는데, 그 가운데 몇 가지를 언급해 본다.

2013년에 국내 최초로 대안교육학과가 설립되었다. 대전 건신대학원대학교에 석·박사과정이 마련된 것이다. 초기에는 비인가 대안학교 교사, 지역 사회 교육 활동가들이 주를 이뤘으나 최근에는 공교육 교사 또는 교육 행정가들의 비중이 더 높아지고 있다. 실천가들이 연구를 하거나 연구자들이 실천의 마당으로 스며드는 일은 대안교육이라는 새 분야에서는 더 갈급한 일이다.

2013년 11월, 대안교육 현장 교사 양성을 위한 협동조합인 '삶을 위한 교사대학'이 창립되었다. 그동안 덴마크 대안교육 전문가들과의 교류, 해외 교육 기행 조직과 실행, 신규 교사 양성과 현장 연계, 신입 교사 연수, 현장의 요청에 따른 생활기술교육 연수 조직, 전문학습공동체 지원, 출판 사업 등으로 활동 영역을 확장해왔다. 최근 3~4년 사이에는 대안교육에 관심을 두는 공교육 교사들의 참여가 훨씬 더 도드라지고 있다는 점이 특징이다.

비인가 대안교육 현장에서는 '신입생 모집'만큼 '교사를 모십니다' 공고를 자주 볼 수 있다. 그만큼 현장 상황이 어렵다는 사실의 방증이다. 교육에 이상을 품은 청년이 아이들과 섞여 삶을 나누고, 부모 세대와 원활하게 소통할 수 있으면서 '최저임금 수준'을 견뎌야 한다. 이런 가혹한 조건을 견딜 수 있는 다음 세대 대안학교 교사는 극히 드물다. 삶을 위한 교사 대학에서 실시하는 신규 교사 양성 과정이 끝날 무렵 여러 현장으로부터 새 교사를 찾는 문의가 쇄도한다. 그만큼 다음 세대 교사의 양성과 현장 배치는 절실한 문제이나 대안교육계가 가진 자원은 너무나 부족하다.

2014년 여름, 30여 개 나라의 대안교육인 800여 명이 모이는 축제인 국제민주교육회의International Democratic Education Conference: IDEC

가 경기도 광명시에서 성공리에 개최되었다. 민주주의, 청년, 지역이라는 주제와 교육을 연결시켜 분야별로 발표와 논의 과정을 거쳤다. 외국 대안교육 실천가들이 한국 대안학교의 현황과 처지에 대한 이해를 높이는 계기가 되었고, 향후 대안교육 국제 교류에 있어 중요한 계기로 작용했다.

2015년 3월 22일에는 대안교육연대 주도로 〈대안교육 정명 선언문〉이 발표된다. "대안은 사람과 사회의 본래 자리를 찾아가는 것"이라는 첫 문장으로 시작하는 이 선언문은 당시 대안교육 관계자들의 문제의식과 미래 지향을 녹여 낸 나침반과 같은 것이었다. 교육 철학, 온전한 공부의 의미, 참여와 소통, 연대 정신, 지역과 교육 등 일곱 가지 영역에 걸친 입장을 적절하게 천명했다.

한편 2022년 1월부터 「대안교육기관에 관한 법률」이 시행되었다. 총 24조로 구성된 이 법률은 비인가 대안학교에 대한 국가 지원까지 담고 있지는 않다. 하지만 학생과 학부모가 다양한 교육을 받을 수 있게 하는 권리를 폭넓게 인정했고, 비인가 학교 현장도 국가 기관에 등록함으로써 교육 행위에 대해 법률적 보호를 받을 수 있게 되었다.

최근 전국 17개 시·도교육청 가운데 대부분에서는 대안교육에 대한 두 가지 접근 양상이 두드러졌다. 하나는 혁신에 대한 의지와 기운을 잃어버리고 있는 혁신학교를 더 혁신할 수 있도록 바꾸어 갈 자극으로서 비인가 대안교육 현장에서의 실천을 조금 더 진지하게 바라보는 흐름이다. 일례로 경기도교육청이 2022년

3월 안성에 개교한 '신나는학교'와 충북도교육청이 2024년 개교를 목표로 준비하고 있는 청주의 '(가칭)단재고등학교'가 그것이다. 교육과정 설계와 학교 운영 등을 기존 공립 학교에서 볼 수 없는 완전히 자유로운 시스템으로 설계·기획하고 있다.

또 다른 하나는 기존에 설립 운영하던 공립 대안학교의 한계를 극복하기 위한 새로운 접근법 모색이다. 여러 지역의 교육청에서는 관내 학교에서 학업 중단 위기에 처한 학생들을 한곳의 공립 대안학교에 모아 두는 방식으로 운영해 왔는데, 이제 더 이상 이런 방식으로는 학교를 유지할 수 없다는 판단에 이르렀다. 이에 따라 비인가 대안학교에서의 교육과정 운영과 학교 조직 방식을 벤치마킹하려는 움직임이 더 활발해지고 있다.

대안교육은 손쉽게 접근할 수 있는 이상적 교육 세계에 머물지 않는다. 이미 대안교육의 역사가 증명하듯 그것은 새로운 길을 향해 눈을 가리고 맨손으로 진흙밭을 더듬어 나가는 과정과 같다. 비인가 대안학교들은 그 안에 개선해야 할 일이 엄청나게 쌓인 곤궁한 처지이다. 그 울타리 밖에서는 공교육 시스템이 '무엇인가 새로운 시도가 있나' 싶어서 대안학교 안쪽을 기웃거리기는 형세이다. 이러한 모순적 상황을 맞이하는 것마저 '행복한 부담감'이라 여기며 계속해서 새로운 시도를 해야 하는 운명, 바로 그것이 대안적 교육을 자처하고 나선 이들이 맞이하는 오늘의 교육 풍경이라 하겠다.

교원노조

교육 안에 갇힌 교원노조 운동

정용주
초등 교사, 《오늘의 교육》 편집위원

전국교직원노동조합(전교조)은 자본과 정권의 억압과 탄압 속에서도 교육운동과 민주노조 운동을 주도해 왔다. 교육운동의 중심으로서 한편으로는 승진과 관계없는 자율적 교과 모임과 교육 개혁 등에 주력하면서 교사들을 조직화하였고 다른 한편으로는 민주노총을 중심으로 한 민주노조 운동의 한 축으로서 자본과 대항하며 성장해 왔다.

그러다 이명박, 박근혜 정부 그리고 문재인 정부 중반까지 합법화 이후 가장 긴 암흑기를 보냈다. 이명박, 박근혜 정부 시기에는 집중적인 탄압을 받으며 법외 노조의 지위로 밀려나, 교육운동의 구심점으로서 적극적인 역할을 하지 못하는 시기를 보냈다. 촛불 혁명으로 탄생한 문재인 정부마저 행정 조치로 가능한 법외 노조 문제를 적극적으로 풀지 않았고, 취임 후 3년이 지나서야 대법원의 법외 노조 처분 무효 선고를 통해 비로소 노조로서 법적 지위를 회복했다. 정부가 결단만 해도 될 문제에 대해 지나치게 보수 세력을 의식하면서 노동조합 활동을 옥죄는 현실은 최저임금과 관련한 논의, 비정규직과 관련한 논의 등 법외 노조 문제가 아닌 다른 영역에서도 지속되었다. 이렇듯 정권이 노동의 몫을 늘려 가는 소득 주도 성장을 주장하는 한편 노동자와 노동조합의 권리를 침해하는 악법을 그대로 두는 것은 이율배반적 행위라 하지 않을 수 없다.

교육운동 내 비정규직 운동과의 반목

전교조를 둘러싼 다른 차원의 변화도 있다. 노동자 계급 전체에 거시적으로는 정치·사회적 지위의 하락과 동시에 미시적으로는 계급 의식의 보수화가 일어났다. 1997년 경제 위기 이후 구조 조정 과정에서 고용 안정성이 더욱 중요해지면서 노동자 계급은 경쟁력 논리를 내면화했고, 정규직을 중심으로 보수화가 사회 전반에서 강하게 진행되었다. 비정규직 노동자는 경제 위기 시기 분야를 막론하고 보편적으로 비정규직이 우선 해고되는 사태를 겪으며 계급 관계의 적대성을 더욱 뚜렷하게 경험했고, 자본과 대립하는 동시에 정규직과도 대립하는 모습을 보였다. 자본과 노동 사이뿐만 아니라, 정규직과 비정규직 사이의 이중적 모순 및 적대성을 경험하면서 불만이 커지고 집합적 해결책이 필요함을 절감하게 된 것이다. 그 결과 비정규직 노동자의 권리 보호와 제도화를 위한 조직화와 투쟁이 활발하게 전개되었다. 교육운동에서도 비정규직 문제는 같은 양상으로 전개되었다. 교육 공무직 문제를 포함해 돌봄 노동자, 방과 후 강사 등은 조직화를 통해 집합적으로 문제를 해결하고자 하였고 이 과정에서 정규직 교사들과의 모순과 적대성을 경험하였다. 교육에서 민주노조 운동을 주도하는 전교조도 이러한 다양한 비정규직의 노동운동에 연대해 자본, 권력과 대항하는 전선을 강화해야 했지만 그러지 못했다.

정규직 노동자들이 비정규직과 접촉을 많이 할수록 관계가 형성되면서 비정규직 문제에 대해 관심도 높아지고 연대 의식도 높아지는 것이 일반적이다. 하지만 학교 현장에서는 정규직 교사와 비정규직 교사가 접촉하면서 위계적이며 배제적인 관계가 강화되었다. 그래서 긍정적 경험보다는 부정적 경험을 축적하는 경향이 높아졌다. 교육과 돌봄, 수업과 방과 후 수업, 업무와 잡무의 구분이 명확해지고, 이러한 업무 구분이 정규직과 비정규직 사이의 직무 분리로 인식되면서 부정적 경험의 효과는 심화되었다. 이러한 상황은 민주노조 운동의 중심 세력으로 교육운동을 주도했던 전교조 운동의 내적 지도력을 크게 훼손시켰다.

정부의 탄압만으로 설명할 수 없는 운동성의 위기

또 다른 문제는 박근혜 퇴진 촛불 이후 정치 민주화가 진행되는 것과 결을 달리해, 자본과 권력에 의한 노동자 분할과 양극화는 점점 심화되어 왔다는 것이다. 2011년부터 복수 노조가 시행되는 한편 「노동조합의 교섭창구 단일화 절차 등에 관한 규정」이 도입되면서 민주노조의 교섭력이 약화되었다. 교육운동에서도 전교조와 한국교원단체총연합회(교총)의 대립 속에 한편으로는 다양한 교사 조직이 생기고 차이가 심화되면서 사실상 단결과 연대 그리고 투쟁을 도모하기 어려워졌다. 전교조는 교총뿐만 아니라 전문가로서 실천을 지향하는 교사 모임이나 노조로서 조합원들의 권익을 보다 더 추구하며 경제 투쟁을 벌이는 교사노동조합연

맹 등과 경쟁해야 하는 운명에 처하게 되었다.

전교조가 주도하는 민주노조 운동이 약화된 또 다른 요인은 진보 교육감 기획 때문이다. 전교조가 교육감을 추대하고 선출하는 과정의 핵심 세력이 되면서 전교조의 정치 운동도 흔들리고 후퇴하고 있다. 형식적으로는 선거에 적극적으로 개입하여 교육감을 당선시킴으로써 교육청을 민주화하고 노동조합의 대(對)교육청 교섭력을 제고, 전교조의 몫을 늘릴 수 있는 여건을 조성하였다. 하지만 이는 행정을 통한 교육 개혁에 민주노조 운동이 실질적으로 포섭되는 결과를 가져왔다. 운동의 자발성은 정책과 사업을 통한 자발성 증진으로 대체되었으며, 교육청을 통한 학교 개혁, 학교의 자율성 그리고 교육의 공공성 사이의 간극은 보다 커졌다.

마지막으로 교총이 환골탈태하고 있다는 증거를 찾기 어려운 수구적 교원단체인 상황에서, 무분별하게 유포되는 교육의 자주성 담론과 전교조 운동이 점점 가까워지고 있다는 우려도 있다. 역사적으로 구축된 전교조와 교총 사이 진보와 보수 간 대립 구도는 여전하다. 하지만 학교가 정치가에 지배되지 않아야 한다는 관념이 공유되면서 교육가만의 배타적인 지배를 정당화하여 학교에 대한 정치의 민주적 통제를 부정하는 결과를 가져오는 현상은 전교조 내부에서 운동성을 약화시키는 요인이 된다.

'정치의 교육화'에서 '교육의 정치화'로

그런데 전교조의 보다 근본적인 문제는, 교사가 가진 신분의 문제를 감안하더라도, 민주노조 운동으로서 견지해야 할 저항의 조직과 실천들, 자본주의 체제에 대한 이해가 해체되고 있다는 것이다. 교사를 포함해 노동자는 매일같이 일상 속에서 자본의 지배를 경험적으로 느끼며, 우리의 현재 삶과 미래에 영향을 미치는 자본의 본원적인 힘을 깨닫는다. 그러나 현재 교사들의 투쟁은 교육 혁신에 갇혀 있다. 사회 각 분야에서 진행되는 민영화에 대한 반대 투쟁, 기후 위기에 대처하고 공정한 주거 정책을 요구하는 교육 밖 투쟁으로 논의를 확장하면서 교육을 정치화해야 하는데 반대로 정치적 문제를 '순수한 교육의 문제'로만 다루려 하는 정치의 교육화에 머무르는 한계에 처해 있다. 정치를 교육화함으로써 교육에서 교사가 갖는 자율성은 광범위하게 신장되었지만 이것은 동시에 불평등을 확대하는 결과를 가져왔고 전교조의 운동은 기득권화되었다.

이 점에서 미국의 시카고 교사 노조가 단체를 재건할 때 사용했던 전략이 좋은 예가 될 수 있다. 그들은 작업장 투쟁과 그보다 넓은 지역공동체의 필요를 연결했다. 민영화의 돌풍이 일어 학교를 거의 빼앗길 위기에 처한 지역공동체가 학교 폐쇄에 맞서 저항할 때를 비롯해 고통받는 이웃들이 생길 때마다 노동조합의 깃발을 들고 도왔다. 신자유주의가 파괴한 노동 계급 동네에 집중해 그 계급을 지나치지 않는 방법에 관심을 가지며 지역 사회에서 기쁨의 공간을 확장하려는 것을 계급적 요구로 고양시켰다. 이러한 실천은 마르크스와 엥겔스가 노동자들이 프롤레타리아의 삶에 관심을 가지며 각 지역 사회를 부르주아의 이익과는 별도로 논의되고 운영되는 중요한 곳이자 노동자 연합의 핵심 장소로 만들어야 한다고 주장한 것과 맥락을 같이한다.

전교조는 법적 지위를 회복했지만 민주노조 운동으로서 전교조 운동에는 앞으로 많은 어려움이 있을 것으로 예상된다. 민주노조 운동이 노동자를 착취하고 억압하는 자본주의 사회에 대한 문제의식에서 출발한, 자본주의를 극복하기 위한 대안적 운동이라고 할 때, 전교조 운동 역시 좋은 교육을 위한 운동이자 교육 현장에서 고통받는 노동자들을 조직해 어떻게 자본주의를 극복해 나갈 것인가를 고민하고 실천하는 운동이어야 한다. 정규직만의 운동, 교사만의 운동, 학교 안에 갇힌 운동을 넘어 자본과 마주하며 새로운 사회를 만드는 운동을 복원하는 것이 민주노조 운동을 중심축으로 하는 전교조가 부여받은 역할이다.

2부

전선을 어디에 둘 것인가

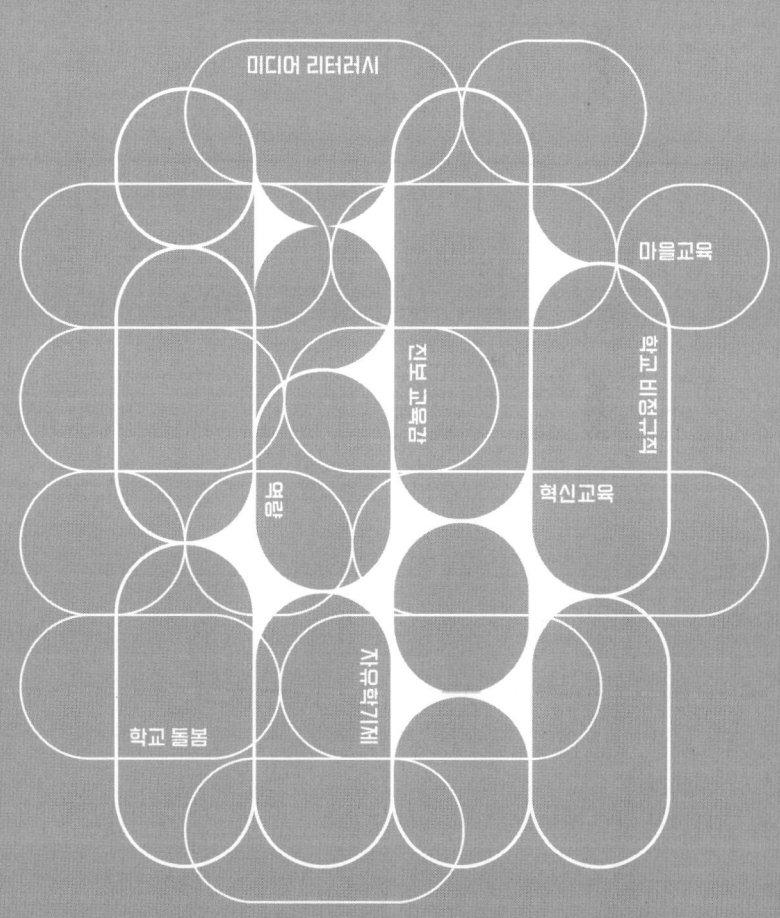

진보 교육감

진보 교육감 기획은
계속 운동일 수 있는가

공현
《오늘의 교육》 기자, 청소년운동 활동가

2010년 6곳, 2014년 13곳, 2018년 14곳. 지방 선거에서 이른바 '진보 교육감'이 당선되었다고 집계된 광역자치단체의 수이다. 광역자치단체 수가 총 17곳임을 생각하면 2014년부터는 과반을 차지한 지 오래다. 이 숫자만 놓고 보면 2010년대 한국의 제도권 교육은 '진보 교육감의 시대'라 할 만하다. 유명 교육 평론가가 자신의 책 서문에서 "진보 교육계는 명실상부한 한국 교육의 주류"*라고 규정한 것도 이러한 상황 때문일 것이다.

그런데 진부하지만 이런 질문이 떠오르지 않을 수 없다. 과연 진보 교육감이 전체 교육감의 과반을 넘어 약 82%(14/17)를 차지한 2010년대 이후, 한국의 교육 현실은 그만큼 '진보적'이 되었는가? 진보 교육계가 한국 교육의 주류라 하는데 왜 한국의 교육 현실, 교육 정책, 교육과정은 그에 걸맞게 바뀐 것 같지 않은가?

초등학교 무상 급식의 확대와 정착이라든지, 혁신학교 확대라든지 정책이나 학교 현장에서의 긍정적 변화도 분명 있다. 일부 지역뿐이긴 하지만, 학생인권조례 시행에 기여하기도 했다. 많은 교원의 행정 업무 부담이 줄어들었고, 보호자나 학생에게 정보를 공개하고 학교 참여를 활성화하려는 노력도 많았다. 혁신교육지구 사업, 마을교육공동체 사업 등이 진행되면서 학교 담장을 넘

---

* 이범(2020), 《문재인 이후의 교육》, 메디치미디어, 10쪽.

어 지역 사회와 함께하는 교육을 구현하려는 시도도 있었다. 이러한 진보 교육감의 성과와 한계를 종합적으로 평가하는 일도 물론 필요하고 지역마다 교육감마다 구체적으로 이루어져야 할 것이다. 그러나 여기서는 진보 교육감과 교육운동-사회운동 사이의 관계, 정치적 차원에서 진보 교육감에 대해 짚으려 한다. 진보 교육감 문제를 정치와 사회운동의 관계라는 문제 틀로 바라보는 것은, 교육운동의 기획으로서의 진보 교육감의 장단점과 지속 가능성을 논의하기 위해서이다. 2022년 지방 선거 결과 9개 지역(분류하기에 따라선 6, 7곳)에서만 진보 교육감이 당선된 상황에서는, 더더욱 진보 교육감이란 무엇이었는지를 근본적으로 돌아보고 올바른 길인지 평가하는 작업이 필요해졌다.

교육감의 위치와 영향력

본격적인 논의에 앞서 진보 교육감의 위치를 정리할 필요가 있다. 교육감은 지자체에서 교육·학예에 관한 사무를 총괄하고 집행하는 행정 기관이며, 교육청의 수장이다. 교육감은 학교 및 그 밖의 교육 기관의 설치·폐지, 소속 공무원 인사, 예산 편성과 집행, 교육 관련 조례의 의회 제출과 집행, 교육과정의 운영 등을 관장하니, 그 권한과 영향력이 작지는 않다. 특히 진보 교육감은 진보적 사회운동의 지지를 받아 후보로 출마하여 당선되었기에, 지역의 교육을 좌우하는 수장으로서 교육을 개혁하라는 아래로부터의 요구를 받는다.

하지만 여전히 한국의 정부 구조는 중앙 집권적이고, 교육 영역에서도 마찬가지다. 거시적이고 주요한 교육 정책의 결정권도, 교육과정을 만드는 권한도 모두 국회와 교육부에 있다. 이미 대략적인 교육의 내용과 방식, 제도가 정해져 있는 상황에서 교육감의 재량은 한정적이다. 개별 학교나 교사의 자율적 권한으로 맡겨져 있는 부분도 있기에, 교육감은 결코 담당하는 지역의 교육 전반을 좌우할 수 있는 자리가 아니다. 그러므로 나는 교육감 당선자의 비율로 교육계의 주도권을 가늠하는 것은 부정확하며, 교육감에 관해 애초에 큰 기대를 걸지 않는 것이 옳다고 생각한다. 결국 진보 교육감의 성과는 국지적인 혁신 사례 같은 방식으로, 혹은 반동적 정책에 대해 약간의 방파제 역할을 하는 식으로 나타난다. 예컨대 2010년 이명박 정부의 일제 고사 시행에 맞서 투쟁이 벌어지던 당시, 막 취임한 민병희 강원 교육감, 김승환 전북 교육감은 학생·학부모의 시험 선택권 인정과 학교별 대체 프로그램 실시를 지시했다.* 전교조가 아직 법외 노조였던 시기, 교육부가 전교조 전임자 불허 방침을 정했을 때도 강원·경남·서울 교육감 등은 전임자 휴직을 허용했고, 문재인 정부가 전임자 인정 여부를 교육감에게 맡기겠다고 하자 진보 교육감 다수는 노조 전

---

* 전누리(2010), 〈[교육 정세] 민주·진보 교육감의 두 가지 길〉, 교육공동체 나다 홈페이지.(nada.jinbo.net)

임자들을 해직시키지 않기도 했다.

따라서 진보 교육감의 정치적 위치와 영향력, 이른바 '진보성'도 정권과 지지 세력과의 관계 속에서 달라진다. 가령 이명박·박근혜 정부 시기에 진보 교육감들은 정부의 반동적 정책에 대항하는 식으로 그 존재감을 드러낼 수 있었다. 그런데 문재인 정부가 집권한 이후에는 (문재인 정부의 교육 정책도 문제가 적지 않은데도) 그러한 방식은 유효성이 감소했고, 진보 교육감들의 존재감과 영향력도 줄었다. 이는 '진보'라는 수식어가 실제로 반영하고 있던 정치적 지형과 관계가 깊다.

진보 교육감 기획은 양당제의 산물

'진보 교육감', 좀 더 정확히는 '민주 진보 교육감'이란 한국의 양당제적 정치 현실의 산물이다. 진보와 보수라는 이자 대결 구도만을 가리키는 것이 아니다. 진보 교육감 후보 선출 과정에서 강하게 작용하는 단일화의 압력이나 지지 세력이 결집되는 모습은, (1990년 민주자유당에서부터 이어진) 강고한 보수 정당에 대항하는 정당들이 후보 단일화를 꾀하는 모습과 흡사하다. 지지층의 구성 역시 민주당 성향에서부터 훨씬 더 좌파적인 집단들까지 폭넓게 분포한다(민주당도 보수 정당으로 분류해야 한다는 지적에 어느 정도 동의하나, 편의상 보수는 민주당보다 더 우파적·보수적·수구적인 성향을 가리키는 데 쓰겠다). 2018년 진보 교육감 당선자들을 살펴보아도, 전교조나 민교협 출신이 다수인 중에 이재정 경기 교육감은 민주당 국회의원 및 장관 출신, 노옥희 울산시교육감과 김석준 부산시교육감은 진보신당 출신으로 이질적인 정치색이 '진보 교육감'으로 묶여 있음을 알 수 있다. 2010년 당선된 장만채 전남 교육감은 민교협 회원인 동시에 교총 회원이었으며, 2022년 (시민사회단체의 지지 없이) 당선된 김대중 전남 교육감은 열린우리당으로 선거에 출마한 적이 있다는 것을 덧붙이면 진보 교육감의 스펙트럼이 지나치게 넓은 것은 아닌가 하는 생각마저 든다.

진보 교육감의 지지 기반은 한국의 교육 현실에 불만을 갖고 있고 교육계의 오랜 지배층을 바꾸기를 원하는 사람들, 집단들의 느슨한 정치적 연합이다. 여타의 선거와 달리 교육감 선거에서 전국적으로 수구·보수 성향이 열세인 이유는, 사실상의 후보 단일화가 상시 이루어져 왔다는 점, 그리고 '중도층' 또는 '부동층'에 속하는 사람들도 교육 문제에 관해서는 기존 체제가 바뀌어야 한다는 데 조금 더 많이 동의하기 때문이라고 해석할 수 있다.

정치 평론가 김민하는 우리 사회의 민주주의가 무언가에 대한 반대에 의해 분파를 형성하는 '반대의 정치'로 작동하고 있다고 지적한 바 있다. "진보와 보수라는 구도 자체가 상대에 대한 반대와 이를 근거로 한 동원 전략에 기대고 있다."* 진보 교육감은 이에 아주 잘 들어맞는 사례이다. 기존의 교육 제도나 교육계의 기

---

* 김민하(2022),《저쪽이 싫어서 투표하는 민주주의》, 이데아, 245쪽.

득권층에 대한 반대가 '진보' 교육감이라는 기획의 동력이었던 것이다. 이러한 반대의 정치는 사람들이 사회 문제 해결에 책임감을 가지고 공론장에 참여하게 만들기보다는, '우리 편'이 정치권력을 잡는 것에 집중하게 만드는 문제가 있다.

이는 수구·보수 세력에 대응하기에는 효과적인 방법론일 수 있다. 그럼에도 명백하게 추구하는 가치가 다른 정치 세력 간의 연합은 그 자체로 한계이다. 진보 교육감들의 '교육 혁신'이 일정 선 이상으로 나아가지 못하고 혼란에 빠지는 이유 중 하나이다. 또한 이러한 연합은 상대적으로 소수인 측, 이 경우에는 더 급진적이거나 사회적 약자인 세력을 비가시화하고 그들의 정치적 자원이 흡수당하는 결말에 이를 위험이 있다. 그런 점에서 진보 교육감 기획은, 같은 '진보'가 붙긴 하지만 진보 정당이라는 기획보다 훨씬 덜 발전적이다. 양당제의 산물이면서 양당 구조를 재생산하기 때문이다.

그동안은 상대적으로 좌파적 입장을 표명해 온 단체들이 많이 부각되었기에 이러한 성격이 덜 주목받은 면이 있다. 그러나 지난 시간을 돌아볼 때, 진보 교육감이 더욱 '진보적'인 쪽으로 견인되었다고 평가할 수 있을까? 반대로 교육운동 주체들이 더 '보수적'인 쪽으로 견인되지는 않았는가? 교육감 개인의 성향이나 소신을 떠나, 의회 구성이나 사회적 역학 관계, 교육 관료들의 관성, 정부와 국회의 제약 등은 '더 좌파적인 교육감'을 불가능하게 만든다. 진보 교육감 기획이 더불어민주당 정부에 기여하는 정도에 한정되고 있지는 않았는지를 돌아봐야 하는 것이다.

사회운동이 선거를 뛸 때

보통의 선거에서라면 이러한 과정에서 정당 간의 문제로서 독자 노선이냐 단일화냐 등의 논쟁이라도 일었을 것이다. 그러나 교육감 선거에서는 이러한 논쟁조차 제대로 이루어지지 못하고 있다. 교육감 선거는 공식적으로는 정당 개입이 금지되어 있고, 시민단체들이나 각 후보들의 사조직이 선거의 주체가 되는 탓이다. 특히 진보 교육감 후보의 경우에는 개혁적·진보적·좌파적 사회운동단체들이 단일화 과정과 선거 과정을 책임지게 된다. 그러니 진보 교육감 기획이 품고 있는 문제점은 교육운동-사회운동 주체들에게 직접 악영향을 끼친다. 진보 교육감이라는 타이틀 아래 진보적 사회운동의 자원이 동원되고 운동의 독자성과 존재감이 약해지며, 심지어는 운동 주체들이 교육감 등 지자체의 정치권력과 밀착되는 사례도 나타난다.

진보 교육감의 시대는 교육운동단체에서 활동하던 이들 중 적잖은 수가 교육청으로, 구청으로, 도청으로 자리를 옮기는 시간이기도 했다. 교사 활동가들은 승진이나 시험을 통해 자연스레 교육청에 늘어갔다. 학부모단체를 비롯해 시민사회단체들에서도 정부 기관과의 협치나 정책 참여와는 차원을 달리하여 직업 공무원이 되거나 교육감 보좌직, 산하 기관의 장 등을 차지하는 경우가 생겼다. 이러한 과정에서 전교조는 물론 단체들 상당수가 운동적인 원칙에 따라 상황을 통제하거나 가이드라인을 만드는 데 무관심한 모습을 보였다. 오히려 '우리 편 관료'가 늘어나는 것을 반기고 개인의 영전을 축하하지 않았던가? 한국 시민사회에 정치권력과의 적절한 관계 설정에 대한 문제의식이 얄팍한 탓도 있겠으나, 자신들이 후보 선출에서부터 참여하여 당선시키며 심리적·인적 거리가 지나치게 가까워진 상태라는 점도 크게 작용했을 것이다. 설령 이런 흐름 속에 운동이 그 독립성을 잃지 않았다 치더라도, 안 그래도 부족한 운동의 역량이 제도권이나 행정으로 유출되어 운동이 약화되는 결과에 이르기 십상이었다.

사실 정당은 전문적·직업적 정치 조직으로서 정치인에게 인력과 정보, 명분, 각종 자원을 제공해 주는 중요한 역할을 한다. 정치권력과 시민사회 사이에서는 완충 지대이자 게이트키퍼 역할을 하기도 한다. 또한 정당은 선출된 정치인 개인의 방종을 막고 정치적 비전을 관철시키며 책임 정치가 가능케 하는 장치이기도 하다. 사회운동은 정당의 이러한 역할들을 온전히 대신할 수 없다. 시민사회단체들은 '정치적' 운동을 하긴 하지만, 그것이 (제도권) 정치와 바로 동일시되어서는 안 되고 동일할 수도 없다.

단적으로 후보 단일화의 과정만 보더라도 한계가 많다. 통상의 정당 내 경선이나 정당 간 후보 단일화는 정당들이 그 과정을 책임지고 개인이 져야 할 리스크를 줄이며 결과를 강제할 수 있다. 그러나 진보 교육감 단일화 과정은 후보들에게 가지는 구속력이 약할 뿐 아니라, 경선에서 진 후보 개인들이 그동안 들인 수천만 원 이상의 비용을 포기하고 물러나야 하기에 언제나 잡음이 일었다. 2011년 곽노현 서울시교육감이 단일화에 응한 상대 후보에게 사후에 돈을 주었다는 이유로 유죄 판결을 받은 일이 대표적이다.

사회운동 진영이 진보 교육감 개인을 통제하는 것도 정당이 할 수 있는 것보다 모자랄 수밖에 없다. 2018년 지방 선거 당시 광주광역시에서는 시민사회단체들에 의해 선출돼 후보로 나선 최영태가 아닌 3선에 도전한 장휘국이 당선되었다. 경기도에서도 이재정이 민주·진보 단일화 후보로 나온 송주명을 누르고 재선에 성공했다. 통상의 선거에 대입해 보자면 현직이 탈당하고 무소속으로 출마하여 재선된 셈인데, 일반적인 선거에선 이례적인 경우이겠지만 교육감 선거에서는 그렇지 않아 보인다. 시민사회단체들에는 정당과 같은 구속력도 없을 뿐 아니라 이렇게 되어도 스스로 '진보 교육감'이라고 얼마든지 내세울 수 있기 때문이다. 2022년 선거 결과, 진보적 시민사회단체들의 지지 없이 대학 총장, 지역 정치인 등 이력을 바탕으로 당선된 후보들이 진보 교육감으로 분류되는 예는 더 많아졌다.

이재정이나 장휘국의 사례에서 보이듯 인지도와 배경을 갖춘 정치인이거나 현직 교육감으로서 이점을 가진 교육감 후보들은 충분히 시민사회단체들을 무시하고 선거를 치를 수 있고 이러한 행보에 대한 부담감도 적다. 당선 이후 교육감으로서 하는 일이야 더욱 말할 것도 없다. 운동의 요구나 정당의 규율 등과 무관하게 단지 후보나 교육감 개인의 성향이 진보적이란 이유로 진보 교육감(후보)이라 불리는 것은, '진보 교육감'이라는 기획에서 운동적, 정치적 의미가 희미해지고 있다는 뜻이다. 진보 교육감 기획은 지속 가능하지 않고 효력이 다하고 있다는 징후가 이미 여러 곳에서 드러나고 있는 것이다.

'선거인데 정치적 중립'이라는 역설

교육감 직선제에 정당 개입이 불가능하게 된 이유는 '교육의 정치적 중립성'을 위해서이다. 그러나 선거는 대의제 민주주의 정치의 핵심과 같은 제도이고, 공직 선거를 치르며 정치를 배제하겠다는 것은 이미 역설이다. 교육의 내용도 방식도 모두 정치적인 이슈인데, 정당이라는 공식적 정치 조직만을 참여시키지 않겠다는 건 일종의 요식 행위처럼 보이기도 한다. 정치적 중립성을 위해 정당을 배제한 결과 도래한 것은 정치적 다양성이 아닌 양당제의 고착이었다. 그리고 정당의 공식적 개입이 금지됨으로 인하여, 교육감 선거에선 정치 세력이 이전까지의 행보나 결과에 대해 책임을 지고 공개적으로 사람들에게 평가받기도 더 어렵다.

2006년 시작된 교육감 직선제는 노무현 정부의 지방 분권 계획으로 도입되었고, 이러한 제도 변화에 대응하여 진보 교육감 기획이 나왔다. 진보 교육감 기획은 수구·보수 우위였던 교육계와 사회 상황을 변화시키는 데 유의미한 성과도 이루어 냈다. 그러나 진보 교육감 기획이 다른 한편으론 양당제의 한국 정치 상황과 얽혀 다양한 정치적 가능성을 가리고 뭉뚱그려 왔음을 직시해야 한다. 게다가 진보 교육감 기획이 '반대의 정치'에 의해 교육을 개혁하는 데 한계점을 드러내고 있고 진보 교육감이란 이름의 의미도 불분명해져 지속 가능한지 의문스러운 현재, 과연 진보 교육감을 만드는 것이 교육운동의 우선순위에 두어야 할 과제인지 의문이다. 지역 상황에 따라서 시차는 있겠으나, 나는 진보 교육감이라는 기획을 폐기하거나 전면 재검토해야 한다고 생각한다.

사실 제도적 측면에서 해법은 간단하다. 교육감 선거도 정당이 참여하도록 하고, 정당이 책임지도록 해야 한다. 교육의 정치적 중립성을 운운하며 선거에 정당이 참여하지 못하게 한 것은 긍정적인 부분보다 부작용이 더 크다. 후보 검증 및 선출 과정이 되었든, 선출 후 민주적 통제가 되었든 제대로 하려면 정당 등의 정치 조직이 필수이다. 정당이 참여해야 정치적 다양성이 증대할 수 있는 가능성도 더 커진다. 그리고 교원의 정치적 권리 확대 등으로 정당에서 교육 정책에 관한 전문성과 민주성을 높여야 한다. 무엇보다도 시민사회단체들이 무리하게 정당 역할을 대신하다가 사회운동의 역량과 자원이 소진될 위험성을 경계해야 한다. 지금과 같은 교육감 선거 제도는 운동과 정치 양쪽에 모두 해롭다.

정치적 중립성이란 강박을 벗어난다면, 일반 자치와 교육 자치를 구분하는 것도 재고할 수 있을 것이다. 교육도 우리 사회의 공적인 사안으로 여타의 문제와 같이 논의되어야 하는데, 현 시스템은 마치 교육 관련 행정이나 업무만은 세상일과 동떨어져 있어야 한다는 식으로 분리돼 있다. 이는 중앙 정부가 교육청과 학교를 강하게 통제하던 연장선상에 있고, 교육 제도를 경직되게 만들며 정책이 분절적으로 운영되는 문제에 일조하고 있다. 교육감 직선제를 유지하더라도 장기적으로는 교육청 조직을 일반 행정 체계에 통합시키는 것을 추진해 볼 만하다.

10년이 넘는 시간 동안 진보 교육감 기획이라는 실험의 성과와 한계는 드러날 만큼 드러났다. 이제는 교육운동이 진보 교육감 후보를 누구로 정할지, 어떻게 선거에서 이길지를 고민하기 이전에, 운동의 입장에서 이 기획이 초래한 결과에 대해 평가해야 한다. 그리고 '민주적인' 교육 행정 제도를 논의하고 이를 구현하기 위한 활동을 구상해야 한다. 교육운동의 입장에서 교육감 선거 제도라는 주어진 판 속에서 어떻게 할지 고민하는 것을 넘어, 제도와 판을 바꾸고 더 나은 제도를 만들어 가는 것이 필요하다.

혁신교육

혁신교육과
교육 개혁 운동의
지속 가능성

정용주
초등 교사, 《오늘의 교육》 편집위원

2009년부터 경기도교육청에서 '작은 학교 살리기 운동'을 제도화하여 혁신학교 정책을 추진한 이후 진보 성향의 교육감이 당선된 시·도교육청에서 잇따라 같은 정책을 추진하였다. 이에 10여 년 동안 학교에서 '진보교육'은 '혁신교육'과 동의어로 인식되었다. 그리고 구성원 간 관계, 교육과정 재구성, 학교와 마을의 연계 등 여러 가지 영역에서 의미 있는 성과를 냈다.

그러나 여러 요인이 맞물려 혁신학교의 실상은 점점 일반 학교와 같은 운영 원리로 수렴되고 있다. 우선 강력한 국가 주도 교육과정 체제와 이를 강화하는 입시 체제가 학교 기반 교육과정을 구현하기 어렵게 하는 가장 큰 장벽이다. 기초 학력 저하를 우려하는 사회적 압력, 경쟁 체제와 각자도생의 제도화에 따른 학교의 사교육 기관화, 교사의 정기 전보 제도, 교원 승진 제도 등은 혁신학교의 지속 가능성을 저해하고 있다. 혁신학교는 기존의 교육 개혁 운동과의 차별점으로 아래로부터의 자율성을 강조하며 시작되었다. 그러나 본격적으로 교육청의 정책이 되면서 양상이 달라졌다. 교육부와 교육청이 파편화된 성과 위주의 단기 사업을 남발하고 교사들이 이를 수행하다 소진되는 모습을 보인다. 반면 보수적 성향의 교육감이 당선된 지역에서는 혁신학교 정책이 도전에 직면하고 있다. 마을에서 학습 생태계를 이루려던 본연의 목적은 사라지고, 학교와 주민이 각종 체험 프로그램을 제공하고 소비하는 관계가 되기도 한다.

이 글은 혁신학교 정책이 시행된 지 14년째를 맞이하고 있는 현시점에서 그 전사인 열린교육 정책의 경과를 함께 검토하면서 혁신교육과 그 이후에 등장하게 될 교육 개혁 운동의 지속 가능성에 대해 생각해 보려 한다.

열린교육 찬성자들은 왜 혁신교육을 반대했는가

한국의 교육 개혁 역사에서 혁신교육과 견줄 만한 모델은 김영삼 정부의 열린교육 정책이다. 1997년, 열린교육의 최고 권위자 이돈희 교수는 그 방향성을 '지양해야 할 것'과 '지향해야 할 것'으로 나누어 제시했다. 먼저 지양해야 할 것으로는 획일성, 기계적 학습, 권위주의적 교사 주도식 교육, 타율적 통제식 훈련, 학습 기회의 불평등을, 지향해야 할 것으로는 인간 본연적 가치 존중, 총체적 성장, 개별화 교육, 공동체적 삶의 경험, 자율성과 창조성을 제시하였다. 이 밖에 교육과정 재구성과 교사의 자율성, 학교 공간의 재구조화, 학생 주도적 학습, 학생의 성장을 돕는 평가로의 전환을 강조했다.*

이는 혁신교육이 추구하는 방향과 매우 유사하다. 아니, 다소 용어의 차이만 있을 뿐 대부분이 동일하다. 추진 방식에 있어서,

---

* 이돈희(1997), 《열린교육 입문》, 교육과학사.

혁신교육은 현장 교사들의 실천으로 출발한 데 비해 열린교육은 해외의 교육 개혁 사례를 소개하며 중앙에서 도입해 전국으로 확산시켰다는 것에서만 차이가 날 뿐이다. 한편 이 둘은 정책으로서 문제점도 공유하고 있다. 그중 가장 주요한 문제는 지속 가능성이다. 선출직인 교육감이나 대통령의 공약으로 실행되며, 이를 실천하는 교사가 5년마다 학교를 옮겨야 한다는 점, 그리고 교육 행정 기관이 가진 관료성 및 학교와 행정 기관의 관계가 제도적으로 개선되지 못한 점 때문이다.

미국의 'Open Education'과 맥락을 같이했던 열린교육은 지금은 중앙 정부가 주도한 실패한 교육 개혁으로 평가되고 있지만, 당시에는 폭넓은 공감대가 형성되어 제도권에서 다양한 연구가 이루어졌다. 혁신교육 연구가 주로 교사들의 현장 실천 사례와 일반화에 초점을 맞추고 있다면, 열린교육 연구는 효과성, 시설, 교사 성장 등 갈래가 다양했다. 특히 1998년 발표된 교육개발원의 보고서*가 중요한 여러 내용을 담고 있다. 이 보고서는 열린교육의 효과성을 다루는데, 성취도, 사고력, 창의력에 있어 단기적 효과를 넘어 초·중·고 교육과정 전체에 영향을 끼쳤다는 결과가 도출되었다. 이는 혁신학교 효과성 연구에서도 그대로 나타난다.

열린교육은 학생뿐 아니라 교사들에게도 파급 효과를 미쳤다. 교직에 대한 생각, 학생을 대하는 태도 등에서 긍정적인 변화가

---

* 강계남·이은실(1998), 〈초등학교 열린교육 효과 평가 연구〉, 한국교육개발원.

있었으며, 학교 운영 방식의 민주화와 교사의 학급 운영이나 교육과정 운영 방식의 자율성에 대한 관심과 요구가 눈에 띄게 증가하였다. 이 밖에도 다양한 학업 성취 평가, 교사의 전문성 자각, 학생의 개인차를 고려한 교육 등이 이루어졌다.

여기서 눈여겨볼 점은 당시 열린교육 정책에 교사들보다 교장들이 긍정적인 태도로 임했다는 점이다. 수업과 교육과정의 혁신은 진보와 보수가 공통으로 공유하는 지향이다. 그런데 이들은 왜 혁신교육에는 상반된 입장을 취했을까? 교장 대부분이 교총 소속이고, 김영삼 정부가 형식적으로는 노태우 정부를 이은 정권 재창출이었기에 열린교육을 보수 정권의 교육 정책으로 인식했기 때문은 아니었을까 생각해 본다. 즉, 혁신교육은 교육감 직선제라는 제도와 이를 통해 당선된 진보 교육감을 통해 실행되었기 때문에 부정적으로 대했다고 볼 수 있다. 이처럼 유사한 비전을 가지고 있지만 이념적·진영적으로 구분하여 반대하는 모습은 향후 교육 개혁의 지속 가능성을 불투명하게 만든다.

혁신학교는 왜 민주성을 잃어 가는가

이렇듯 오랜 역사 속에서 실천되며 질적으로 향상되고 양적으로 확대되어 온 교육 개혁 운동이 표류하는 이유는 무엇일까?

마을 기반 교육 거버넌스의 운영이라는 과제를 먼저 살펴보자. 혁신교육을 학교를 넘어 지역으로 확장하는 실천은 많은 성과를 냈다. 그런데 마을 교육과정이 학교 교육과정의 지역적 맥락화와 어떤 점이 다른지, 마을의 자원과 강사를 교육 활동에 활용하는 차원을 넘어서는 협력이 무엇인지에 대해 논의가 계속되고 있다. 한편으로는 학부모의 민주적 참여 촉진과 교사의 전문성 논의 사이의 간극의 문제가 있다. 학부모의 참여가 활성화되는 것은 혁신교육이 지향하는 바와 같으나 그 과정에서 교사의 전문성이 존중되지 못할 때 갈등이 불거진다. 또한 일부 학부모가 내 아이를 넘어 우리 학교와 모든 학생을 위한 활동이라는 공적 의식을 갖고 참여하는 게 아니라, 학교를 학원과 같은 사익을 추구하는 공간으로 대하는 모습을 보이면서 함께하는 파트너로서 신뢰하는 관계를 맺지 못하는 경우가 늘어나고 있다. 학교 조직 문화 일관성 유지의 어려움도 원인 중 하나다. 초기에 자발적으로 지원한 교사들이 다른 학교로 이동하고 새로 발령을 받아 온 교사들이 많아졌고, 학부모들 구성 역시 달라졌다. 그러면서 구성원들의 스펙트럼이 넓어져 비전이 흔들리거나 약화되었다.

그런 한편 학생 생활 교육과 인권 존중이라는 두 가치 사이의 충돌이 점점 심각해지고 있다. 학생인권조례 제정이 상징적으로 말해 주듯이 혁신교육 초기에는 교사가 학생을 훈육하고 통제하는 교실 문화의 개혁에 초점이 맞춰져 있었다. 그런데 점차 교실에서 수업이 지속되지 못하는 장면이 집중적으로 조명되면서 정당한 훈육과 생활 교육의 중요성이 부각되기 시작하였다. 이것은 학생인권과 교권의 대립으로 인식할 것이 아니라 교육받을 권리의 침해 문제에 대한 성찰로 이어져야 했는데 그러질 못했다. 학생인권을 존중하면서도 공동체를 유지하고 수업을 지속하기 위한 생활 교육을 구현하려는 보다 성숙한 논의가 필요하다.

다음으로 협력적 업무 분장 구조화의 한계이다. 혁신학교는 교원 업무 경감을 강조했는데, 업무 전담 중심의 분업형 업무를 재구조화하지는 못했다. 다중적 학생 지원이라는 지향점을 중심으로 구성원들이 각자 역할을 가지고 협업하는 상호 지원 체제를 구축해야 하지만, 많은 혁신학교들이 특정 팀에 업무를 몰아 주는 방식으로 회귀하고 있다. 이는 업무와 잡무, 핵심 인력과 보조 인력이라는 위계가 형성되는 문제를 낳았다.

숙의 민주주의에 대한 반발도 심화되고 있다. 숙의해서 내린 결정이 항상 최선의 결과는 아니다. 또한 예측하지 못한 상황이 발생하여 긴급히 대응해야 할 경우에도 숙의를 거치려 하면 갈등이 생기기 마련이다. 점차 민주주의의 본래적 속성인 '느린 속도'가 문제라는 사고가 확산되고, 매뉴얼대로 일을 처리해야 한다는 효율성 논리가 힘을 얻는다. 자연히 담당자가 알아서 결정해 달라는 목소리가 커진다. 갈등과 긴 협의 과정이 참여하는 구성원의 에너지와 시간을 소진시키고, 그럴수록 숙의적 방식이 자리를 잃는 것이다.

그런데 사실 앞에 열거한 문제는 자치 역량에 부합하는 자치 제도의 부재라는 문제로 수렴된다. 학교 구성원의 자치 역량은 꾸준히 성장해 왔지만, 교육 자치의 제도화 수준은 낮아 교육공동체가 쌓아 온 역량이 지속되기 어렵다. 학교 자치 기구 법제화, 학교의 교육과정 편성권을 두고 사회적 공론화를 거쳤지만 정치의 영역에서 이 논의는 지체되고 있다.

교사를 성장시키는 학교 문화는 가능한가

다음으로 교사 성장 체제와 과정으로서 교육과정 운영을 구현하기 위해 논의되어야 할 과제를 살펴본다.

먼저 각종 교육과정이 만들어 내는 눈덩이 효과$^{snowball\ effect}$*다. 형식적으로는 시수가 늘어나지 않았지만 정해진 시수와 편제 안에서 여러 가지 사회적 요구 사항과 구성원들의 욕구를 반영하다 보면 교육과정이 눈덩이처럼 팽창하고 교사와 학생에게 과부하가 걸리게 된다. 혁신학교 역시 이 문제에 봉착해 있다. 이는 근본적으로 한국의 교육과정 체제가 학교 기반 교육과정 개발이 불가능한 중앙 집권적 체제이기 때문이기도 하다.

다음으로, 교과 통합적 교육과정과 교과 기반 교육과정 사이의 긴장이다. 혁신학교 교육과정에서 주제 통합적 접근 방식은 일

---

* 처음에는 작은 눈송이에서 시작하던 것이 큰 눈덩이가 되듯이 학교 계획을 마련하는 데 어려움을 주고 학교의 교육과정이 보다 자율적으로 계획, 운영되고 풍성해지지 못한다. 혁신학교의 상황은 교육과정 기준이 국가-시·도-지역-단위 학교까지 내려오면서 다양한 요구가 계속 추가되고, 거기에 혁신학교 운영 원리까지 추가되는 형편이다. [참고 : 임유나·홍후조(2016), 〈우리나라 교육과정기준 문서 다층화의 문제점과 개선 방안 탐색〉,《교육방법연구》, 28(1), 55~77쪽]

종의 강박처럼 자리 잡았다. 그러나 국가 교육과정이 교과 중심으로 구성된 한계가 있고, 학교의 목적은 교과 교육과정의 충실한 운영과 기초·기본 학력 확보가 최우선 목표라는 논리가 강화되며 교육과정 재구성의 비전이 축소되고 있다. 분과적 접근과 통합적 접근을 어떻게 조화시킬지에 대해 더 나아간 논의가 필요하다.

교사학습공동체 실천으로 향상된 교사 주체들의 자율성을 어떻게 학교 문화로 전환할 것인가도 지속적으로 고민해야 할 숙제다. 혁신학교에서는 학생의 학습만큼이나 교사의 학습이 활성화되는데, 그 특성은 협력과 반성적 실천이다. 전문가 간의 비판적 동료성에 기반한 고경력 교사와 신규 교사 간의 멘토링, 신규 교사 간의 협력 등 다차원적 협력이 이루어졌다. 전문 지식, 경험, 반성을 공유하며 공동의 지식을 구성, 발전시켰다. 그러면서 교사들은 명령과 금지에 의해 움직이는 관료적 삶의 정체성을 벗어나 자유로운 혁신을 구현하는 주체로 전환하였다. 이러한 변화는 의미 있는 성과이나 앞서 살펴본 국가 교육과정과 입시, 5년 주기의 정기 전보라는 암초를 넘어 학교에 뿌리내릴 수 있을지는 장담하기 어렵다.

그런 한편 학생 주도 학습의 가능성과 한계가 드러나고 있다. '학생이 배움의 주체가 되는 교육과정'은 혁신교육의 핵심이다. 혁신교육은 수업을 객관적이고 독립적인 현상이 아니라 사람들이 서로 공유하는 공동의 경험으로 바라본다. 이때 수업은 상호적이고 민주적이며 네트워크적인 특성을 가지며, 학생들은 모두 각자가 다른 학생의 교육에 대해 서로 책임을 지니는 존재가 된다. 이러한 지향을 실현하기 위해 교과/비교과 영역에서 다양한 시도가 있었으나 그 폭은 제한되어 있다. 어떻게 형식적인 선택권 부여를 넘어선 학습자 주도성을 구현할 것이며, 그것이 교사 전문성과는 어떻게 결합될 것인지에 대한 고민이 깊어진다.

조직 혁신으로서 학교 혁신 검토

학교는 관료제적 특성과 전문가 조직의 느슨한 결합체적 특성을 동시에 갖는다. 관료주의적 원리 아래에서 대부분의 학교는 위계적 교무 분장 조직 중심으로 운영되고 있다. 그런 한편 서로 분리 독립되어 있는 안정된 하부 단위들의 결합체로서의 특징을 갖기도 한다. 학교 조직에서 교사들은 교실에서 교육 내용과 방법에 대한 상당한 재량권을 가진다. 국가 수준의 동일한 교과 내용이라 하더라도 지도하는 교사의 가치관과 신념, 전문적 지식, 사회문화적 배경에 따라 해석과 교수 방법이 달라지고, 그것이 통제나 간섭의 대상이 되는 경우가 드물다는 것이다. 이것은 국가 수준의 교육과정을 그대로 가르쳐야 한다는 한계를 인정한다고 하더라도 교사들이 자기 업무 분야에 대한 전문적 식견과 기능을 가진 전문가로서 자율권을 행사하며, 상부나 상사의 권위에 순종하지 않아도 됨을 의미한다.

혁신학교의 혁신 방향은 관료제적 특성을 줄이고 전문가적 특성을 강화하는, 다시 말해 전체적으로 조직의 자율성을 높이고 통제를 줄이는 방향으로의 혁신이라고 할 수 있다. 즉 행정가들이 교사들의 활동을 구조화하기 위해 수업 행동에 영향을 미치는 간접적인 관료적 수단 — 시간표, 교과 운영에 관한 통제, 학생들의 학급 배치, 학습 집단의 구성, 물적 자원의 통제 — 을 최소화하는 것이다. 이런 의미에서 혁신교육이 추구하는 조직 혁신은 학교의 수직적 명령 체계를 없애거나 최소화하고 학교 안의 작은 학교처럼 '동학년의 자율성'을 시도한다는 점에서 자치 거버넌스에 기반한 네트워크적 혁신이었다.

그런데 혁신학교를 학교 조직의 결합 기제, 관료제와 전문가적 느슨한 조직이라는 측면에서 보면 관료성(통제성)을 줄인다고 저절로 전문성(자율성)이 향상되지는 않는다. 즉 둘 다 높은 조직도 있고, 모두 낮은 조직도 있으며 어느 하나가 높은 조직도 있다. 우리가 통상 권위주의적이라고 하는 조직은 관료성이 높고 전문성이 낮은 조직을 일컫는데, 이렇게 두 차원으로 놓고 보면 혁신학교를 모델링하면서 다루어야 할 변수들이 다차원화되는 것을 알 수 있다. 특히 교사가 전문가로서 고통을 피하려는 욕구와 성장하고자 하는 욕구를 동시에 갖는다고 할 때, 직무가 수행되는 상황 또는 환경으로서 관료제적 통제를 줄이는 것은 업무의 불만족을 줄이는 것이고 이는 곧바로 수업 혁신으로 이어지지 않는다. 예를 들어 혁신학교가 관료적 통제로부터 자유로운 곳이기는 해도, 이 관료제적 통제는 수업의 불만족 요인을 제거하는 것일 뿐 수업을 잘해야겠다는 동기 요인을 높이지는 못할 수도 있다.

혁신교육을 포함해 모든 교육 개혁 운동은 사회의 문제를 교육 개혁의 의제로 설정하고, 그 해결을 위해 시민을 집단적 힘으로 조직화하는 과정을 공유한다. 그러나 동일한 성격의 교육 개혁도 누가 추진하느냐에 따라 서로 다르게 맥락화되며, 구성원이 이를 수용하거나 협력하는 태도와 수준에서도 차이가 난다. 열린교육과 혁신교육의 사례는 앞으로 교육 개혁 운동을 기획함에 있어 실행 주체의 문제와 진영 논리의 문제를 주지하게 한다.

어떤 정책의 실패 원인과 개혁 방향을 논의해 나감에 있어, 구성원의 교체, 교육감의 교체, 정권의 교체와 같은 가시적인 변화에 초점을 맞추기 쉽다. 그러나 우리가 논의해야 할 과제는 그러한 변화에도 불구하고 지속될 수 있는 학교의 조직 구조와 문화를 만들 방법이다. 교사의 전문성과 학교 문화의 민주성이라는 두 가지 지향을 어떻게 조화시킬 것인가 하는 측면에 집중하여 논의를 이어 갈 것을 제안한다.

📝 마을교육

문제 해결을 위한 실천공동체로서의 마을교육공동체

하정호
마을교육공동체 활동가, (전) 광주광역시 광산구청 교육협력관

마을교육공동체 운동의 발전과 한계

전교생 26명으로 폐교 위기에 처해 있던 경기 광주 남한산초등학교가 '새로운 학교 만들기'에 나선 것이 2000년의 일이다. 지금도 남한산초등학교의 홈페이지에는 당시 학부모와 지역 주민, 교사들의 노력이 고스란히 기록되어 있다. '전입학추진위원회'를 결성해 매주 목요일 20여 차례 회의를 열며 결정한 주요 내용들은 다음과 같다. 작은 학교의 철학과 필요성, 초등 공교육의 한계와 극복 방안, 새로운 학교의 교육 철학과 프로그램, 전입학 학부모 연수 프로그램, 새 학교에서의 학부모의 위상과 역할 등. 학부모와 교사, 지역 주민이 함께 학교교육의 한계에 대해 고민하고, 교육의 목적과 방향을 재설정하며, 학부모의 역할에 대해 스스로 되돌아보았다는 것은 적지 않은 의미가 있다. 소위 '진보 교육감'의 등장과 함께 남한산초등학교가 혁신학교 1호로 지정된 이후, 혁신교육운동은 2011년 혁신교육지구를 거쳐 2014년 마을교육공동체로 심화되고 확장되었다. 2011년에 경기도에서 6개로 시작했던 혁신교육지구도 2023년 1월에는 226개 지자체 중에서 201개 지자체로 확산되었다. 지자체와 교육청이 함께 혁신학교를 지원하기 위해 시작했던 혁신교육지구 사업이 전국적으로 확대되면서 지속 가능한 마을교육공동체를 구축하고 운영하는 사업으로 변모하고 있다.

하지만 이러한 마을교육공동체 운동도 해가 거듭되면서 점차 한계를 드러내고 있다고 추창훈과 박세훈은 비판한다.* 첫째, 마을교육공동체의 개념과 목표에 대한 합의가 부족하다. 둘째, 마을교육공동체의 운영 주체가 모호하다. 셋째, 마을교육'공동체'로 부르기에는 아직 신뢰가 부족하다. 넷째, 마을교육 운영에 대한 경험과 전문성을 충분히 갖추고 있지 않다. 다섯째, 공모 사업과 프로그램 운영으로 그치는 경우가 많이 있다.

마을교육공동체에 대한 이러한 지적은 '마을교육'과 '마을공동체'의 괴리라는 배영주의 비판과도 맥이 닿는다.

마을교육공동체 사업은 자연스럽게 교육청과 지자체의 협력 구조로 추진되게 되고, 이로써 사업 내부는 두 가지 상이한 의도가 공존하게 된다. 마을을 활용해서 여러 다양한 교육적 요구를 성공적으로 해소하고 학교교육을 쇄신하려는 교육청의 의도와, 아이들 교육을 이슈로 마을공동체를 활성화하고 강화하려는 지자체의 의도가 그것이다. 전자에서는 마을이 교육의 주체와 소재, 장소가 되는, 곧 '마을교육' 수행이 핵심 관건이라고 하면, 후자는 마을 주민 간 유대 관계를 강화하고 마을의 정체성을 다져 나가는 '마을공동체' 구축

---

* 추창훈·박세훈(2020), 〈풀뿌리 지역교육 활성화 방안 : 전라북도 완주군 혁신교육지구를 중심으로〉, 《교육종합연구》, 18(3), 152~153쪽..

이 핵심이며, 이 점에서 이 사업의 성패는 이 두 가지 지향점의 구현 정도로 평가될 수 있다.*

다수의 혁신교육지구에서 '마을교육'은 프로그램의 운영 정도로 그치고 '마을공동체'의 형성으로는 이어지고 있지 못하다.

마을교육공동체의 문제점들

현재의 마을교육공동체가 안고 있는 가장 기본적인 문제는 주체가 누구인지 분명하지 않다는 점이다. 혁신교육이 '학생 중심'을 표방하고 있기는 하지만 기획 단계에서부터 학생들이 참여하는 경우는 많지 않다. 경기도 꿈의학교의 경우 마을에 있는 기관이나 프로그램의 도움을 받는 '찾아가는 꿈의학교' 말고도 학생이 직접 만들어 운영하는 '학생이 만들어 가는 꿈의학교'도 있다. 또한 의정부에서 시작한 청소년자치배움터가 전국으로 확산되어 가고 있기도 하다. 그렇지만 학생이 주체가 되는 마을교육공동체가 일반적인 것은 아니다. 자신이 마을교육공동체의 주체임을 인식하지 못하는 것은 교사의 경우도 마찬가지이다. 업무 담당 교사가 마을의 필요성을 잘 알고 프로그램을 진행한다 하더라도,

---

* 배영주(2019), 〈지방자치단체 '마을교육공동체' 사업의 실천공동체(CoP)적 운영 방안 탐색〉,《교육문화연구》, 25(3), 212쪽.

수업 담당 교사의 경우에는 정확한 교육 내용이나 방법, 목적 등에 대해 알지 못하고 받아들이는 경우가 많아 부담이 된다. 흔쾌히 동의해서 받아들인 교육과정이 아닌 경우, 학교 교사는 마을 교사에게 교육을 전적으로 내맡긴 채 수동적인 자세를 취하게 되고 이로 인해 갈등을 겪는 경우도 적지 않다. 마을 주민의 경우에도 학교 수업을 돕는 일이라고 생각하다 보니 일선 교사처럼 적극적으로 수업을 설계하거나 전문성을 높이려는 노력을 하지 않는 경우가 많다. 결국 마을교육의 주체가 분명하지 않은 상태에서는 학교와 마을 '모두를 위한 교육'이, 결국 '아무도 책임지지 않는 교육'으로 귀결될 위험을 안게 된다.

이러한 주체성에 관한 인식 부족은 마을교육공동체의 목표와 결과에 대한 참여 주체의 기대치가 서로 다른 것과도 무관하지 않다. "학교에서는 마을교육공동체 활동의 방향을 학교의 특색 사업, 교육과정의 연계로 생각하고 마을에서는 학교 안에서 하는 마을교육공동체 활동을 통해 학생들이 마을에 대해서 좀 더 알고, 자발적으로 마을로 찾아와 마을에서 학생 자치가 이루어지는 것을 활동의 방향으로 생각한다. 하지만 마을교육공동체 사업을 주도하는 시와 교육청에서 기본적으로 생각하는 마을교육공동체의 활동 방향은 교육과정 연계이다."* 각 주체가 생각하는 이

---

* 윤혜정·김희수(2019), 〈활동이론을 통한 마을교육공동체 분석〉, 《교육연구》, 41(1), 114쪽.

런 목표는 마을교육공동체의 큰 그림 속에 모두 담겨 있다. 하지만 '미래 교육', '혁신교육', '교육 생태계'와 같은 큰 그림에 대한 대략적인 합의에서 일을 시작하다 보니, 이 목표 가운데 무엇을 우선시하고 어떻게 그 목표에 도달할 것인가에 대한 주체들의 합의가 부족했다. 그 결과 한두 번의 프로그램 진행으로 각자 기대했던 성과가 나오지 않으면 이내 실망하게 되고, 상대를 도우려는 좋은 뜻에서 한 일인데 무시당했다는 생각이 갈등으로 이어지는 경우가 생긴다.

교육의 전문성 부족도 마을교육공동체에서 갈등을 낳는 요인이 된다. 전문적인 교육과 훈련을 받은 교사의 입장에서는 단기간 양성 교육을 받은 주민들의 교육 내용이 미덥지 못할 수밖에 없다. 마을 교사의 경우 그 전문성이 천차만별이다. 교사나 방과 후 강사의 수준을 넘어설 만큼 고도의 전문성을 갖춘 이도 있고 전문성 없이 봉사 정신으로 참여하는 이도 있다. 어느 경우이든 학생들을 만나기 위해서는 교육학적 관점과 태도를 갖추고 있어야 하겠지만 이는 단기간에 습득하기 어려운 점이 있다. 마을 주민의 입장에서는 1년에 몇 차례 운영하는 프로그램을 위해 고도의 전문성을 갖추겠다고 생각하기가 쉽지 않다. 전문적인 역량이 있는 단체에 교육을 맡기더라도, 그것을 두고 '마을교육공동체'라고 할 수 없다. 결국 교사와 주민이 장기간에 걸쳐 같은 목표를 향해 서로 맞추어 가겠다는 생각이 있어야지만 이 문제를 해결할 수 있다. "마을교육이 몇몇 전문적인 사람에 의해 진행되도록 하는 것이 아니라, 관심을 공유한 마을 주민들의 공동 작업과 학습 활동을 통해 이루어지도록 함으로써 교육의 질을 제고하고, 그 과정에서 '마을'에 대한 고민도 체계적으로 진행될 수 있다."* 마을교육공동체가 문제 해결을 위해 스스로 학습하는 실천공동체여야 하는 이유가 여기에 있다.

마을교육공동체가 1년 단위의 공모 사업으로 진행되는 것도 문제이다. 학교와 마을이 사전에 합의하고 공모에 응한다 하더라도 사업의 장기 지속성을 담보할 수가 없다. 그래서는 학교와 마을이 오래도록 같은 곳을 바라보며 목표를 합의해 가기도, 교육 역량을 체계적으로 쌓아 가기도 어렵다. 1년에 한두 번 프로그램을 진행하는 것을 두고 '마을교육'이라고 하기도, '공동체'라고 하기도 어쭙잖다. 일상적으로 운영되는 마을 안의 주민 조직과 학부모 조직이 마을교육공동체의 근간이 되어야 이런 문제를 해결해 갈 수 있다. 그런 점에서 주민 자치회 안에 교육 분과를 두거나 '마을교육자치회'를 만드는 최근의 시도는 바람직하다. 행정과 중간 지원 조직은 마을교육공동체를 위한 공간과 비용, 기자재 등을 지원하고 이들의 사회적 학습과 실천을 장려해 갈 필요가 있다.

---

* 배영주(2019), 앞의 논문, 219쪽.

문제 해결을 위한 실천공동체로서의 마을교육공동체

마을교육공동체와 관련해 이런저런 문제가 도드라지는 것이 꼭 나쁜 일은 아니다. 문제를 문제로서 인식하기 시작했다는 것은 그 자체로 긍정적인 면이 있다. 문제의 자각은 변화의 계기가 되기 때문이다. 주인 의식이 있는 참된 주체인가, 수동적 객체인가의 구별도 그 문제를 적극적으로 해결하고자 하는 의지와 노력을 보이는가에 있다. 전국의 많은 학부모와 주민들이 마을 교사로 참여하면서 학교와 마을이 함께 하는 교육의 필요성에 대해 공감하고, 학교교육을 마을의 문제로 인식하게 되었다는 것부터가 커다란 성과이다. 맨 처음으로 다시 돌아가 보자. 폐교 위기에 처했던 남한산초등학교를 살리기 위해 마을 주민과 교사들이 머리를 맞댄 얘기로 이 글을 시작했다. 작은 학교를 살리기 위해 그 지역의 교육 자원들을 활용해 교육과정을 재구성하고 교육의 목표와 방향부터 다시 잡았다. 그로부터 마을교육공동체가 시작되었지만, 우리는 지금 그 점을 놓치고 있다. 2022년 기준 전국에는 2,000개가 넘는 혁신학교가 있지만 교사와 학부모가 지역 주민과 함께 교육 목표와 교육과정을 그려 보는 학교가 몇 개나 있을까? 우리는 지금 학교와 마을의 문제를 해결하기 위해 서로 머리를 맞대고 있는가?

마을교육공동체의 한계는 협업과 네트워크에 근거해 있는 거버넌스 자체의 한계에서 비롯한다. 학교와 마을, 교육청과 지자체가 협업하는 구조에서는 어느 한쪽만의 생각을 다른 쪽에 강요할 수가 없다. 그런 권력관계가 형성되는 순간 거버넌스가 깨어지기 때문이다. 하지만 갈등을 피하기 위해 서로의 생각을 숨기고 두루뭉술하게 일을 진행시켜도 거버넌스는 이룰 수 없다. 해법은 어느 누구도 주인이 아니면서 모두가 주인이 되게 하는 데 있다. 전남 순천의 마을교육공동체에서 보여 준 '정담회'가 좋은 예시가 된다. 순천 시민들은 '지역교육력회복실천공동체'를 만들어 매달 한 번씩 정담회를 운영해 왔다. 마을교육공동체 조성, 교육 경비, 학교폭력, 사회적 돌봄 등이 정담회에서 논의된 사안들이다. 누구든 이 모임에 참여할 수 있고, 여기서 합의된 내용은 다음 날 교육청과 시청이 참여하는 '순천마을교육공동체 실무협의회'에서 구체적인 실행 방안을 모색한다. 지역의 교육력을 회복하겠다는 목표를 분명히 하고 문제를 해결하기 위해 열린 토론을 이어 가는 순천의 사례처럼, 같은 곳을 바라보려는 노력이 있어야만 마을교육'공동체'는 비로소 시작할 수 있다.

그리고 무엇보다 중요한 것은 마을교육공동체 활동이 주민과 교사, 학생의 자발성에 기초해야 한다는 점이다. 자발성은 문제의 발견과 그 문제를 해결하려는 의지에서부터 나온다. 학교 교사든 마을의 주민이든 문제를 발견한 누군가가 먼저 시작할 수밖에 없다. 학교교육에 대한 비판이든 다양한 체험 기회의 제공이든, 문제의 해결을 위해 동조자를 모으고 인식의 차이를 해소해 가는 과정으로 마을교육공동체 활동이 시작되어야 한다. 그렇지 않고 단순히 공모 사업의 기회 때문에 아무 문제의식 없이 시작되거나 좋은 일이니 상대를 돕는다는 식으로 사업이 확산되는 것은 곤란하다. 문제의식을 내면화하지 않으면 난관에 부딪힐 때 해법을 찾지 않고 쉽게 포기하거나 상대를 탓하며 갈등을 일으켜 사업을 지속시키기 힘들기 때문이다. 사업 주체의 선정 과정에서부터 참여자들의 문제의식이 무엇인지 반드시 확인해 볼 필요가 있다.

마을과 학교가 해결해야 할 공동의 과제와 목표를 합의할 수만 있다면 해결에 필요한 자원과 예산을 마련하는 것은 생각보다 쉬운 일일 수 있다. 문화·예술교육 지원, 교육 복지 지원, 진로교육 지원 등으로 내려오는 예산이 적지 않다. 이 사업들과 자유학기제, 방과 후 교육, 돌봄 교실 등으로 학교에서는 지역의 자원들을 동원해야 하는 행정적인 부담이 적지 않다. 학교가 먼저 계획을 세운 후에 마을의 자원을 동원하려 하기보다는, 마을과 학교가 문제의 해결을 위해 이 사업을 함께 고민한다면 예산과 자원의 동원 문제가 자연스럽게 해결되어 갈 것이다. 자치단체에서도 평생교육을 비롯해 다양한 사업을 펼치고 있다. 특히 주민자치회의 권한이 강화되고 있고 주민 참여 예산도 늘어나고 있기 때문에 주민자치회를 설득해 예산을 마련하는 것도 한 방법이 된다. 이렇게 공적 자원을 적극적으로 활용하면 문제 해결을 위한 주민의 자치 역량도 키우고 민·관·학 거버넌스도 만들어 갈 수 있기 때문에 일거양득의 효과를 본다.

마을교육공동체가 지속 가능하려면 마을공동체의 자생력을 키울 수 있어야 한다. 배영주는 마을교육공동체를 실천공동체의 형태로 운영할 때 '마을공동체' 구축뿐 아니라 '마을교육'의 질적 수준을 담보하는 것도 가능하다고 보았다. 또한 "실천공동체로서의 마을교육공동체는 크고 작은 규모의 마을을 단위로, 마을의 모든 구성원이 아이들 교육에 관심을 갖고 모종의 실천을 도모하는 민주적 절차를 포함하고 있다는 점에서 진정한 '교육 자치' 구현의 중요한 원동력이 될 수 있다."* 주민들은 교육 역량이 저마다 다르다. 이미 전문적 역량을 갖춘 주민도 있고, 동아리나 봉사, 자치 활동을 하면서 장기간 역량을 쌓아 가는 주민도 있다. 마을도 특성에 따라 교육이나 돌봄의 특정 영역에 취약한 경우가 있다. 마을의 상황에 맞게 아이들의 돌봄과 교육, 상담과 성장 지원이 서로 유기적으로 이어질 수 있도록 마을 학교의 성장 과정을 모색해야 한다. 마을 학교가 학교교육과의 연계에만 매달리기보다는 주민 자치, 평생교육, 도시 재생, 마을 돌봄 등의 거점이 되어야만 안정적, 지속적인 운영의 토대를 마련할 수 있다. 주민의 학습 거점인 행복학습센터와 작은 도서관, 주민자치센터 등을 서로 이어 마을 학교의 자립 지원을 모색해 가야 한다. 보건복지부에서는 지역아동센터가 사회적협동조합으로 전환해 공공성을 담보하도록 유도하고 있다. 이를 잘 활용하면 사회적협동조합의 부

---

* 배영주(2019), 앞의 논문, 225~226쪽.

설 기관으로 마을 학교를 운영할 수도 있을 것이다. 그런 공적 공간이 있어야지만 돌봄과 교육이 서로 어우러질 수 있다. 아무 프로그램이 없어도 마음 놓고 들락거릴 수 있는 공간이 아이들에게는 무엇보다 필요하다. 무엇인가를 가르치기 위해 아이들을 바라보고 있어서만은 안 된다. 아이들에게도 그런 시선에서 벗어날 수 있는 권리가 있다. 아이들에게 자신을 돌볼 수 있는 시간과 공간을 마련해 주기 위해 마을교육공동체가 필요하다. 마을 주민의 역할도 이에 맞추어야 한다.

교육 자치, 마을교육공동체의 버팀목

이 모든 일은 교육과정에 대한 교사의 자율성이 담보될 때에야 비로소 제대로 이루어질 수 있다. 국가 주도의 교육 정책이 아닌, 지역의 실정에 맞는 다양한 교육과정의 개발과 지원이 필요하다. 교육 목표가 같더라도 서울 강남 대치동의 학생과 농산어촌 학생이 배우는 내용과 방법은 다를 수 있고, 또 달라야 한다. 지역 사회의 역사와 문화를 깊이 이해하고 마을의 작은 문제부터 주민들과 함께 해결해 가면서 민주 시민으로서의 역량을 키워 가는 거점으로 학교가 기능할 수 있어야 한다. 특성화고를 졸업한 학생들이 지역에서 창업과 취업을 이어 갈 수 있도록 대학과 기업, 마을의 작은 공방들을 서로 연계시키는 것도 지역 행정의 역할이 될 수 있다. 그렇게 하려면 교원 양성 체제와 교육과정도 바꾸어야 하고, 대입 제도도 개편해야 한다. 옴짝달싹 못하게 묶어 놓은 입시 제도와 국가 교육과정이 개선된다면 교사들도 학교 안팎의 교육 자원들을 주체적으로 활용하며 수업 부담을 줄여 갈 수 있을 것이다. 그러지 못한다면 마을교육공동체도 몇몇 '혁신' 사례들을 발굴하는 데 그치고 말 것이다. 교육만큼 자치와 분권이 필요한 곳도 없다. 각 지역마다 민·관·학이 함께 지역 교육과정을 만들고, 학교에서는 마을 교육과정을 만들어 학교의 안팎이 자유롭게 드나들 수 있게 하자. 교육 자치와 행정 자치, 주민 자치의 삼박자가 어우러져 마을교육공동체가 활짝 피어나기를 소망한다.

> 자유학기제

개혁이 멈춰 선 자리, 그곳에서 다시 시작하자

정병오
오디세이학교 교사

'자유학기제'라는 이름이 우리 교육계에 처음 등장한 것은 2012년 대선 때 박근혜 후보의 교육 공약을 통해서였다. 그 후 박근혜 후보가 대통령에 당선된 후 2013년 2학기부터 시범 실시를 하다가, 2016년부터 전국의 모든 중학교로 확대되었다. '자유학기제' 공약을 기준으로 본다면 10년이 지났고, 전국 중학교에서 실시된 것을 기준으로 보더라도 7년이 되었다. 박근혜 정부에서 시작한 정책이지만 문재인 정부, 윤석열 정부에서도 그대로 유지되는 보기 드문 장수 정책이다.

하지만 바꾸어 생각하면 자유학기제가 정치적 변화 가운데서도 지속될 수 있었던 것은 본래 의도가 제대로 살아나 교육을 지속적으로 바꾸었기 때문이 아니라 자유학기제가 그 의미를 잃고 기존의 체제에 동화되고 형식화되었기 때문인지도 모른다. 실제로 중학교 현장에서 자유학기제는 교사들에게는 생소하고 과다한 업무를 유발해서 피하고 싶은 일, 학생과 학부모에게는 당장 평가가 없고 체험이 많아 좋지만 이대로 괜찮을지 불안한 학기로 인식되고 있다. 크게 나쁘지는 않지만 그렇다고 해서 크게 환영받지도 못하는 어정쩡한 정책으로 전락하고 만 것이다.

충분히 무르익지 못했던 자유학기제 논의

2012년 박근혜 대통령 후보가 '자유학기제' 공약을 처음으로 제시했을 때 이는 우리 교육계에서 거의 논의된 바가 없는 매우 생소한 개념이었다. 하지만 같은 시기 상대방 후보였던 문재인 후보도 자유학기제와 거의 비슷한 개념의 '행복한 중2 프로젝트'를 내세웠던 것을 볼 때 중학교 일정한 시기에 입시에서 벗어나 자유로운 배움을 통해 자신의 진로를 탐색하는 한 학기 혹은 1년의 시간이 필요하다는 국민들의 갈망이 있었던 것으로 보인다.

그동안 우리의 교육은 대학 입시 개혁에 초점을 맞추고 다양한 변화를 시도했다. 하지만 대학 입시 문제가 우리 사회의 뿌리 깊은 학벌 체제와 대학 서열화, 더 나아가 노동 시장과 복지 체제 등과 맞물린 문제라 제대로 성과를 가져오지 못했다. 그래서 대학 입시를 포함한 제도적인 모순을 고치려는 노력은 계속하더라도 이와 별도로 입시 위주 교육과정 속에 있는 중·고등학교 학생들에게 그 나이의 발달 단계에 맞게 자아 정체성을 찾고, 자신의 소질과 적성을 탐색해 미래를 설계하고, 각 교과의 특성에 맞는 본질적인 탐구 학습을 하게 하여 새로운 돌파구를 찾자는 목소리가 나오기 시작했다. 자유학기제는 이러한 국민적인 갈망 위에서 나온 정책이었다.

하지만 자유학기제는 심도 깊은 정책 연구에 바탕을 둔 정교한 정책으로 제시된 것이 아니라 대선 교육 공약의 형태로 제시된 것이기 때문에 이 공약을 어떻게 구체화할 것인가에 대해서는 처음부터 논란이 많았다. 2013년 2월, 박근혜 정부가 출범하고 실제로 자유학기제를 시행해야 하는 시점에서야 자유학기제의 정확한 개념과 내용을 채우기 위해 청와대와 교육부 차원에서 많은 논의가 있었다. 이때 논의의 핵심은 자유학기제를 중학교 '교육과정의 개혁'으로 방향을 잡을 것인지 아니면 '전환학년제 도입'으로 방향을 잡을 것인가에 관한 것이었다. 핵심 쟁점은 다음과 같다.

자유학기제 방향 관련 논쟁

	교육과정의 개혁 방향	전환학년제 도입 방향
정규 교육과정과의 관계	정규 교육과정 내 한 학기를 지정	정규 교육과정 밖에 별도의 학기로 운영
시기	중1	중3 혹은 고1
대상	그 학기에 해당하는 모든 학생	희망자
전면 실시 여부	2~3년 시범 실시 후 모든 학교에 전면 실시	희망 학교 중심으로 서서히 확대

많은 논의 끝에 청와대와 교육부는 자유학기제의 개념과 내용을 전환학년세가 아닌 교육과정의 개혁으로 방향을 확정했다. 우선 중간·기말고사로 대표되는 지필 고사를 없앰으로써 시험에 얽매이지 않고 교과의 본질에 맞는 수업을 할 수 있게 했다. 그리

고 기본 교과에서 4시간 정도를 축소하고 여기에 기존의 창의적 체험 활동 시간을 결부시켜 자율 과정을 대폭 확대했다. 그리고 이 자율 과정의 운영은 동아리 중심, 예체능 중심, 선택 프로그램 중심, 진로 탐색 중심 등 학교의 실정에 맞게 학교에서 선택하게 했다. 평가 방식에서는 점수나 등수를 매기지 않고 활동 내용과 그 과정에서 발견된 학생들의 특성을 서술형으로 기록했다. 당연히 이 학기의 성적은 고입 내신에 반영하지 않기로 했다.

자유학기제가 교육에 준 깨달음

이렇듯 자유학기제는 충분한 정책 연구 없이 대선 공약으로 불쑥 학교로 들어왔고, 그 준비 과정도 충분치 않았다. 그럼에도 불구하고 자유학기제 시범 학교를 운영했던 교사들은 자유학기제 안에서 우리 교육의 묵은 과제들을 해결할 수 있는 잠재력을 발견했다. 즉, 자유학기제를 통해 그동안 어떤 교육 개혁의 시도도 해결하지 못했던 우리 교육의 견고한 금기들이 조금씩 허물어지는 것을 발견했고, 이 흐름을 잘 살려 간다면 큰 사회적 갈등이나 교육적 부작용 없이 교육 개혁을 해 나갈 수 있으리라는 희망을 본 것이다. 자유학기제가 허물어뜨린 금기는 다음과 같다.

첫째, 정기 지필 고사를 없앴다. 교육에서 평가는 교육의 목표가 아니라 목표 달성을 위한 하나의 수단이고 그 방법은 다양한 것이 정상적이다. 그런데 우리나라 중등 교육에 있어서 중간, 기말이라는 정기 지필 고사는 교육의 최종적이며 유일한 목표였다. 그러다 보니 수업 자체가 목적이 되지 못하고 수업은 시험을 대비하기 위한 수단으로 전락해 버렸다. 그리고 "이것 시험에 나온다", "밑줄 쫙!"이라는 표현에서 볼 수 있듯 시험은 교사의 수업을 왜곡시키고 다른 한편으로는 교사의 창의성을 떨어뜨리며 교사를 교과서 내용 전달자로 전락시키고 안주하게 만드는 주범이었다. 그런데 비록 한 학기이긴 하지만 자유학기제는 중등학교 단계에서 정기 지필 고사를 없앰으로써 이것이 우리 교육의 절대적이거나 필수적인 요소가 아니라는 것을 보여 주었다. 학생이든 교사든 시험을 위해서 공부하고 가르치는 것이 아니라 교과가 추구하는 본래의 목적에 따라 수업을 하고 그 과정에서 드러난 학생의 성취를 다양한 방식으로 기록하는 형태가 가능함을 보여 준 것이다.

둘째, 국·영·수로 대표되는 주지 과목의 시수가 축소되고 그 대신 예체능 과목과 체험 학습, 선택 교과의 시수가 확대되었다. 비단 국·영·수뿐 아니라 교과 시수 조정 문제는 각 교과와 그를 둘러싼 학계가 목숨을 걸고 싸우는 전쟁터와 같은 것이었다. 물론 이러한 싸움에서 절대적인 우위를 차지하고 있는 것이 국·영·수로 대표되는 주지 과목이었고, 국·영·수 수업 시수는 일종의 성역이었다. 그런데 자유학기제에서는 학생들의 전인적인 성장과 진로 체험과 탐색을 위해 국·영·수 중심의 주지 과목을 축소하고 입시와 무관한 예체능과 체험 학습, 선택 교과 시간을 확대한 것이다. 이러한 시도는 새로운 제도의 변화에 의한 것이 아니고 이미 시행되고 있는 교육과정 20% 증감의 범위 내에서 이루어진 것이었다. 그런데 이 교육과정 20% 범위 내 증감의 자율권이 지금까지는 국·영·수 시수 확대의 도구로 활용되어 왔던 것을 생각한다면, 국·영·수 시수 축소와 예체능 및 선택 교과의 확대를 이끌어 낸 자유학기제의 힘은 실로 놀라운 것이라고 할 수 있다.

셋째, 교사에게 완벽한 교육과정 편성권과 평가권을 주면서 교사별 평가 체제를 가져왔다. 국가가 기본적인 교육과정의 틀을 제시하지만 그 교육과정을 어떤 방법으로 어떻게 가르칠 것인가 하는 것은 교사의 고유한 권한이다. 그리고 가르친 자가 가르친 내용을 가지고 평가를 하는 것도 교육학의 가장 기본이었다. 그런데 우리나라는 지금껏 교사가 교육과정이 아닌 교과서의 내용을 충실히 전달할 것을 요구받았으며, 평가도 자신이 가르친 내용과 무관하게 교과서의 내용에 근거하여 해 왔다.

이러한 문제를 극복하기 위해 그동안 교사에게 교육과정 편성권과 평가권을 주고 교사별 평가 체제를 도입해야 한다는 문제 제기가 꾸준히 있었지만 이를 실현할 수 있는 실마리를 찾지 못했다. 그런데 자유학기제에서는 정기 지필 고사를 없애고 수행평가만 실시하되, 그 결과를 계량화된 숫자가 아닌 서술식으로 기록하게 함으로써 기존에 교사를 억누르던 '교과서 위주로 다른 교사와 똑같이 수업하고 평가해야' 하는 족쇄를 일순간에 해소해 버렸다. 그렇게 함으로 모든 교사에게 실질적인 교육과정 편성권과 평가권이 주어지고 교사별 평가가 가능하게 되었다.

넷째, 선택 교과의 확대로 학생들에게는 실질적인 선택이, 교사들에게는 새로운 교과 개설과 교육과정 설계가 가능해졌다. 그동안 학생들은 국가가 제시하는 획일적인 교육과정을 그대로 따라가는 것만 가능했고 자신의 관심과 흥미에 따른 실질적인 선택은 불가능했다. 그런데 선택 교과가 확대됨에 따라 자신의 흥미와 관심, 진로에 따른 교과를 선택하여 심도 깊은 공부를 할 수 있고, 자신의 흥미나 관심, 진로에 따른 교과 개설을 요구할 수 있는 길이 열리게 되었다. 그리고 교사들은 학생들의 발달에 맞는 교과를 직접 구상하고 과목을 개설하고 교육과정을 설계하는 기회가 확대됨에 따라 교육과정 전문가로서의 실질적인 전문성을 발휘할 수 있게 되었다. 물론 이러한 권한은 동시에 의무와 부담으로 작용하는 것이 사실이지만 교사로서의 실질적인 전문성을 발휘할 수 있게 하고 교사를 성장시키는 건강한 부담이라고 할 수 있다.

다섯째, 교육을 학교에만 가두지 않고 지역 사회로 확대하고 지역 사회와의 협력 모델을 만들어 가고 있다. 그동안 우리 학교는 배움을 교실 안의 배움으로 한정해 왔다. 그래서 지역 사회 가운데 학교는 섬으로 존재했다. 하지만 자유학기제에서는 직업 혹은 진로 체험을 상소하면서 지역 사회와 연결을 맺지 않을 수 없게 되었다. 그동안 한 번도 관심을 갖지 않던 학교 주변의 채소가게, 커피숍, 미용실, 병원, 소규모의 공장이나 기업, 관공서 등과 관계를 맺고 그들과 함께 아이들의 진로와 미래에 대해 고민을 하게 되었다. 그리고 지역 사회도 처음에는 지역 아이들의 교육 문제에 대해 아무런 관심을 갖지 않다가 조금씩 지역의 아이들에 대한 관심과 책임감을 갖기 시작했다. 그리고 선택 교과와 관련해서도 아이들은 배우기를 원하지만 학교 내 교사가 감당할 수 없는 영역이 많다 보니 그 부분과 관련해서는 지역 사회의 전문가나 장인들의 도움을 요청하게 되었다. 이런 과정을 통해 한 아이를 놓고 학교와 지역 사회가 협력하는 경험들이 조금씩 축적되고 있다.

섣부른 확대가 오히려 개혁을 그르치다

하지만 정부는 자유학기제의 교육적 의미와 이것이 가져온 교육 개혁의 파장에 대한 깊은 고민이 없었다. 그러다 보니 자유학기제를 몇 가지 틀로 고정시키고 이를 전국 모든 중학교에 실시하는 것에만 관심을 집중했다. 초기 자발적인 시범 학교에서 좀 더 다양한 모델을 시도하도록 지원하고 여기서 나타난 교육적 성과를 다른 학교와 교사들에게 공유함으로 자연스러운 확산의 길로 가기보다는 2016년 모든 중학교 실시를 전제로 학교를 몰아붙이기에 급급했다. 결국 대부분의 중학교들이 자유학기제에 대한 이해도 준비도 없는 가운데 교육청에서 제시하는 틀과 형태를 따라가기에 바빴다. 교사들의 자발성이 없는 상황에서 창의적인 발전이 있을 수가 없었다.

　무엇보다 정부는 자유학기제가 열어 준 우리 교육의 새로운 전망들을 좀 더 근본적인 교육 개혁으로 연결하려는 의지나 안목이 없었다. 정부가 진정으로 자유학기제의 의미를 알고 교육 개혁에 대한 안목과 의지가 있었다면 자유학기제를 중학교 전체로 확산하고 나아가 고등학교까지 확대하는 로드맵을 제시했어야 했다. 사실 지금 상황에서도 모든 고등학교 입시 전형을 '선 지원 후 추첨' 방식으로 바꾸면 중학교에서 지필 평가와 내신 산출을 할 필요가 없다. 그렇게 되면 중학교 전 학년 자유학기제가 가능하고 최소한 중학교 교육을 교과 지식 중심에서 벗어나 아이들의 흥미와 관심에 맞게 다양한 형태로 바꾸는 것이 가능하다.

　하지만 정부는 기존 교과 지식 교육에 기반한 입시 위주의 교육 틀을 건드리지 않는 가운데 대통령의 대선 공약인 '자유학기제'라는 제도를 안착시키는 데만 집중을 했다. 그 결과 자유학기제가 가지고 있던 개혁의 발톱은 다 빠져 버렸고, 전체적인 교육 과정 틀과 맞지 않는 기형적인 학기로 변질되고 만 것이다. 당연히 학생들과 학부모들은 자유학기제를 수행하면서 동시에 다음 학년과 고입을 신경 쓰지 않을 수 없고, 방과 후에 이를 별도로 수행해야 하는 부담을 안게 되었다. 그러다 보니 이들이 자유학기제의 우군이 될 수 없었던 것이다.

　자유학기제는 이대로 사장시키기에는 너무 아까운 우리 교육의 자산이다. 이미 7년 동안 지속이 되면서 우리 교육의 한 부분이 되었기 때문에 어떻게 하면 그 속에 내재된 생명력을 다시 살려 교육 개혁의 원동력으로 만들 것인가 하는 고민이 있어야 한다. 이를 위해 앞에서 제시한 바와 같이 고교 체제 개편과 고입 개혁과 연계하여 중학교 전체로 확대하는 로드맵을 제시할 수 있을 것이다. 하지만 현재 자유학기제는 교육 개혁의 방안으로 환영받는 단계가 아니라 생명력이 소진된 상태에 있기 때문에 이를 위한 동력을 만들어 내기가 쉽지 않아 보인다.

전환학년 도입으로 중학교 교육과정 개혁을

보다 현실적인 방안은 자유학기제 방향 논의에서 한 방안으로 제시되었다가 선택되지 못했던 '전환학년제 방향'을 새롭게 도입하는 것이다. '전환학년제 방향'은 2013년의 자유학기제 방향을 논의할 때는 채택되지 못했지만(당시 '교육과정의 개혁 방향' 안과 '전환학년제 도입 방향' 안을 동시에 시범 실시하자는 제안이 있었으나 채택되지 못한 것은 아쉬운 일이다) 이후 2015년 서울시교육청에서 '고교 자유학년제 오디세이학교'라는 이름으로 시작되어 8년째 운영되고 있다. 고등학교 1학년 학생들 가운데 입시 공부를 잠시 중단하고 자신을 발견하고 미래를 탐색하기를 희망하는 학생들을 대상으로 '전환학년 교육과정'을 운영함으로 좋은 호응을 얻고 있다. 그래서 같은 교육과정으로 2018년부터는 경남도교육청에서 '창원자유학교'를 시작했고, 2023년부터는 충북도교육청에서

'목도나루학교'가 시작될 예정이다.

　이러한 '전환학년 교육과정'을 중학교에 도입하되, 중학교 3학년 학생들 가운데서 희망하는 학생을 대상으로 실시하는 것이다. 혹은 희망하는 학교가 학교 구성원들의 동의를 받아 학교 차원에서 실시하는 것도 가능하다. 이렇게 해서 호응이 좋을 경우 점차 실시 학교를 확대해 가면서 이를 중학교 교육과정 전체로 확대하는 교육과정 개혁을 고교 체제 개편과 고입 제도 개선과 함께 추진하면 좋을 것이다.

　자유학기제는 아일랜드의 '전환학년제'를 벤치마킹했다고 알려져 있다. 하지만 아일랜드의 전환학년제는 우리나라의 자유학기제와 내용도 많은 차이가 있을 뿐 아니라 추진 방식도 확실히 다르다. 유럽에서 입시 경쟁이 심한 나라였던 아일랜드는 이를 해소하기 위해 1974년 중3과 고1 사이에 '전환학년'을 도입한다. 그래서 이 전환학년 시기에 교과 공부를 최소화하고 자신의 흥미에 따른 배움, 다양한 사회 직업 체험, 스스로 문제를 해결해 가는 프로젝트 수업 등을 하면서 자신의 길을 찾아가도록 했다. 당연히 희망하는 학교만 전환학년 과정을 개설했고, 그 학교 내에서도 희망하는 학생들만 이 과정을 이수하도록 했다.

　이 제도가 도입된 이후 20년 정도는 전환학년을 개설한 학교와 이를 이수한 학생의 증가 폭은 매우 더뎠다. 1993년 기준으로 21%의 학교가 전환학년을 개설했고 13%의 학생만이 이 과정을 이수했다. 하지만 20년이 지나면서 전환학년의 효과가 알려지기 시작하고 정부에서도 전폭적인 제도적 지원을 하면서 급속히 확산되어 2017년 기준으로 93%의 학교가 전환학년을 개설하고 있고, 72%의 학생이 이 과정을 이수하고 있다.* 학교와 학생의 자율적인 선택에 맡겼지만 40년이 지나면서 전환학년제는 아일랜드의 공식적인 교육과정으로 정착된 것이다.

우리도 자유학기제라는 한 제도를 두고 실망하거나 조급해할 필요는 없다. 그동안 자유학기제의 방향을 제대로 잡지 못해 어려움이 많았던 것은 사실이지만 자유학기제의 시도와 오디세이학교 등의 경험은 여전히 우리 교육 개혁을 위한 중요한 잠재력을 가진 매우 소중한 자산이다. 우리의 현실과 자산을 냉정히 분석하고 새로운 전략을 수립할 때다.

---

* Jeffers, G.(2018), 〈아일랜드의 전환학년제로부터 배운다〉, 《삶과 꿈과 배움 전환학년제와 자유학년제 - 2018 Gerry Jeffers 교수 초청 특별포럼 자료집》, 서울특별시 교육청 교육연구정보원, 4쪽.

학교 비정규직

우리는
투명 인간이 아니다

천용길
〈뉴스민〉 기자·발행인

학교는 존재를 지우는 일에 익숙하다. 교육이 이뤄지는 공간이면서 매개인 학교에서는 누군가를 삭제하거나 불안하게 만드는 일이 빈번하게 일어난다. 흔히 교육의 3주체로 학생, 학부모, 교사를 말하는데, 그 밖의 사람들은 투명 인간 취급하기 일쑤다. 조리원, 교무실무사, 돌봄 전담사, 특수교육 지도사 등 다양한 임무를 부여받은 이들은 학교 비정규직이라는 말로 존재를 드러내기 시작했다. 2000년 「초·중등교육법」에 학교 회계 설치 기준이 마련되면서 비정규직이나 학교 회계직이라는 형태로 존재했다. 학교 비정규직 노동자가 빠지면 학교는 정상적으로 돌아가지 않지만, 알면서도 모른 체해 왔다. 최근에는 교육 공무직이라는 이름으로 통용되고 있다. 사회가 학교 비정규직을 인식한 것은 이들이 노동조합을 결성하고 목소리를 내기 시작한 2011년부터다. 그 해 기자 생활을 시작하면서 학교 비정규직 노동자들의 목소리를 들을 기회가 많았다. 주로 취재를 맡았던 대구와 경북 지역에서 벌어진 학교 비정규직 노동자들의 목소리와 이를 지켜보는 시민사회를 중심으로 지난 10여 년을 정리해 봤다.

노동조합, 존재를 드러내는 힘

학교 비정규직 투쟁사에서 노동조합은 빠질 수 없다. 학생과 학부모는 학교에서 근무하는 사람을 대부분 '선생님'으로 통칭한다. 그러나 선생님 중 '교원'만 노동조합이 있었다. 교원이 아닌 직원은 전교조 가입 대상이 아니었다. 비정규직 노동자에게 전교조 조합원은, 업무 지시를 하고 근로 조건을 결정하는 결정권자로 인식됐을 뿐이다. 2000년대 후반 학교에 다양한 직군의 비정규직이 생겨났다. 이로 인해 2009년 전국교육기관회계직연합(전회련)이 결성됐다. 전회련은 2011년 민주노총 공공운수노동조합에 가입하면서 노동조합으로 형태를 바꾸었다. 2011년 4월 4월 전국학교비정규직노동조합도 출범했다. 대구 지역에서는 전국여성노동조합도 학교 비정규직 노동자를 조합원으로 대거 받아들이기 시작했다. 같은 가입 대상을 가진 복수 노동조합으로 인한 갈등, 부작용이 있었겠으나, 노동조합 설립 초기에는 부각되지 않았다. 직무에 따라 형성된 다양한 모임은 노동조합에 자연스럽게 합류할 수 있는 장점으로 작용하기도 했다.

 노동조합 가입률이 늘어나면서 여러 직무의 학교 비정규직들의 목소리가 터져 나왔다. 핵심은 고용 불안정이었다. 불안감은 자신과 비슷한 처지에 놓인 동료와 만나면서 불만의 기폭제가 됐다. 서로 다른 공간에서 근무하면서도 같은 노동조합에 참여할 수 있었던 데는 이유가 있다. 직군은 달라도 불안정한 고용 상황은 같았고, 지시를 내리고 받는 위치가 아니라 동일하게 지시를 받는 위치였기 때문이다. 같은 일을 하지만 같은 공간에서 부딪힐 일이 없었던 동일 직군 비정규직 노동자들은 다른 동료의 부당한 대우에 대해 일체감을 느끼기 좋은 조건이었다. 그러면서 노동조합은 비정규직 노동자가 맡은 일이 학교에서 빼 놓을 수 없는 일이라는 사회화를 시작했다. 노동의 사회화는 고용 불안정 해소 못지않게 중요한 일이었다. 학교의 주체로서 기능했다는 자존감을 높이는 일이기도 했다.

2012년에는 정말이지 다양한 학교 비정규직을 만났다. 1990년대 초반부터 2000년대 초반까지 학교에 다녔던 나는 이렇게 많은 비정규직이 있다는 걸 알지 못했다. 있었더라도 알 방법이 없었을 것이다. 부당하게 대우받고 있다는 사실을 폭로하면서 파업을 벌이는 일을 눈앞에서 본 적이 없으니 말이다. 4월 대구 지역에서는 학교 도서관 사서 노동자들이 먼저 나섰다. 대구 학교 도서관 사서는 2003년부터 도입돼 2009년부터 전면적으로 배치됐다. 대부분 10개월 단위 계약직이었다. 3월부터 12월까지 계약을 맺어 왔다. 그런데 그해 3월 대구시교육청이 학교 도서관 사서에 대한 인건비 지원을 종료한다는 공문을 학교에 발송했다. 무기 계약직 전환 논의가 오가던 상황에서 벌어진 일이었다. 사서 노동자들은 학교 도서관에서 하던 업무가 단순히 대출·반납 업무가 아니라는 점을 강조했다. 이들은 기자 회견, 집회, 대구시교육청 면담과 더불어 학교 도서관 활성화 방안 토론회도 열었다.

그해 5월 대구 4개 학교 급식 노동자들이 처음으로 파업을 벌였다. 5일간의 파업을 마무리한 자리에서 한 급식 노동자는 이렇게 말했다. "파업을 마치고 학교로 복귀하니, 교장 선생님이 직접

차를 태워서 점심을 사 주면서 '미처 생각하지 못해서 미안했다'고 하더라. 우리는 학교로 돌아가 당당하게 일했다. 며칠 동안 애들 밥 못 챙겨 준 게 미안해 대청소까지 깨끗하게 하고 왔다." 2011년부터 끌어 왔던 교육청과 단체 교섭이 이뤄지지 않아 벌인 파업이었다. 합의안에는 조리사 적정 인원 배치, 임금 인상, 위험 수당 반영 등이 포함됐다. 그러나 금액은 중요하지 않았다. 파업에 참여한 노동조합원들은 '학교에서 중요한 일을 하는 노동자'라고 인정받았다는 데 크게 고무됐다. 임금 인상 투쟁이 아닌 사회적 지위 인정 투쟁이었다.

교육청과 노동자와 갈등이 곳곳에서 벌어지면서 3개 노동조합(전국학교비정규직노동조합, 공공운수노동조합 전국교육기관회계직연합, 전국여성노동조합)은 전국학교비정규직연대회의를 결성해 공동 대응에 나섰다. 지역별로도 연대 회의를 결성했다. 2012년 기준으로 16개 교육청 가운데 대구시교육청만 "교육청이 교섭 대상은 아니"라는 태도를 고수했다. 단체 교섭에서는 모든 지역이 진통을 겪었지만, 대구 지역에서는 다른 상황이 작용했다. 대구 지역의 진보 정당, 시민사회는 일제 고사 실시, 무상 급식 미실시, 학생인권조례 제정 거부 등으로 학교 비정규직뿐만 아니라 여러 의제에서 대구시교육청을 상대로 싸움을 벌였다. 이는 학교 비정규직 노동자에게 (해당 시기로 제한한다면) 두 가지 측면에서 긍정적으로 작용했다. 첫 번째는 요구가 쉽게 관철되지 않는 상황에서도 쉽게 좌절하지 않았다는 점이다. 당시 정서를 풀어서 설명하자면, '대구시교육청은 워낙 불통이기 때문에 대충 투쟁해서는 안 먹힌다'는 것이다. 두 번째는 고용 불안정 해소와 같은 노동권 투쟁을 하면서, 다양한 사회적 의제와 만날 기회가 늘어났다는 점이다. 대구시교육감을 상대로 함께 싸우면서 다른 의제를 접할 기회를 얻은 것이다.

그해 하반기에는 초등학교 방과 후 교실 노동자들이 들고일어 났다. 당시 서울, 광주, 경기 등 9개 교육청은 방과 후 돌봄 강사를 무기 계약직으로 전환했다. 대구시교육청은 외주화 계획을 세웠고, 경북도교육청은 1년에 두 차례 23개 시군에서 '방과 후 강사 채용 박람회'를 통해 돌봄 강사를 채용하는 방식을 고수했다.

반민주 정서 속에 치러진 전국적인 파업

2011년 노동조합 결성과 2012년 11월 벌인 전국적인 파업은 당시 야당과 시민사회단체로부터 전폭적인 지지를 받았다. 당시는 이명박 정부 집권 5년 차와 차기 대통령 선거를 앞두고 박근혜 당시 새누리당 후보의 출마라는 특수한 상황이 있었다. 11월 9일 파업 전 교육과학기술부는 "학교는 일반 사업체와 달라 아이들의 교육 활동에 지장을 주는 파업은 어떠한 경우에도 정당화될 수 없다"고 했다. '무상 급식 vs. 선별 급식'이라는 이슈가 한 차례 휩쓸고 갔던 터라 학교 급식 노동자가 주축이었던 비정규직의 파업은 '민주 vs. 반민주' 구도와도 비슷하게 자리했다. 언론도 '파업으로 밥 굶는 아이들 vs. 제대로 된 급식을 위한 파업'이라는 관점 차이가 확연히 드러났다. 노동자들과 시민사회는 새누리당 앞에서 집회를 열었고, 민주통합당 대구시당·경북도당은 "사회 제도 속에서 외면당하고 차별받는 학교 비정규직 노동자들의 고용 안정과 처우 개선을 위해 학교 비정규직 노동자 파업을 적극 지지한다"는 성명을 발표하기도 했다.

2013년 시작과 함께 서울행정법원이 "학교 비정규직 사용자는 교육감"이라는 판결을 내렸다. 사실 이 소송에서는 소위 '진보 교육감' 지역도 대구, 경북과 다르지 않았다. 전국 시·도교육감들은 공동으로 노동위원회의 결정에 불복해 행정소송을 진행했다. 아무튼 이 판결 직후 대구시·경북도교육청도 학교 비정규직 처우에 관한 대책을 발표했다. 직군별로 무기 계약직 전환 대상을 늘리는 게 주 내용이었다. 4월에는 3개 노조와 교육청의 단체 교섭이 처음으로 시작됐다. 이로 인해 고용 안정이 이뤄진 노동자들도 있었지만, 직군별 갈라치기가 시작된 국면이었다. 경북도교육청은 무기 계약 전환에서 주 15시간 미만 초단시간 근로자는 제외했다. 그러면서 기존 주 15시간 이상 일하던 노동자를 15시간 미만으로 계약 형태를 바꾸기 시작했다. 학교 비정규직 노동자 간 계층 나누기의 한 형태였다. 무기 계약직 전환도 교육부나 교육청의 특정 사업이 끝나면 고용 의무가 사라진다. 교원이라면 벌어지지 않을 일이었다. 학창 시절 교련 교사는 과목이 사라지고도 다른 과목을 맡아 교사 생활을 이어 나가고 있었다. 그러나 무기 계약직은 그렇지 않다. 그러니 무기 계약직을 정규직으로 간주하는 것은 눈 가리고 아웅 하는 일이다. 2013년에는 돌봄 강사, 영어 회화 전문 강사, 전문 상담사 등이 무기 계약 전환 과정에서 여러 이유로 일자리를 잃을 처지였다. 몇몇 직군은 단체 교섭을 통해 무기 계약 전환이 이뤄지기도 했지만, 모두에게 해당하는 것은 아니었다.

간접 고용과 차별 대우

무기 계약직 전환을 골자로 노동조합과 교육청이 단체 교섭을 시작한 2013년 하반기부터는 다른 국면에 접어들었다. 전환을 앞두고 이뤄진 일자리 제거였다. 참여정부 시절인 2006년 11월 국회에서 통과한 일명 '비정규직 보호법' 시행을 앞두고 벌어진 계약직 노동자 해고 사태와 흡사했다. 2014년 시작과 함께 급식 노동자를 제외한 여러 직군에서 사업 종료 등의 방식으로 사실상 해고 통보가 이어졌다. 2012년부터 시작한 파업은 매년 중요한 입장 표명 수단이 됐다. 전국적인 교섭 국면이 교육청 단위로 이뤄지면서, 2014년부터는 다른 현상이 나타났다. 기존 민주노총 소속이거나 여성노조가 아닌, 교육청에 우호적인 노조가 설립돼 단체 교섭을 빠르게 맺는 일이 일어났다. 또, 교육청마다 처우가 달라지면서, 대구와 경북의 학교 비정규직 노동자들은 타 시·도를 기준으로 한 요구안을 내기 시작했다. 노동조합과 시민사회의 관계도 달라졌다. 2011년에서 2013년까지는 여러 직군의 학교 비정규직 노동자들이 자신들의 노동을 사회화하는 데 많은 역량을 집중했다. 학생과 학부모를 포함한 시민들에게 열악한 처우를 호소하거나 학교 업무에서 중요한 역할을 맡고 있다는 점을 강조하는 식이었다. 시민사회단체와 정당도 이들의 호소를 널리 전달하는 역할을 맡았다. 그렇지만 조합원 수가 늘고 교육청과 교섭을 진행하면서 노동조합 자체적인 대응 중심으로 무게 추가 옮겨 갔다. 대구, 경북에서는 각각 2017년 2월과 9월, 교육청과 학교 비정규직노조연대회의가 단체 협약을 체결했다. 더불어 2017년에는 전국 17개 시·도교육감과 노동자들이 집단으로 임금 단체 협약을 체결, 이후 전국시도교육감협의회 차원에서 교섭 대표 교육감을 선정하여 집단으로 단체 협약을 체결하게 되는 제도적 진전이 있었다. 지역별로 다른 처우를 받는 게 아니라 '동일 노동, 동일 임금'을 받는 교육 공무직 노동자라는 정체성을 확보하게 된다는 점에서도 의미 있는 변화였다. 이후 2010년대 무기계약직 전환을 이뤄 낸 노조는 임금과 수당 등 처우와 관련된 단체 협약 중심의 활동을 이어 갔다. 방과 후 강사와 같은 특수고용 형태의 학교 비정규직 노동자들은 별도의 노동조합을 결성했다.

코로나19와 학교 비정규직

2020년 2월 18일 코로나19 대유행이라는 예상치 못한 사태가 닥쳤다. 이 사태는 학교 내 노동자의 계층화를 뚜렷하게 드러냈다. 개학 연기가 이어지던 2020년 3월 조희연 서울시교육감이 페이스북에 게시한 글이 논란이 됐다. 조 교육감은 "학교에는 '일 안 해도 월급 받는 그룹'과 '일 안 하면 월급 받지 못하는 그룹'이 있는데 후자에 대해선 개학이 추가로 연기된다면 비상한 대책이 필요하다"고 썼다. 출근과 재택을 병행하는 교원 입장에선 비판이 거셌다. 다른 방식의 노동을 '무노동'으로 표현한 조 교육감의 잘못은 있었지만, 한순간에 일이 사라진 노동자들의 신세가 여실히 드러난 순간이었다. 교육 공무직으로 전환됐지만, 급식을 하지 않으면서 조리 노동자들도 임금 하락이 불가피했다. 돌봄 교실도 운영되지 않았다. 그리고 이보다 더 불안한 고용 형태에 놓인 노동자들이 드러나기 시작했다. 개학 연기가 이어지면서 방과 후 강사들의 일자리 문제가 대두됐다. 대구에 주소지를 둔 4,000여 명의 방과 후 강사들은 모두 특수고용직이었다. 노동자성이 인정되지 않았기 때문에 코로나19로 인한 휴업 시 받는 휴업 수당 70%도 못 받았다. 정부는 고용 보험에 가입되지 않은 특수고용·프리랜서 노동자를 위한 '코로나19 지역 고용 대응 특별 지원 사업'을 시행했지만, 3~5월 기간에 대해 월 최대 50만 원이 전부였다.

2020년 5월 김진희 전국방과후강사노조 대구지부장은 "방과 후 강사는 나라에서 사교육비 절감, 돌봄 기능 강화 등을 내세우며 직접 만든 직업이다. 등교 개학이 시작됐지만, 방과 후 수업은 언제 개강할지 알 수 없다. 개강하더라도 얼마나 신청할까. 1학기는 통째로 날아갔고, 2학기도 보장이 없다"고 말했다. 결국 1학기 방과 후 학교는 열리지 않았다. 나는 2019~2020년 한 초등학교 학교운영위원으로 활동했다. 적어도 아이가 다니고 있고, 내가 사는 동네 학교에서만큼은 학교 비정규직 문제에 관심을 가지고 싶어서였다. 학교는 이들 특수고용직까지 신경 쓸 여력이 없어 보였다. 정확히는 신경 써야 할 대상이라고 여기지 않는 듯했다. 이뤄진 조치는 2021년 1학기 개학과 함께 지난해 수업을 못 한 방과 후 강사를 우선 활용하는 정도였다. 학부모와 교사로 이뤄진 학교운영위원회 회의 자리에서 학교 비정규직 처우는 논의 대상이 되지 못했다. 교육청이 지침을 내리면, 학교는 이를 충실히 이행했다. 이 과정에서 교사-무기 계약직-특수고용직 노동자라는 계층이 뚜렷하게 나타났다.

학교 비정규직과 전국교직원노동조합

2020년 코로나19 가운데 돌봄 교실 지방자치단체 이관 문제가 부각됐다. 전교조는 한국교총과 한목소리로 "학교는 보육 기관이 아닌 교육 기관으로, 학교와 교사들이 교육 활동에 집중할 수 있도록 보장해야 한다. 돌봄 교실과 방과 후 학교 업무를 지역으로 이관해야 한다"는 입장을 발표했다. 반면 돌봄 전담사들은 돌봄 교실은 단순 보육이 아닌 교육 영역이며, 지자체가 돌봄 교실을 외주 업체에 맡길 가능성이 높다고 보아 지자체 이관을 반대하는 입장이다. 현재도 이 갈등은 진행형이다. 영어 회화 전문 강사, 기간제 교사의 정규직 전환 문제에서부터 드러난 전교조와 학교 비정규직 노동자와의 갈등은 돌봄 교실에서 확연하게 드러난다. 보육과 교육의 차이를 강조하는 대목에서 보육을 급식 또는 방과 후 수업으로 바꿔도 별반 다르지 않을 것이다. 교육 업무와 행정 업무를 구분하는 것도 마찬가지다.

이는 학교라는 울타리에서 최상위 계층의 노동 제공자는 교사이며, 그다음 계층을 선별하는 행위 주체도 교사라는 인식에 기반한다. 자동차 공장에 비유하면 현대자동차 정규직은 교사이고, 같은 공장 비정규직은 기간제 교사, 1차 하청업체 노동자는 교육 공무직, 2차 하청업체 노동자는 방과 후 강사와 유사하다. 일종의 분업 체계 안에 존재하지만 그 지위는 다르다는 확신이다. 지난 20여 년간 학교 비정규직 노동자들은 자신의 노동이 사회에서, 학교에서 필요한 노동임을 알려 왔다. 앞으로는 분업 노동이 저마다 고유한 위치가 있다는 학교 내 싸움이 펼쳐질 것으로 보인다. 교사의 노동 강도가 높다면 교사 충원을 요구해야 할 일이고, 분업하는 노동자에 대한 처우를 개선할 일이다.

마지막으로 하나, 대구와 경북의 학교 비정규직 노동자들의 싸움에는 늘 전교조 지부 임원들의 적극적인 연대가 있었다. 비정규직 노동자들에게는 교사들도 자신들을 지지한다는 힘이 됐다. 그러나 이는 때때로 면죄부로 작용하기도 했다. 전교조 지부 임원과 활동가들은 앞장서서 비정규직 노동자와 연대를 하는데, 조합원들의 정서 때문에 어쩔 수 없이 학교 차원에서 노력하기는 어렵다는 면죄부다. 국민건강보험공단 콜센터노조의 직접 고용 요구를 반대하는 정규직 직원들, 그리고 여기에 한 발 빼고 있는 공공운수노조 국민건강보험노동조합의 모습과 크게 다르다고 할 수 있을까. 전교조가 앞으로 할 일은 개별 활동가의 연대보다 비정규직과 조합원과의 이해의 폭을 넓히는 프로그램을 만드는 일이다.

📝 학교 돌봄

'어디서 책임질 것이냐'라는 질문은 잘못되었다

한승현
교육노동자현장실천, 전국교육공무직본부

초등 돌봄 교실(돌봄 교실)에 대해 이야기하기 전, 먼저 필요한 질문이 있다. "학교란 무엇인가?" 여러 의견이 있겠지만 통상 학교를 정의할 때 대부분의 사람이 "학교는 교육을 하는 기관"이라는 데 동의할 것이다. 그렇다면 또 다른 질문이 이어진다. "교육이란 무엇인가?" 돌봄 교실을 이야기하기 위해 교육의 정의까지 논하는 것은 무리라 여길 수 있겠지만 고민을 피해 갈 수는 없다. 2020년, 교육부의 「초·중등교육법」 개정 시도와 강민정·권칠승 국회의원의 '온종일 돌봄 특별법' 발의 당시 상황만 봐도 그렇다. 전교조와 교총, 교사노조 등 교원단체는 '돌봄은 교육이 아니다'라고 주장했고, 초등 보육 전담사들이 만든 비정규직 노조들은 하나같이 '돌봄도 교육'이라고 소리를 높였다. 특히 돌봄 교실의 지자체 이관과 민간 위탁에 관해서는 각자의 주장이 더욱 첨예하게 대립했는데 이는 지난 돌봄 교실의 역사와 무관하지 않다. 이제 지나간 돌봄의 역사를 되짚어 보며 '학교란 무엇인가?', 더 나아가 '교육이란 무엇인가?'라는 물음에 대한 답을 찾아가 보자.

2004년 돌봄 교실의 도입과 양적 확대

초등 저학년 아동에 대한 돌봄 정책은 1991년 「영유아보육법」이 제정되며 본격적으로 논의되기 시작했다. 이 전에는 아동 돌봄을 마을 및 가정에서 전담해 왔으나, 현대 사회의 도시화, 가족 구조의 다양화, 핵가족화와 고령화, 저출산, 이혼 가정 및 한부모와 맞벌이 가정 증가 등의 사유로 사회적으로 아동 돌봄을 해결해야 한다는 요구가 분출했다. 특히 여성의 사회 진출이 늘어나고 도시화, 핵가족화가 빠르게 진행되며 아이를 믿고 맡길 수 있는 국가적 시스템이 필요해졌다. 민간 시설과 사교육에만 아동을 맡겨 두기에는 가계의 부담은 커져만 갔고 아동 안전에 대한 신뢰도 또한 떨어졌기에, 학교가 돌봄을 담당하기에 적법한 기관으로 여겨지게 된 것이었다. 이러한 경향성은 점차 확대되어 갔는데, 특히 교육부가 2004년 〈공교육 정상화를 통한 사교육비 경감 대책〉을 내놓으며 돌봄 교실이 본격적으로 학교에 정착되었다.

이후 교육부는 돌봄 교실의 확대를 고민하며 여러 가지 실험과 연구를 진행한다. 2004년도에는 〈초등 저학년 방과후 교실 정책〉을 실시하며 28개 학교에서 시범 운영을 했고 점차 확대해 나가 2009년에는 '종일 돌봄 교실'을 300개교까지 확대했다. 이 당시 돌봄 교실 이용 학생 수는 점차적으로 늘어났는데, 2007년 50,247명, 2008년 54,638명, 2009년 77,155명이었다. 특히 2009년부터 시작된 '종일 돌봄 교실'은 양적 확대에 적극 주력하여, 운영 시간을 저녁 10시까지 늘려 맞벌이 부부를 위한 정책 사업의 성격을 가졌다. 2011년에는 그러한 경향이 더욱 강해지는데, '엄마품 온종일 돌봄 교실' 정책을 추진하며 아침 돌봄(오전 6시~9시)까지 실시했다. 2013년까지 실시된 이 '엄마품 온종일 돌봄 교실' 정책은 새벽부터 밤늦게까지 아이들이 학교에 머무는 것이 과연 옳은 것인지에 대한 물음을 낳았지만, 돌봄 교실은 2013년 이용 아동이 16만여 명까지 늘어나며 확대되어 갔다.*

해당 시기의 돌봄 교실을 담당하는 초등 보육 전담사의 근로 형태도 주목해 볼 만하다. 이들은 현재와 다르게 대부분 전일제 근무자였고, 간혹 아침 돌봄을 담당하는 노동자만 단시간 근로자였다. 결국 이 시기는 교육부 및 학교가 아동의 방과 후 돌봄에 책임 의식을 느끼고 돌봄 교실의 몸집을 불려 나가며 여러 가지 실험을 한 시기라고 요약할 수 있다. 물론 돌봄 교실이 왜 학교에 있어야 하느냐는 반발은 이 시기에도 존재했지만, 지자체 이관을 법적으로 준비하는 등의 직접적인 움직임은 없었다. 돌봄과 교육의 개념과 역할을 둘러싼 논쟁에 불이 붙기에는 아직 땔감과 불씨가 모자란 때였다.

돌봄 교실의 안정화와 세분화, 그리고 논쟁의 시작

2014년은 돌봄 교실의 역사에서 주목할 만한 전환점이 있던 해였다. 교육부의 지속적인 연구와 시범 운영 결과가 '돌봄 교실 운영 개선 지원 계획'에 반영된 것이다. 이 정책의 주요한 내용

---

* 교육부(2019), 〈2019학년도 신학기 초등돌봄 교실 운영 방안〉.

은 돌봄 교실 프로그램 운영을 위한 재료비와 보조 인력 지원이었다. 즉, 방과 후 학교 내의 한 꼭지에 불과했던 돌봄 교실이 중심으로 부상하고, 정부가 돌봄 교실을 본격적으로 지원하기 시작한 것이었다.

재원이 마련되자 2015년, 교육부는 기존 1학년과 2학년을 중심으로 운영하던 돌봄 교실을 방과 후 학교와 연계하여 초등 3학년 이상으로 확대한다. 3학년 이상 학생을 대상으로 한 연계형 돌봄 교실 도입은 이용 아동의 폭발적 증가를 불러일으킨다. 현황을 보자면 2013년 이용 아동은 16만여 명이었는데, 2015년에는 24만여 명으로 불과 2년 사이에 8만 명이 증가했다.* 더불어 이 시기의 정책은 단순한 몸집 불리기를 넘어서 안정화를 추구하고 있다. 지난 시기에 적극적으로 추진했던 '엄마품 온종일 돌봄 교실'을 확대하지 않았고, 돌봄 교실이 오후 돌봄과 저녁 돌봄의 체계로 자리잡게 했다. 지역에 따라 돌봄 교실 담당 교원이 의무적으로 1개 이상의 프로그램을 운영하게 하면서 교원들의 반발도 커져 갔으며, 정책적 안정화를 목표로 하고 있었기에 행정 업무도 크게 증가했다. 정책적 토론과 연구도 계속됐다. 교육부는 2015년 돌봄 전담사 연수 자료를 개발·활용했고, 2016년에는 〈초등 돌봄 교실 운영 방안〉을 수립했다. 학년 특성을 반영한 전 학년 돌봄 완성 계획이 제출되기도 했다.

---

* 교육부(2019), 앞의 자료.

비정규직 돌봄 전담사의 지위가 확립되고 이원화된 것 또한 이 시기이다. 2015년에는 돌봄 전담사의 고용 형태가 학교장 고용에서 교육감 직고용으로 전환되었고, '돌봄 전담사'라는 명칭이 정식으로 등재되었다. 하지만 한편에서는 2015년 직고용 이후 단시간 노동자(하루 4시간 이하 근무)들이 본격적으로 채용되기 시작한다. 이는 교육부와 교육청이 돌봄 교실을 바라보는 시각을 확인할 수 있는 정책이었다. 돌봄 전담사는 철저하게 '아이를 돌보는 일'만 수행하고, 나머지 행정 업무 혹은 기타 제반 업무는 교원이 담당케 하는 것이었다. 이는 교원과 관리자 들의 반발을 불러일으켰고 이 과정에서 '돌봄이 교육인가' 하는 물음이 본격적으로 제기되었다.

결국 이 시기는 학교 돌봄의 안정화와 세분화에 주목한 시기라고 볼 수 있다. 이에 따른 업무의 확대와 시설 확보, 돌봄 전담사 시간제 고용 등의 문제를 놓고 교원, 비정규직, 정부의 3자가 본격적으로 대립하기 시작한 시기이기도 하다. 또 하나 간과하지 말아야 할 점은 교육부, 즉 정부가 돌봄 교실을 대하는 태도이다. 정부의 돌봄 교실에 대한 기본적인 정책 기조는 이렇다. '사회적으로 요구가 많으니 일단 학교 안에 돌봄 교실을 확대하고 나머지는 개별 학교 혹은 교육청에서 알아서 하라.'

무책임한 행정의 한 단면이지만, 주목해야 할 부분도 있다. 바로 사회적 요구에 학교가 대응해야 한다는 점이다. 글머리에서 제기했던 '학교란 무엇인가?'라는 질문에 대한 답을 교육부의 태도에서 찾을 수 있는 것이다. 풀어서 말하자면 국가의 기구인 학교는 아동을 민주 시민으로 양성하고 사회적 존재로 이끌어 내는 역할을 해야 한다. 그러기 위해서 아동의 삶에 관한 사회적 요구에도 응답해야 하며, 그 과정에서 한부모 가정, 맞벌이 가정 등 취약 가정에서 특히 필요로 하는 아동 돌봄이 학교의 책임이라는 것은 너무나 당연하다고 할 수 있다. 물론 모든 사회적 요구를 학교가 받아들일 수는 없다. 이를테면 사교육 확대, 학생인권 억압 등은 사회로부터 요구가 있더라도 받아들일 수 없다. 공공성을 가진 교육이 지향할 바가 아니기 때문이다.

돌봄에 관한 사회적 요구에 학교가 대응해야 한다는 원론에도 불구하고, 무책임한 교육부의 정책 기조에 교원들의 불만은 점점 쌓여만 갔다. 그리고 그러한 불만이 터진 것이 2019년 돌봄 대란이었다.

재난 상황에서 터져 나온 교육 vs. 돌봄 논쟁

2020년 교육계의 가장 큰 쟁점 이슈는 돌봄이었다. 그 조짐은 2017년 문재인 정부 출범 이후에 지속적으로 나타났다. 문재인 정부에서 돌봄 정책이 국정 과제로 부각되었지만 실제로 초등 돌봄의 확대가 크게 이루어지지 않은 것이 그 이유였다고 할 수 있다. 이는 통계 자료로도 알 수 있는데 문재인 정부가 출범한 2017년의 돌봄 교실 이용자 수 24만 명과 2021년 약 30만 명

사이의 증가 폭은 과거에 비해서 그리 크지 않다. 교육부의 자체 조사로 볼 때 돌봄 필요 인원은 47만 4천 명에 달한다.* 정부는 2018년 온종일 돌봄 정책을 국정 과제로 발표하고 향후 53만 명까지 초등 돌봄을 확대하겠다고 나섰지만, 공급이 수요를 감당하지 못하는 상황이다.

그렇다면 공급이 수요를 따라가지 못한 이유는 무엇일까? 여러 가지가 있겠지만 크게 보자면 세 가지로 요약할 수 있다. 공간의 부족과 재정의 부족 그리고 돌봄 전담사의 불안정한 근무 형태다. 우선, 문재인 정부의 '비정규직 정규직화' 정책으로 돌봄 전담사의 초단시간 근무 문제는 어느 정도 개선되었다. 그러나 초단시간에서 단시간(일 4시간)으로 근무 형태가 변경되고 고용이 안정되었을 뿐, 그 이상의 극적인 변화는 없었다. 공간의 문제 또한 단위 학교 간의 협력으로 대처할 수 있겠지만 이는 근본적인 해결책이 될 수는 없다. 애초에 돌봄 교실 운영을 위한 재정부터 부족하기에 추경 등의 미봉책으로는 해결할 수 없는 문제였다. 즉, 돌봄 교실의 문제를 해결하기 위해서는 근본적인 큰 변화가 필요했던 것이다.

이에 따라 교육부와 여권은 특단의 조치를 추진하는데, 그 첫걸음이 「초·중등교육법」 개정이었고, 두 번째가 강민정·권칠승 의원이 발의한 '온종일 돌봄 특별법'이었다. 우선 교육부는 2019년,

---

* 교육부(2020), 〈2021년도 범정부 온종일 돌봄 수요 조사 결과〉.

「초·중등교육법」에 방과 후 교실과 돌봄에 관한 조항을 넣으려 시도했다. 법적 근거 없이 10년 넘게 운영해 온 학교 돌봄 교실을 비로소 법의 테두리 안에 확립하려는 시도였다. 하지만 이는 교원단체의 반발에 부딪혀 무산되었다. 강민정 의원과 권칠승 의원 또한 '온종일 돌봄 특별법'을 발의하여 지자체 돌봄과 학교 돌봄 사이의 균형을 맞추고 통합적 시스템을 구축하려 계획했다. 하지만 학교 돌봄의 지자체 민간 위탁 이관 가능성이 지적되었고, 교육 당국의 초등 돌봄 책임을 면제한다는 비판이 일며 전국적인 파업에 막혀 법안은 결국 표류되었다. 특히 강민정 의원의 경우 궁극적으로는 학교가 운영하는 돌봄 교실을 지자체로 모두 이관해야 한다고 주장하며 갈등의 불길을 더욱 크게 지폈다.

교원단체들은 강민정 의원의 법안에 적극적으로 찬성하며, 지자체에서 운영하는 지역아동센터나 방과 후 어린이집의 확대가 돌봄 교실의 대안이 되어야 한다고 주장했다. 교원단체의 주장을 요약하자면 '모든 마을이 협력하여 아이를 돌보아야 한다'는 것이었다. 물론 일리가 있는 말이다. 집과 가까운 곳의 아동센터와 지자체 기관이 협력하여 아이를 안전하게 돌보고 책임질 수 있다면 아주 좋을 것이다. 그런데 꼭 짚고 넘어가야 할 의문이 있다. 아이들에게 마을이란 무엇일까? 학교는 왜 마을이라는 공동체에서 제외되어야 하는가? 이른바 '초품아(초등학교를 품은 아파트)'가 선호되는 이 시대에 말이다. 학교에서 본격적인 사회화의 과정을 거치고 인간관계를 배우는 아이들의 삶과 인식에서는 학교가 자신의 가장 기초적인 바운더리^{boundary}, 즉 마을일 수밖에 없다. 그런데 어떻게 학교를 빼고 마을을 논할 수 있을까? 현실적인 관점에서 봐도 문제다. 지자체에서 운영하는 보육 서비스보다 2배 이상 덩치가 큰 돌봄 교실을 지자체나 민간으로 모두 이관하거나 위탁하기는 현실적으로 불가능하다.*

물론 교원단체가 이렇듯 무리한 주장을 한 데에는 배경이 있다. 법안이 발의된 시기의 학교는 이미 코로나19 사태로 인한 온라인 수업과 긴급 돌봄으로 갈등이 극에 달해 있었다. 교원은 온라인 수업과 긴급 돌봄을 병행하며 왜 돌봄 업무를 자신이 해야 하느냐 불만을 터뜨렸고, 돌봄 전담사는 하루 8시간 이상 아이들을 돌보며 지쳐 갔다. 결국 미루고 미룬 돌봄이라는 숙제가 코로나19라는 재난을 만나 터져 나오게 된 것이었다.

학교가 나아갈 길

코로나19는 우리에게 이런 질문을 던졌다. '재난과 위급 상황, 즉 예외 상태에서 학교의 역할은 무엇인가?'이다. 사회적 환경과 상황에 따라 아동을 보호하고 교육하는 곳'이 학교였다. 앞서 이야기했듯 학교는 사회적 요구에 따라 민주 시민을 양성해야 하는 국가 기관이다. 국어·영어·수학 등 교과 지식을 전달할 뿐만 아니

---

* 2017년 기준 지자체 돌봄은 약 9만 명, 학교 돌봄은 약 24만 명이 이용하고 있었다.

라, 아이가 올바르게 성장할 수 있도록 책임지는 곳이다. 따라서 재난이나 위급 상황일 때 학교는 아동이 안전하게 생활할 수 있도록 보호하는 역할 또한 해야 하고, 그것이 '돌봄'의 의미 중 하나이다. 이런 역할은 학교 혹은 교육에만 국한된 것도 아니다. 국가와 정부, 지자체의 기관들은 모두 한층 더 그런 역할과 책임을 요구받고 있다. 문화 센터를 운영하는 동사무소, 지자체가 운영하는 요양 기관, 복지관을 운영하는 도청과 시청까지. 이러한 흐름에 학교만 예외일 수는 없다.

이런 점에서 2021년 교육부가 발표한 〈초등 돌봄 교실 운영 개선 방안〉은 꽤나 긍정적으로 볼 수 있다. 이 중 주목할 점은 돌봄 교실 운영 시간 연장과 단시간 돌봄 전담사의 근무 시간 확대, 그리고 이를 통한 교원의 행정 업무 경감이다. 결국 초등 돌봄 교실을 더욱 내실화하겠다는 이야기이다. 지역 교육청의 상황에 따라 다르게 적용될 소지가 있는 정책이기는 하지만 이는 상당히 시사하는 바가 크다. 교육부가 지자체에 미루지 않고 돌봄 교실을 책임지고 운영해 나가겠다는 의지를 보여 준 것이다. 같은 맥락에서 2023년에는 '늘봄학교' 정책이 시행되었다.

급격한 정책 변화에 따른 우려점도 존재한다. 첫째, 아침 7시부터 저녁 8시까지 장장 13시간 동안 아동을 가정과 분리하는 것이 옳은 방향인가. 둘째, 현재의 인력(돌봄 전담사, 유치원 방과 후 전담사, 특수교육 지도사 등)과 근무 환경으로 운영이 가능한가. 특히 아침, 저녁 돌봄을 위해 또다시 단시간 노동자를 고용할 가능성이 있다. 더불어 다른 갈등의 씨앗도 배태하고 있다. 바로 행정 업무 갈등이다. 새로운 정책이 시행되면 그 업무를 누가 담당할 것인지로 구성원 간 싸움이 일기 마련이다. 그 과정에서 소외되는 것은 결국 아이들이다. 마지막 우려점은 아이들의 학습 부담이 가중될 소지이다. 방과 후 과정으로 다양한 프로그램과 체험을 제공하는 것은 바람직하지만, 자칫 학습의 연장으로 왜곡되어서는 안 될 것이다.

위와 같은 학교 내의 돌봄 갈등의 해결을 모색하고 새로운 정책을 시도하려 할 때 전제가 되는 한 가지 사실은 분명하다. 아동 돌봄을 전적으로 학교가 부담할 수는 없다는 것이다. 아동 돌봄은 가정과 지자체 그리고 학교가 모두 책임감 있게 수행해야 하는 우리의 사명이다. 마지막으로 정용주의 글에서 발췌한 문구로 이 글을 끝마치려 한다.

"민주주의 사회에서 시민으로 산다는 것은 다른 시민을 돌본다는 것을 의미한다. 사회 구성원에게 돌봄이라는 것은 정부로부터 지원을 보장받아야 하는 시민적 권리이기도 하지만, 동시에 사회와 정치공동체를 유지하고 존속하기 위해 사회 구성원이 부담해야 하는 시민적 책임이기도 하다."[*]

---

[*] 정용주(2020), 〈교육은 돌봄이다〉, 《오늘의 교육》, 59호(2020년 11·12월), 47쪽.

미디어 리터러시

미디어와 어린이·청소년 학습자는 어떻게 만나는가

김아미 laventana@gmail.com
서울대학교 빅데이터혁신공유대학 연구부교수

미디어, 혹은 디지털 기술은 이제 교육 담론에서 그리고 교육 현장에서 외면하기 어려운 영역이 되었다. 2000년대 이후 우리가 교육 현장에서 만나는 어린이·청소년 학습자를 설명하는 중요한 핵심어로 '영상', '디지털', '스마트폰', '인공지능' 등의 용어가 쓰이고 있고, 이와 같은 용어는 세대를 설명하는 핵심어로도 적극적으로 활용되고 있어* 그 흐름이 계속될 거라 예상된다. 또한 작년부터 지속된 코로나19의 확산으로 인하여 불가피하게 원격 교육이 보편화되었고, 미디어를 매개로 비대면으로 소통하는 것이 일상이 되고 있다. 이러한 맥락에서 유네스코 등의 국제 기구는 미디어 환경에서 소통하는 제반 역량을 의미하는 미디어 리터러시가 생존 전략의 의미를 가지고 있다는 주장을 강하게 펼치고 있다. 그렇다면 미디어는 교육 현장에 어떻게 자리하고 있고, 교육은 이에 대하여 어떤 고민을 해야 할까? 학습자의 삶을 중심에 놓고 이야기해 보고자 한다.

* 영상과 스마트폰을 핵심어로 하고 있는 Z세대에 이어 2010년 이후에 태어난 이들을 스마트 기기, 인공지능과 로봇으로 설명되는 '알파 세대'라 명명하고 있다.

학습과 사회화의 공간이 된 미디어

미디어를 떠올릴 때, 특히 교육이나 학습자와 관련하여 미디어를 생각할 때 우리 각자가 떠올리는 상은 모두 다를 것이다. 가장 흔하게는 미디어를 교육의 수단이자 활용 도구로 생각할 것이다. 이와 미디어 활용 교육과 관련된 대표적 교육 정책은 디지털 교과서 개발 및 도입 정책이다. 2008년 시작된 디지털 교과서 원형 개발은 2013년까지 계속되었고, 2014년부터 2017년까지는 2009 개정 교육과정에 해당하는 초등 3~5학년, 중학교 1학년 사회와 과학 디지털 교과서가 시범 적용되었다. 2018년부터는 일반 학교에 확대 적용되었다. 2023년 1월에는 교육부가 기존 전자책형 디지털 교과서에 인공지능 기술을 탑재한, 평가와 개별화 교육이 가능한 디지털 교과서를 2025년까지 도입할 계획을 밝혔다.

교육 현장에서 미디어는 교육을 실천하기 위한 도구이자 매개체로 활용될 뿐 아니라, 학습자가 향유하는 문화이자 학습자에게 동기를 부여하기 위해 교육자가 활용하는 교육 자원이기도 했다. 다양한 동영상 콘텐츠가 교육 현장에서 적극적으로 활용되었다. 더 나아가 2005년 서비스를 개시하여 2006년 구글에 인수되며 세계적 동영상 공유 플랫폼으로 성장한 유튜브라는 환경은 학습자가 콘텐츠 소비자일 뿐 아니라 콘텐츠 생산자로 자리 잡게 되는 중요한 역할을 한다. 끝으로 2020년 코로나19의 확산으로 원격 교육과 비대면 소통이 일상화된 환경 속에서 원격 교육을 계획하며 고민 중인 교육자는 배움과 소통이 이루어지는 주된 공간인 미디어를 떠올리게 될 것이다.

이처럼 교육 현장에서의 '미디어'라 할 때 떠올리는 모습이 모두 다르고, 미디어와 학습자의 관계를 떠올리는 상도 모두 다르다는 점은 같은 용어(특히 정책적 용어)를 접할 때 그에 대한 이해를 서로 다르게 하는 문제점이 있다.

앞서 언급하였듯이 이 글에서는 어린이·청소년 학습자의 경험을 중심에 놓고 미디어와 교육에 대해 다루고자 한다. 어린이·청소년의 경험을 토대로 생각해 보면 미디어는 위에서 언급한 모든 것을 포괄한다. 원격 교육이 일어나는 공간인 동시에, 교육을 진행하기 위하여 활용하는 매개이자 콘텐츠이기도 하고, 학습과 사회화가 이루어지는 비공식적 교육[*]의 장이자 사회 문화적 공간[**]이기도 하다. 그럼에도 미디어와 관련된 교육적 지원은 학교 안에서 부분적이고 산발적으로 이루어지는 데 그치고, 대부분은 가정 혹은 개인이 스스로 조절하고 익혀야 할 영역으로 간주되는 경향이 있다. 미디어와 관련된 교육적 접근이 어려운 이유는 앞서 논의한 미디어에 대한 이해 차이도 있고, 그와 더불어 미디어와 어린이·청소년을 설명할 때 나타나는 양가적 접근의 사회 담

---

[*] 김아미(2020), 〈초등학생의 유튜브 경험 및 인식에 대한 탐색적 연구〉, 《교육논총》, 40(3), 341~358쪽.
[**] Hartmann, M.(2013), From domestication to mediated mobilism, *Mobile Media & Communication*, 1(1), pp. 42-49.

론 때문이기도 한다.

우리 사회는 미디어와 어린이·청소년을 어떻게 다뤄 왔나

미디어와 어린이·청소년을 다루는 사회적 담론은 '모럴 패닉 moral panic'으로 대표된다. 새로운 미디어가 등장할 때마다, 어린이·청소년 특히 청소년은 새로운 미디어로 인해 위험에 처하는 집단인 동시에, 새로운 미디어를 이용하여 사회적으로 문제를 일으키는 집단(즉 사회에 위협이 되는 집단)으로 양가적 접근의 대상이 된다.

교육의 장면에서 미디어를 이야기할 때도 유사한 양상이 펼쳐진다. 학습자들이 영상이나 디지털 테크놀로지의 악영향으로부터 적극적으로 보호(시간 규제, 과의존 예방 등)되어야 할 집단으로 설명되는 한편, 미디어를 자유자재로 어려움 없이 이용하는 새로운 세대, 그 과정에서 전통적인 문해 능력(리터러시)을 갖추지 못하고 미디어를 이용하여 부정적인 행동을 할 위험이 있는 집단이란 인식으로 접근하기도 한다. 이러한 사회적 담론의 전통은 어린이·청소년 학습자가 미디어와 관련하여 학교에서 겪게 되는 규제 및 장려의 경험과 연결된다.

일례로 스마트폰의 경우 학교 안에서 이용하지 못하도록 등교와 동시에 제출하여 하교 시 돌려받는 방식으로 통제하고 있는 학교들이 많다. 이에 대하여 2017년에는 국가인권위원회가 헌법

이 보장하는 통신의 자유를 침해할 여지를 가진다는 해석을 하면서, 각 학교에서 학교 구성원의 토론과 합의를 통하여 자체적 규칙을 정하는 방안을 권고하기도 하였다.

이렇게 학생의 대표적 미디어인 스마트폰 이용 자체가 규제 대상이 되는 동시에, '유튜버'로 대표되는 영상 크리에이터는 학습자와 학부모에게 각광받는 새로운 직업군으로 등장하였다. 교육부는 해마다 학생의 희망 직업 순위가 포함된 〈초·중등 진로교육 현황 조사〉 결과를 발표하는데, 이 자료를 보면 2016년에는 교사, 의사 등이 초등학생의 희망 직업 순위의 상위권을 차지하였고, 미디어와 관련된 직업은 10위로 등장한 프로게이머 정도였다. 그러나 2018년에는 초등학생 희망 직업 5위로 인터넷 방송 진행자(유튜버)가 등장하였고, 그 이후 크리에이터는 초등학생 희망 직업 상위권(2021년 4위, 2022년 3위)에 머물고 있다. 이러한 학생의 인식 변화를 반영하듯 학교 안에서도 영상 제작에 능통한 새로운 세대라는 관점으로 어린이·청소년 학습자를 대하기도 한다.

영상 언어와 문해력 - 어떤 리터러시가 요구되는가?

앞서 이야기한 미디어와 어린이·청소년에 대한 양가적 접근은 미디어를 이용하여 혹은 미디어 기반 공간에서 어린이·청소년이 무엇을 경험하고 어떤 능력을 쌓아 가고 있는지에 대한 구체적인 이해를 어렵게 한다. 대표적 예로 어린이·청소년의 미디어 이용과 선호로 인하여 그들이 수동적으로 자극을 추구하는 성향이 높아진다는 우려의 목소리에 대해 생각해 볼 수 있다.

교육을 통하여 학습자가 획득하는 '문해력'에 대한 논의 중 영상 미디어의 영향으로 인하여 아이들의 글 읽기와 쓰기 능력이 떨어졌다는 주장을 쉽게 접할 수 있다. 그러나 오히려 현재의 미디어는 문자를 이용하여 자신을 표현하고 소통해야 하는 환경이기도 하다.* 예를 들어, 트위터를 이용한다면 트위터가 허용하는 글자 수 안에서 자신의 의견을 표현할 수 있는 능력이 요구된다. 또한 영상 미디어를 시각적·청각적 자극으로서 수동적으로 수용할 수도 있지만, 실제 어린이·청소년의 미디어 경험에 대해 이야기해 보면 다양한 미디어에 대하여 자신만의 기준을 가지고 평가하고 해석하며, 이를 공유하는 경우도 많음을 알 수 있다.

영상 미디어로 인하여 어린이·청소년 학습자가 수동적 정보 습득에 익숙해질 것이라는 우려의 반대편에는, 지금의 어린이·청소년이 능동적으로 영상을 만들어 내는 적극적 표현의 주체가 되었다는 입장이 있다. 이 역시 일면 타당한 의견으로 어린이·청소년이 자신의 의견을 담아 다양한 영상, 소셜 미디어 포스트 등

---

* 영국의 아동문학가 마이클 로젠은 가디언지에 기고한 칼럼에서 현재 청소년들이 미디어를 지나치게 이용한 탓으로 과거 아동들이 경험했던 실외 활동 같은 의미 있는 여가를 경험하지 못하고 있다는 정책적 의견에 반대를 표하고 있다. 마이클 로젠은 실제 아이들이 소셜 미디어를 통해 글을 읽고 쓰며 소통하는 모습을 강조하고 있다. (Rosen, M., "Dear Gavin Williamson: Teenagers use mobile phones get with the times", 〈The Guardian〉, Apr 24, 2021)

의 결과물을 만들고 공유하기 쉬운 환경에 있으며, 이를 실천에 옮기는 학습자도 다수 있다. 그러나 이러한 이해는 때로 지금의 학습자가 발현하는 표현의 능력을 디지털 기기에 둘러싸여 성장한 '디지털 네이티브'가 자동적으로 가동할 수 있는 능력으로 간주하는 경향이 있다. 이 역시 현재 어린이·청소년 학습자에게 요구되는 역량이 무엇인지, 그들이 이러한 역량을 획득하는 과정에서 어떤 시행착오와 어려움을 겪는지를 고려하지 않는 단편적 접근이라 할 수 있다.

지식의 수용자뿐 아닌 생산자로서의 어린이·청소년

미디어와 학습자에 대한 양가적 접근이 야기하는 교육 담론의 간극은 어린이·청소년의 미디어 경험과 인식을 살피고 이러한 경험에 대한 이해를 기반으로 학습자가 일상에서 경험하고 있는 '리터러시 실천'을 학교에서 공적 교육의 언어로 풀어내게끔 지원하는 과정으로 해소될 수 있을 것이다. 이를 위하여 미디어 리터러시를 지원하기 위한 교육이 구체화되고 있다. 2015 개정 교육과정에서 처음 제시된 의사소통 역량과 지식 정보 처리 역량은 미디어 리터러시 교육을 실행하는 근거가 되었다. 또한 2016년을 기점으로 '가짜 뉴스', '사이버 불링', 온라인 혐오 발언 등 미디어가 원인으로 간주된 각종 사회 문제에 대한 대응책으로 미디어 리터러시 교육이 강조되었다. 그러면서 교육부는 2018년 〈민주시민교육 활성화를 위한 종합 계획〉에서 민주 시민 양성을 위하여 중학교 자유학기제, 고교 학점제 등에서 미디어 리터러시 교육을 실행할 것을 권장하였다. 2019년에는 〈학교 미디어 교육 내실화 지원 방안〉을 발표, 2022년에는 학생의 눈높이에 맞는 미디어 리터러시 교육 정책과 콘텐츠를 개발하기 위해 49개 초·중·고 학생 동아리로 이루어진 '디지털 미디어 문해교육 학생참여단'을 발족하였다.

2022 개정 교육과정에서는 중요한 변화가 있었다. 먼저 총론에서 언어, 수리와 함께 '디지털 소양'을 기초 소양으로 삼고 교육 전반에서 강조하였다. 민주시민교육에서 다루는 영역에 미디어 리터러시를 포함시켜 전 교과에서 통합적으로 다루게 하는 것 또한 중요한 변화이다. 또 초등·중학교 국어과 교육과정에 '매체' 영역을, 고등학교 선택 교육과정에 '문학과 영상', '매체 의사소통' 등의 선택 과목을 신설하여 학교 미디어 교육을 구체화·체계화하였다.

학습자의 미디어 리터러시 지원과 더불어 우리가 깊이 생각해 보아야 하는 것은 다양한 표현 양식을 기반으로 한 학습자의 리터러시 실천을 공적 활동으로 인정하는 문제이다. 문자를 기반으로 한 표현에 익숙한 아이들이 있고, 이와 달리 영상에서 많은 정보를 읽어 내고 영상으로 자신을 표현하는 데 더 익숙한 아이들이 있다. 하나의 표현 양식이 다른 것보다 우월하다고 전제하고 접근하기보다는, 다양한 학습자가 이용하고 있는 여러 표현 양식을 고려하고, 이를 고루 경험하고 자신에게 부합하는 표현 양식을 이용하여 소통하는 경험을 할 수 있도록 지원하는 것이 중요하지 않을까.

  미디어가 학습의 장이 된다는 것은 교육적 경험을 하는 공간이 확장되고 정보 자원이 기하급수적으로 증가한다는 것 외에도 중요한 의미를 가지게 된다. 이는 바로 학습자가 지식의 수용자가 아닌 '생산자'로서 지위를 부여받을 수 있는 환경이 된다는 것이다. 온라인 공간에서 어린이·청소년 학습자는 집단 지성의 일원으로 정보를 생산하고 지식을 함께 구성해 가는 경험을 하게 된다. 미디어라는 공간에서 어린이·청소년 학습자는 자신의 경험을 다른 사람들과 나누고 그것이 정보로서 의미를 가지게 되는 과정에서 지식의 생산자가 되는 경험을 하지만, 학교 안에서는 여전히 공적 교육과정으로 제시된 지식을 무비판적으로 받아들이도록 암묵적으로 요구받는 경우가 많다. 지금의 그리고 앞으로의 학습자를 지원하기 위해서 이와 같은 지식과 정보를 받아들이고 만들어 내는 경험의 간극을 줄여 가는 교육적 경험을 제공하는 것이 필요하다. 다시 말해, 미디어를 통해 접하는 정보와 지식에 대해 비판적으로 성찰하고 평가하는 습관과 능력을 가질 수 있도록 지원하는 동시에, 학교 안에서 접하게 되는 지식에 대해서도 비판적인 사고를 하는 능력을 가질 수 있도록 돕는 것이다.

어린이·청소년에게 미디어 공간은 어떤 곳인가

학습자가 지식에 대하여 비판적인 성찰의 태도를 가질 수 있는 환경이 되고 있음을 이야기하는 것에 덧붙여, 또 하나의 변화는 어린이·청소년 학습자가 그들이 생활하고 소통하는 미디어 공간(혹은 디지털 기술이 기반이 된 공간)에 대한 거버넌스에 참여하여야 한다는 사회적 인식이 강화되고 있다는 것이다. 앞서 언급한 것처럼 미디어는 현재 어린이·청소년 학습자의 일상이자 소통, 표현, 학습의 장으로 존재한다. 이때 우리는 현재 학습자가 경험하는 미디어 공간이 가치 중립적인 공간도 고정된 불변의 공간도 아니라는 점에 주목하여야 한다.

대표적 예로 어린이 크리에이터가 겪은 사건을 계기로 유튜브 커뮤니티 가이드라인이 변경된 사례들을 꼽을 수 있다. 아동 유튜브가 인기를 끌기 시작한 2010년대 후반부터 일부 채널이 수익 창출에 집착하며 아동 크리에이터·출연자의 인권을 충분히 보호하지 않는 것이 사회적 문제가 되었다. 2017년 세이브더칠드런은 〈보람튜브〉 등 몇몇 아동 유튜브 채널의 운영자를 아동학대로 고발하였고, 이듬해 혐의가 인정되어 보호 처분이 내려졌다. 2018년에는 유명 아동 유튜버에 대한 공격 댓글이 문제가 되었다. 이런 맥락에서 2019년 유튜브는 어린이 출연 영상에 댓글을 달 수 없도록 제한하고 만 14세 미만 어린이가 보호자 동반 없이 라이브 방송에 출연할 수 없도록 하였다. 그러나 이와 같은 미디어 기업의 대응은 문제 해결을 위한 조치이기는 하나 일면 단편적이고 기계적인 대응 방안이라는 비판도 있다. 중요한 소통의 통로로서 기능하는 댓글을 제한함으로써 어린이의 표현 및 소통의 권리를 침해할 우려도 있기 때문이다. 어린이가 표현의 주체로 설 수 있는 디지털 환경에서 어린이의 권리는 무엇인지, 이를 보호하기 위한 사회, 기업, 개인의 노력과 활동은 어떤 것이 있는지에 대한 사회적 논의가 보다 적극적으로 요구되는 이유이다.

아동의 디지털 권리에 대한 사회적 노력이 필요함을 보여 주는 또 하나의 의미 있는 사건은 2021년 3월 「유엔 아동의 권리에 관한 협약」(아동권리협약) 일반 논평 25호가 채택된 사건이다. 일반 논평 25호는 기존 아동권리협약에 관하여 아동이 디지털 세상에서 가질 권리를 해석한 문서로, 디지털 세상을 만들어 가는 데 있어 아동의 경험에 대한 이해와 그들의 의견이 적극적으로 반영되어야 함을 강조한다.* 또한 우리가 커뮤니티나 네트워크를 형성하고 있는 온라인 공간은 대개 상업적 이익을 추구하는 미디어 기업이 제공한 것인 경우가 많다. 이에 미디어 공간을 다룰 때에도 누가 왜 만든 공간인가, 이 공간이 이용자에게 허용하는 소통과 표현의 모습은 어떠한가, 이 공간이 공동체로서 작용하기 위해서는 어떤 개선이 필요한가 등을 적극적으로 사고하는 능력과

---

* 김아미(2021), 〈디지털 환경 속 아동이 자신의 목소리를 낼 수 있도록〉, 《미디어리》, 13, 시청자미디어재단.

태도가 필요하다.

가르치는 것이 아닌 함께 만들어 나가야 하는 영역이기에

이처럼 지금 '미디어'는 학습의 수단에 그치지 않고, 학습의 자원이기도, 학습의 장이기도, 학습자의 일상을 이루는 환경이기도 하다. 이에 학습자의 미디어 경험을 지원하고 이에 대한 비판적 성찰 역량을 키울 수 있도록 지원하는 교육이 중요하다. 그러나 필요성에 동감함에도 불구하고 선뜻 학습자와 미디어를 연결시키는 교육을 계획하기 어려울 수 있다. 짐작건대 그 이유 중 하나는 미디어와 기술의 발전을 학습자와 교육자가 동시대에 함께 경험하고 있기 때문이다. 대개 지식의 영역은 교육자가 선행적으로 익히고 경험하며 전문가의 입장에서 학습자에게 전수하여 세대에서 세대로 지식과 공적 경험이 이어지게끔 하곤 하였다. 그러나 지금, 특히 미디어와 관련된 지식과 경험은 함께 만들어 나가야 하는 영역이 되고 있으며, 미디어와 기술의 변화 속도는 매번 따라잡기 버거울 정도로 빠르게 진행되기도 한다.

하지만 학습자를 지원하는 미디어 리터러시 교육의 목적은 미디어에 대한 가장 최근의 동향과 지식을 전달하는 것이 아니다. 앞선 논의를 통해 알 수 있듯이, 학습자에게 필요한 미디어 리터러시 교육은 미디어나 디지털 기기를 활용하는 방법이나 새로운 디지털 툴을 이용하는 방법에 초점을 맞추는 교육이 아니다. 미디어 리터러시 교육은 자신의 미디어 경험에 대해 성찰하고, 미디어 콘텐츠와 정보, 미디어 환경에 대하여 비판적으로 사고하는 역량을 키우는 것, 그리고 미디어 환경이 만들어 내는 새로운 소통과 표현의 장에 대하여 공동체 의식을 지니고 시민으로서 함께할 수 있도록 도와야 한다. 이에 교육자는 어린이·청소년 학습자가 살아가는 환경, 특히 미디어 공간에서 어떤 경험을 하고 있는지를 관심을 가지고 면밀히 살피며, 이에 대해 서로 이야기를 나눌 수 있는 교육 경험(혹은 교육의 장)을 제공하는 것을 출발점으로 삼으면 될 것이다.

이와 더불어 교육자 개개인의 노력을 뒷받침하는 정책적 움직임도 반드시 필요하다. 미디어에 대한 비판적 사고와 성찰의 과정을 위해 비계를 설정하고 지원하는 교육을 체계화하는 정책적 지원이 이루어져야 한다. 또한 학습자의 미디어 경험에 대하여 학교뿐 아니라 가정에서도 관심을 가지고, 학습자의 미디어 리터러시 지원을 위하여 서로 협력할 필요가 있다. 또한 가정이나 학교 등에서 지원을 받지 못하는 어린이·청소년을 지원하기 위한 노력이 사회의 다양한 기관과 지역 사회의 노력으로 이루어져야 한다. 이처럼 가정-학교-사회가 협력해야 사회 구성원의 디지털 격차를 줄이고, 우리 사회의 미디어 리터러시 역량을 향상시킬 수 있다. 사회의 미디어 리터러시 역량이 향상되면 결과적으로, 메타버스, IOT, 인공지능 기반 기술 등 빠르게 진행되는 디지털 사회로의 이행에 대해 사회 구성원이 적극적으로 목소리를 내고 함께 사회와 기술 변화의 방향성에 대해 고민할 수 있다. 이 과정에서 디지털 사회의 주요한 구성원인 어린이·청소년 역시 적극적으로 기술에 대해 성찰하고 목소리를 낼 수 있도록 교육적, 정책적 지원과 시도가 적극적으로 진행되어야 할 것이다.

📝 역량

새로울 것 없는,
하지만 새로워야 할

남미자
경기도교육연구원

최근 역량 개념은 교육과정, 평가, 교원 등의 정책에 적극적으로 반영되고 있다. 특히 2015년부터 국가 교육과정에서 추구하는 인간상과 이를 위한 핵심 역량*을 제시하고 있다. 2022 개정 교육과정에서는 "삶과 연계된 깊이 있는 학습을 통해" 역량을 함양하는 것을 지향하고 있으며 이를 위해서 "교과 간 연계와 통합, 학생의 삶과 연계된 학습, 학습에 대한 성찰을 강화"하는 것에 중점을 두고 있다. 하지만 여전히 국가 수준 교육과정은 교과 분절적이고 구체적인 삶과 유리된 측면이 있다.

또한 OECD를 중심으로 여러 나라에서 역량 중심으로 교육과정을 재편하고 있다. 그런데 교육에서 왜 역량이 강조되어야 하는지, 교육을 통해 길러지는 역량의 사회적 의미는 무엇인지와 같은 질문은 삭제되고 역량 그 자체가 선으로 오독되고 있는 듯하다. 하여 이 글에서는 역량이 어쩌다 국내외 교육 정책의 중심으로 자리 잡게 되었는지, 역량 중심 교육과정에 관한 쟁점들은 무엇인지를 살펴보고 그래서 우리는 역량을 어떻게 받아들여야 할 것인가에 대한 아이디어를 제시하려고 한다.

---

* 자기 관리 역량, 지식 정보 처리 역량, 창의적 사고 역량, 심미적 감성 역량, 의사소통 역량, 공동체 역량

모호한 개념, 협소한 이해

교육계에서 역량 개념은 대학교육 정책에 먼저 도입되었다. 그것은 신자유주의 흐름 속에서 교육을 인적 자원 개발의 관점으로, 곧 노동 시장에서의 경쟁력을 갖추기 위한 도구로 이해했기 때문이다. 이어 초·중등 교육에서는 미래 사회 담론의 확장 속에서 미래 사회의 요구에 부합하기 위한 방안으로 역량 개념을 활용하기 시작했다.

역량이라는 개념은 학자에 따라 다르게 정의하고 있다.* 뿐만 아니라 개념 자체의 모호성에 대한 비판이 끊임없이 제기되고 있다. 그럼에도 불구하고 역량은 인지적, 비인지적 측면을 포함하는 총체적인 능력이라는 점, 그리고 학습자가 속한 환경에서의 유기적 관계 맺기를 통해 개인의 수행performance으로 발현된다는 점에서 의미 있게 다루어지고 있다. 최근에는 역량이 새로운 학력의 개념으로 이해되면서 교육 정책의 중심에 자리 잡고 있다. 여기에는 교육의 시장주의적 접근, 신자유주의, 미래 사회 담론, 지식 중심 교육 패러다임에 대한 비판 등의 여러 관점이 서로 얽혀

---

* 실제로 역량의 개념은 기술skill, 소양literacy, 표준standard 등의 개념과 명확하게 구분되지 않는다 교육 정책에서 역량의 개념을 적극적으로 사용하고 있는 OECD DeSeCo 프로젝트에서도 초기에는 역량의 의미로 'competencies'라고 썼다가 최근에는 'skill'이라는 용어를 사용하고 있으나 왜 용어를 변경했는지는 알 수 없다. 이는 역량이라는 개념이 애초에 이론에 근거한 학문적 개념이 아니라 현장에 적용하기 위한 실용적 측면으로 접근하면서 만들어졌기 때문이다.

있다. 따라서 역량이 교육 정책에서 어떻게 핵심적인 위치를 차지하게 되었는지를 보려면 역량에 대한 각각의 접근을 하나씩 살피는 동시에 그것들이 서로 어떻게 얽히게 되었는지를 함께 살펴보아야 한다. 자칫 협소한 이해를 토대로 역량 개념에 접근하여 역량 중심 또는 역량 기반 교육을 바라볼 우려가 있기 때문이다.

역량 개념의 기원은 산업계에서 주로 적용되었던 과학적 관리이론scientific management theories에서 찾을 수 있다. 효율적인 업무 수행을 위해서 지식과 기술을 표준화하고 체계적으로 분석함으로써 기업의 생산성을 높이기 위한 방식으로 역량 개념이 도입되었다.

노동 시장의 필요로 교육에 도입되다

지식 기반 사회로 접어들면서 지식 자체보다 지식을 통합하여 새로운 가치를 생산할 수 있는 능력(역량)이 강조되었다. 그러한 시대적 상황 속에서 대학교육은 노동 시장에서 요구하는 능력에 부합하지 않는다는 비판을 받았다. 대학교육은 지식의 생산에 초점을 맞춘 학문 중심이 아니라 실제적으로 활용 가능한 능력 중심으로의 재편을 요구받았다. 이에 2000년대 중반 정도부터 정부는 대학의 질 제고를 위한 정책을 추진했고, 그 과정에서 역량의 개념이 도입됐다. 2006년부터 대학교육의 혁신 사업의 일환으로 대학생 핵심 역량 진단 도구인 K-CESA^{Korea Collegiate Essential Skills Assessment}를 개발하였다.

그 과정에서 역량은 대학과 노동 시장의 긴밀한 연계를 위한 직업적 능력의 표준으로 이해되거나 교육의 질을 평가하는 도구로 이해되었다. 정부는 "산업 현장에서 직무를 수행하기 위해 요구되는 지식·기술·태도 등의 내용을 국가가 체계화"하여 국가직무능력표준^{NCS, National Competency Standards}을 만들고 국가직무능력표준 기반 교육과정을 적용하도록 권고하고 있다. 국가직무능력표준은 특정 직무에 대한 일종의 자격 조건을 설명하는 개념인 동시에 표준화된 직업교육의 내용을 의미한다. 노동 시장에서 필요한 능력을 대학의 교육과정에 반영함으로써 대학교육의 노동 시장 적합성을 높이고자 한 것이다. 정부는 전문대학이나 특성화고등학교뿐 아니라 4년제 대학에서도 국가직무능력표준을 활용할 수 있도록 가이드라인을 제시하고 있다.

현재 대다수의 대학이 국가직무능력표준을 활용하지 않더라도 역량 중심 교육과정을 운영하고 있다. 대학교육에서 역량은 노동 시장이 요구하는 능력이다. 이와 같은 실용주의적 접근은 문화, 예술, 인문학 등과 같이 노동 시장에서 직접적으로 활용되지 않는 영역을 도외시하는 문제를 낳을 수밖에 없다. 이러한 지적을 토대로 역량을 구체적 직무나 직업에서 요구되는 능력이 아니라 삶과 관련된, 개인이 사회에서 살아가는 데 필요한 전 생애적 능력으로 재개념화하는 시도도 있으나, 이때도 개인의 '성공적인 삶'을 위한 능력이라는 점에서 여전히 도구적 개념이다.

옳고 그름을 묻지 않는, 곧 철학이 없는

교육 정책에 적용되고 있는 역량 개념은 '사회'가 요구하는 총체적이고 복합적인 자질의 총체적 능력이다. 즉 역량 교육은 사회의 요구에의 부응을 목적으로 하게 된다. 따라서 시대적, 사회적 요구에 부응하는 것이 당연해진다. 현재 우리가 살고 있는 사회 구조가 정의로운가와 같은 질문은 하지 않는다. 역량에 대한 이러한 접근은 현재 마주하고 있는 현실로서의 사회 구조를 고정된 것으로 본다. 결과적으로 주류 사회의 이데올로기를 재생산하는 역할을 하게 된다.

초·중등교육에서 역량을 논의할 때도 마찬가지다. 초·중등교육 정책에서 역량 개념의 도입이 필요하다는 주장들에선 "미래 사회가 요구하는"이라는 수식어가 자주 보인다. 특히 불확실성의 확대라는 미래 사회에 대한 예측은 역량이 교육 개혁의 방향으로 주목받도록 하는 데 크게 기여했다. 미래 사회에서는 지식 습득보다 역량의 함양이 중요하기 때문에, 교육이 미래 사회에서의 개인의 성공적인 삶을 위해 필요한 역량을 중심으로 이루어져야 한다는 주장이 힘을 얻고 있다. 이와 같은 맥락에서 논의되는 역량 교육은 주류 이데올로기에 의한 미래 예측을 토대로 하고 있으며, 그러한 사회에서 좀 더 유리한 위치를 선점하기 위한 도구로서의 의미를 갖는다. 결과적으로 역량은 인간으로서 자기 자신을 상품화하고, 사회적으로 성공하기 위한 스펙과 같은 의미로 사용되기 쉽다. 실제로 자기 주도 역량, 리더십 역량 등이 대학 입시에서 강조되면서 학생들은 그와 같은 역량을 드러낼 수 있는 교육 활동에 적극적으로 참여하게 되었다. 그것은 대학 입시의 성과로 귀결되며, 이는 자칫 교육의 결과로서 역량을 개별 학생에게 책임을 지우는 문제를 야기할 수 있다.

교육은 무엇이 옳은가를 끊임없이 질문하고 더 나은 세계를 위해 나아가는 과정이어야 한다. 훈련과는 다르다. 따라서 직무 관리를 위해 처음 사용되었던 역량의 개념을 왜 교육의 영역에 가져오는지부터 물어야 한다. 그러기 위해서는 교육적 맥락에서 역량의 재개념화가 필요하다. 역량이 살아가는 힘이라면 어떻게, 무엇을 위한 살아가는 힘인지와 같이 추구하는 가치와 철학이 개념에 포함되어야 한다.

역량의 개념에 가치와 철학을 담는다는 것은 궁극적으로 지향하는 사회의 모습이 무엇인가에 대한 상상에서부터 출발한다. 그러한 상상은 이념적이고 정치적일 수밖에 없다. 그럼에도 불구하고 OECD의 학습 개념 틀에서 제시한 역량 교육의 지향에는 이념이 배제되어 있다. '개인과 사회의 좋은 삶'이라고 제시하고 있지만, 그것이 구체적으로 무엇을 말하는지에 대해서는 설명하고 있지 않다. 우리의 상황도 그와 크게 다르지 않다. 역량을 전면에 내세우기 시작한 2015 개정 교육과정에서는 역량을 통해서 추구하는 인간상을 네 가지로 제시하고 있으나* 각각이 어떻게 통합되는지, 그와 같은 인간상을 토대로 지향하는 사회의 모습이 무엇인지는 제시되어 있지 않다.

방법은 있지만 내용이 없다

주류 이데올로기를 강화하는 데 활용되어 온 역량은 모순적이게도 진보 교육 진영에서도 적극적으로 수용되었다. 그들은 교육의 목적을 학생들의 실제 삶과 연결된 성장으로 전환하려는 노력의 일환으로 역량을 강조했다. 역량은 '무엇을 할 수 있는가?'와 같은 수행력을 기반으로 구체적 삶에서의 실천적 능력을 의미한다는 점에서 상대적으로 지식 그 자체를 덜 강조하기 때문이다. 이처럼 그들은 역량의 개념을 기존의 지식 습득과 대학 입시 중심의 학력 개념의 대안으로 삼고자 했다.

대표적으로 경기도교육청은 2012년부터 경기도 교육과정에서 '창의지성역량'**을 목표로 삼았다. 그리고 이와 같은 역량을 학교교육을 통해서 함양하기 위해서는 학습자 배움 중심의 수업

---

* 전인적 성장을 바탕으로 자아정체성을 확립하고 자신의 진로와 삶을 개척하는 자주적인 사람, 기초 능력의 바탕 위에 다양한 발상과 도전으로 새로운 것을 창출하는 창의적인 사람, 문화적 소양과 다원적 가치에 대한 이해를 바탕으로 인류 문화를 향유하고 발전시키는 교양 있는 사람, 공동체 의식을 가지고 세계와 소통하는 민주 시민으로서 배려와 나눔을 실천하는 더불어 사는 사람.

혁신이 필요하다고 보았다. 즉 수업 혁신을 역량 교육을 위한 조건으로 여겼다. 경기도교육청에서 창의지성역량을 위한 수업 혁신 방안의 핵심적인 내용으로 학습자의 참여와 상호작용을 중요하게 다루고 있다. 자연스럽게 학습자의 선택과 결정이 확대된, 자율적 참여와 소통이 활발한 교육과정 운영이 중요하게 다뤄졌다.

이처럼 역량 중심 교육과정에 대한 현재 논의는 대체로 교육 내용보다는 방법적 측면을 강조하고 있다. 2015 개정 교육과정 이후 국가 교육과정에서 지속적으로 역량을 강조하고 있지만 목표로서의 역량에 도달하기 위해서 학습자들이 무엇을 어떻게 학습해야 하는지, 목표로서의 역량에 도달했는지를 어떻게 판단할 것인지는 전적으로 개별 교사에게 맡겨져 있다. 개별 교사의 평가에 대한 신뢰가 전제되지 않은 상황에서 역량 중심 교육과정은 제대로 기능하기 어렵다. 그저 학생의 참여(수행) 중심의 교육 활동으로만 존재할 우려가 있다. 실제로 자유학기제에 이를 적용한 사례에서, 교사들은 교육과정을 어떻게 구성해야 할지 막막해하거나 민원이 두려워 평가에 좋은 말만 써 주는 등의 왜곡이 일

** 창의성의 핵심 요소는 사고-인식 영역에서 통찰력과 상상력, 삶과 문화 영역에서 문제 발견 및 해결력(기획 능력), 건설적 생산 능력, 문화적 창조력, 사회생활 영역에서 민주적 시민 가치와 책무성, 리더십으로 분류했다. 이에 따라 창의지성역량은 자기 주도 학습 능력, 대인 관계 능력, 협력적 문제 발견 및 해결력, 의사소통 능력, 자기 관리 능력, 문화적 소양 능력, 민주 시민 의식으로 설정했다. 경기도교육청, 《2012년 경기도 교육과정》, 26~27쪽.

어났다. 결과적으로 교육 정책에서의 역량 개념의 도입은 개별 학생의 선택과 결정의 강화, 자유로운 참여와 의사소통이라는 교육 방법의 혁신에 그쳤다.

역량 중심 교육과정은 학생이 중심이 되어 적극적으로 활동하는 교육과정으로 이해되기도 한다. 이와 같은 이해는 학생의 참여와 같은 방법론적 측면의 접근으로 이어진다. 혁신교육 진영에서 수업 혁신의 방법으로 학생 참여, 학생 주도를 강조해 온 것도 같은 맥락이다. 이는 학생 참여 혹은 학생 주도가 교사 주도의 반대 개념으로 이해되면서 교사 중심의 지식 전달 교육을 상대적으로 소홀히 여기는 결과로 나타났다. 그러나 역량은 인지와 정서, 실천이 서로 관계하는 총체적 개념으로 지식을 포괄한다. 즉 역량의 결과로 드러나는 양상이 수행인 것이지 수행만으로 역량이 만들어지는 것은 아니다.

역량을 어떻게 이해할 것인가

역량을 교육 정책화하는 과정에 대한 비판을 ① 개인의 성공을 위한 도구적 접근, ② 이념이 배제된 역량 개념, ③ 수행이라는 방법적 측면의 강조의 맥락에서 살펴보았다. 각각의 비판은 결국 역량을 이해하는 전제에 대한 비판이라는 점에서 역량을 이해하는 패러다임의 전환을 요구한다.

'무엇을 할 수 있고, 무엇이 될 수 있는가?'에 대한 대답으로 역량은 '모두의 좋은 삶'이라는 공적 가치를 포함할 때만 교육적인 것으로서 의미를 가진다. 그렇다면 모두의 좋은 삶이란 무엇인가? 김종철 선생은 "좋은 삶이란 무엇이 좋은 삶인지 계속 질문하는 것"이라고 했다. 교육에서의 역량은 단지 수행으로서의 의미가 아니라 그것이 어디로 향하는지를 계속해서 묻고 답하는 과정이 전제될 때에만 의미가 있다. 따라서 역량은 모두의 좋은 삶에 대한 것인 동시에 모두의 좋은 삶을 위한 것이어야 한다.

교육에서 역량을 강조해야 한다면, 그것은 역량이 모두의 좋은 삶과 연결되기 때문일 것이다. 그런 맥락에서 교육에서 추구해야 하는 역량은 '(모든 존재들과 함께) 좋은 삶을 살아갈 수 있는 힘 또는 가능성'이라고 정의할 수 있다. 역량을 좋은 삶과 연결할 때에 역량을 중심으로 모두의 좋은 삶을 경험할 수 있으며, 그러한 경험은 모두의 좋은 삶을 위한 역량(또는 가능성)으로 확장될 수 있을 것이다. 그리고 여기에는 모든 종류의 차별과 혐오를 반대하는 이념이 전제되어 있다. 역량을 이렇게 재정의하면 역량은 더 이상 개인적 측면에서, 개인의 성공을 위한 스펙으로 존재하지 않을 수 있다.

또한 역량은 근대적 주체subject가 획득하는 능력이 아니라 특정 조건과 맥락, 관계의 그물망 속에서 발현되는 속성으로 이해할 필요가 있다. 교육에서 역량을 발현되는 속성으로 이해할 때, 역량의 발현 또는 비발현의 책임이 개인에게 지워지지 않는다. 따라서 역량을 학생 개인의 내적인 능력이 아니라 관계적인 것으로 인식할 필요가 있다. 이는 모두의 좋은 삶을 살아갈 수 있는 힘(역량)이 자신의 존재가 존재론적 얽힘 속에서 구성되며, 나의 안녕과 너의 안녕이 서로 연결되어 있다는 인식을 토대로 관계의 그물망 속에서 구성됨을 의미한다. 즉 역량은 학생 개인이 습득하거나 성취하는 것이 아니라 교육적 개입과 관계 속에서 완성되어지는 개념이다.

교육의 장에서 역량의 결과로 드러나는 수행에 대해서 그것이 모두의 좋은 삶을 위한 것인지를 끊임없이 질문하면서, 역량의 지향과 방향을 모두의 좋은 삶으로 견인해 가는 역할을 해야 한다. 그러므로 교육에서 역량은 목표와 지향으로서 의미가 있다. 역량은 총체적이고 맥락적이며 통합적이다. 그런 점에서 개별 교과 또는 매 수업 시간에 어떤 역량에 초점을 두느냐와 같은 미시적 접근보다 교육과정의 목표와 지향으로서 의미가 더 중요하다. 예컨대 특정 지역, 특정 학년의 교육과정을 역량을 중심으로 구성할 때 그들의 생애사적, 사회 문화적, 시대적 맥락이 반영된 핵심 역량을 선정하게 될 것이며, 여기서 중요한 것은 그러한 핵심 역량의 선정이 궁극적으로 지향하는 좋은 삶을 어떻게 현재화할 수 있는 것이냐일 것이기 때문이다. 즉 역량 (중심) 교육에서 세부 역량을 무엇으로 선택할 것인가는 부차적인 것이 된다. 앞서도 언급했지만 어떤 역량인가를 선택하는 근거는 코에 걸면 코걸이 귀에 걸면 귀걸이이다. 그렇다면 그러한 세부 역량을 어떻게 선택할 것인가를 의미하는 가치와 철학에 관심을 둘 필요가 있다.

따라서 초·중등 교육에서 무슨 역량을 길러 줄 것인지를 말하기 전에 모두의 좋은 삶이 무엇인지, 현재 우리가 살아가고 있는 세계가 모두의 좋은 삶을 보장하지 못한다면 그 원인이 어디에서부터 기인했는지를 파악하고 그래서 우리는 모두의 좋은 삶을 위해서 무엇을 할 수 있는지에 대한 고민이 선행되어야 한다. 그럴 때에 삶으로 드러나는 역량이 교육적 의미를 가질 것이다.

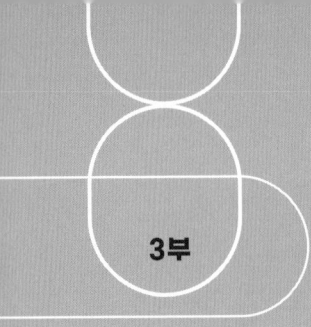

3부

어디를
바라볼 것인가

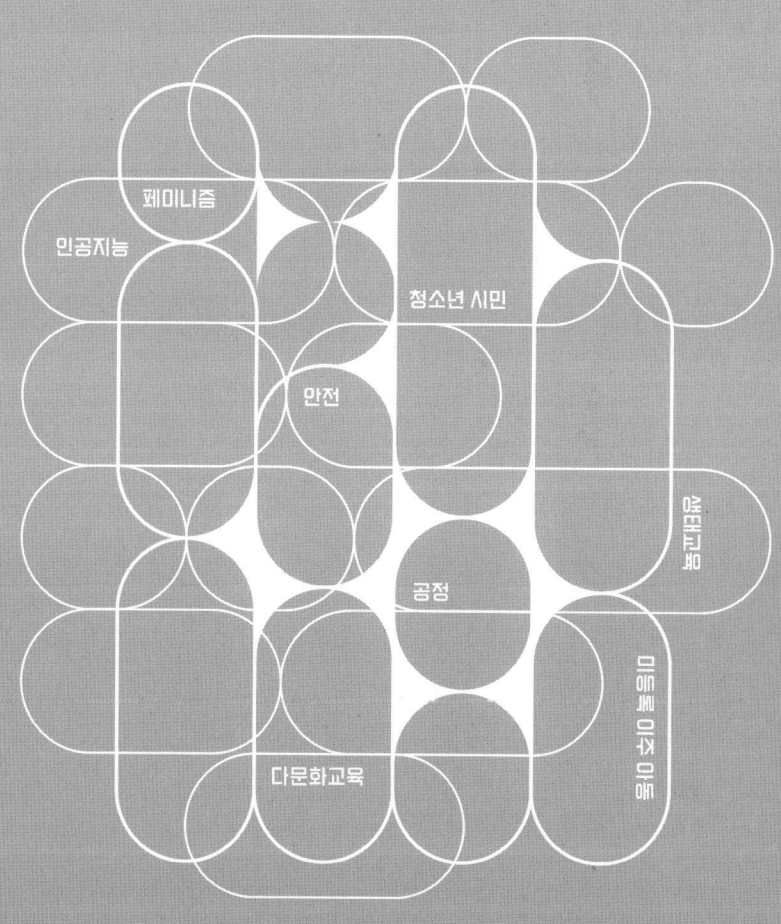

공정

공정의 담론에 갇혀 버린 교육,
그래서 더 비극적인

정용주
초등 교사, 《오늘의 교육》 편집위원

2019년의 이른바 '조국 사태'는 대단히 복잡한 현상이었다. 조국 사태는 '어떤 프레임으로 바라보며 어떻게 정의하는가?'에 따라 다양하게 맥락화될 수 있는데, 크게 두 가지 프레임이 형성되었다. 첫 번째는 인권 침해 프레임이었다. 법무부 장관 임명 과정에서 이루어진 가족에 대한 수사는 개혁에 저항하는 검찰을 포함한 보수 기득권 세력이 개혁의 전면에 선 조국 장관의 가족을 볼모로 벌이는 과잉 수사와 그에 따른 인권 침해의 문제로 해석되면서 시민들의 강한 저항을 불러일으켰다. 또 다른 하나는 입시의 공정성을 훼손하는 특권층 세력의 입시 부정, 즉 교육을 통한 계층 세습 프레임이었다. 개혁을 주장하던 조국 장관이 자녀의 입시 문제에서는 편법을 일삼는 등 보수 기득권 세력과 다름없는 모습이었음이 드러나면서 입시에 대한 국민들의 지각을 예민하게 만들었다.

조국 사태에 대한 두 가지 프레임은 서로 교차하면서 진보 개혁 진영의 내부 분열을 가속시켰다. 이러한 상황은 교육에서 성찰해야 할 지점을 놓치게 만들었다. 논쟁의 선이 제대로 그려지지 않으면서 입시 부정 프레임은 공정 담론에 더욱 매몰되어 엉뚱한 방향의 해결책이 만들어졌다. 특히 조국 사태를 통해 다시 한 번 확인한 것은 한국 사회에서 시험이 우수한 인재를 선발하는 기능을 한다는 명제에 대해 누구도 의심을 하지 않는다는 것이었다. 그래서 사람들은 입시 제도에서 공정성에 과몰입하는 반응을 보였다.

잘못된 진단, 잘못된 대응

문재인 대통령은 2019년 국회 시정 연설에서 "국민들은 제도에 내재된 합법적인 불공정과 특권까지 근본적으로 바꿔 내기를 원한다"고 말하며 "학생부 종합 전형(학종) 전면 실태 조사를 엄정하게 추진하고 고교 서열화 해소를 위한 방안을 강구"할 것이라고 이야기했다. 이후 조국 사태에 대한 대응은 정시 확대와 특목고 등의 폐지라는 두 정책으로 수렴되었다. 특히 공정한 입시를 강화해야 한다는 주장이 강화하면서 '수능과 학종 중에 무엇이 더 공정한가'에 대한 논의를 촉발시켰다. 조국 사태에 대한 교육계의 대응 역시 수능과 학종 둘 중 어느 것이 다른 하나보다 더 공정하며 불평등을 덜 유발하는지에 대한 논쟁으로 축소되었다.

제도적 측면에서 보면 수능과 학종 모두 과거보다 진일보한 입시 제도이다. 둘 다 단순 지식을 얼마나 잘 암기했는지를 평가하는 게 아니라 창의력이나 문제 해결력, 비판적 사고력 같은 역량을 얼마나 잘 길렀는지를 측정하기 위해 도입되었기 때문이다. 특히 학종을 기반으로 하는 수시 전형은 학생의 성장과 발달을 종합적으로 이해하며 과거의 학력과 현재의 학력 그리고 잠재 가능성으로서 미래의 학력을 복합적으로 판단하는 입시 제도로 시험지를 통해 문제 해결력과 비판적 사고력을 측정하는 수능보다 더 나은 입시 제도로 평가되었다. 대부분의 교육 전문가들이 수능(정시)보다 학종(수시)이 더 좋은 대입 제도라고 이야기하는 이유도 이 때문이다. 그런데 두 제도 모두 교육적으로는 올바른 제도일지 모르지만 계층 불평등의 완화를 의도한 것은 아니었다. 아니, 현실은 정반대였다.

수능과 학종은 '어느 것이 금수저 전형인가'를 논할 필요 없이 모두 계층 불평등을 재생산하거나 심화시키는 경향을 보였다. 학종의 경우 사회적 배려 대상자 전형, 농어촌 특별 전형 등이 일정 부분 계층 불평등을 완화시키는 효과를 낸 것이 사실이지만 성장과 발달에 대한 종합적인 정보의 수집이라는 제도의 방향은 입시를 준비하는 사람들에게 더 많은 정보의 수집을 요구했고 전형에 맞는 사교육 시장을 확대시켰다. 결국 다양한 입시 제도에 적응할 수 있는 계층에게 유리해졌다. 수능이 학종에 비해 입시 전형이 단순해서 입시를 준비하는 비용을 줄일 수 있는 건 사실이지만 그런 논리라면 저소득층은 창의적 활동보다는 단순 암기에 유리하며, 이들에게는 수능보다 학력고사가 더 유리한 입시 제도라는 퇴행적 사고를 확대 재생산하게 된다. 마이클 샌델이 《공정하다는 착각》에서 밝히고 있듯이 어떤 입시 제도도 저소득층에게 유리할 수 없다는 것을 인식하는 것이 중요하다.

그럼 (불평등의 문제는 차치하고) 왜 교육 관계자들은 수능보다 학종을 선호하는 것일까? 교육학자들 입장에서 보면 시험지를 통해 평가하는 것보다 학종이 실제적 맥락에서 학생 개개인의 적성을 존중하고 교육 활동의 과정을 중시하는 제도이기 때문이다. 대학 입장에서는 입시에서 폭넓은 재량권을 행사할 수 있기 때문에 학종을 선호한다. 2008년부터 2015년까지의 수시 전형은 학과에 따라 다양하게 세분화되어 있어 학종으로 대학을 지원하는 학생은 지원하는 학과에 맞춘 교과 및 비교과 활동을 수행하면서 스펙을 쌓고 자기소개서를 통해 자신이 해당 학과에 맞는 학생임을 잘 표현해야 했다. 이 과정에서 학생은 지원 학과에 대해 오랫동안 준비해 왔다는 알리바이를 만들며 전공에 대한 심리적 충성도를 높이게 되고, 대학은 전공과 밀착된 입시 제도인 학종을 선호하게 되었다. 교사들도 학생부 위주 전형을 선호한다. 한계가 있긴 하지만, 학종은 교사의 수업 주도권과 평가 권한을 대폭 강화해 주기 때문이다. 긍정적으로 생각하면 교사가 교육과정 운영과 수업, 평가, 기록에 대한 권한을 넓히는 것이기 때문에 교사들에게 학종이 선호될 수밖에 없다. 자연스레 입시에 특화된 특목고와 사교육 시장도 이 제도를 선호한다. 수시 전형이 엄청나게 복잡해진 데는 저소득층 학생들에게 배타적인 진입 장벽을 만들고 사교육 시장에 영업 기회를 넓혀 주며 특목고의 선발권을 강화시켜 주기 위함도 컸다.

    이 같은 이유로 교사, 대학, 사교육 시장 등 대다수 교육 관련자가 학종을 선호하는 반면 저소득층 학부모에게는 학종이 깜깜이 전형, 즉 불투명성이 증가되는 전형으로 인식되었다. 그래서 학부모들은 복잡한 전형과 교사의 평가 주관성을 문제 삼으며 정시 확대를 주장해 왔다. 그런데 여기서 심각한 왜곡이 발생했다. 입시의 공정성 확보가 계층 불평등의 문제까지 해결하는 것으로 오인된 것이다. 한 세대 간의 불평등은 부모의 사회 경제적 지위와 가족 문화라는 문화 자본에 의해, 장기간의 세대 간의 불평등은 이러한 요소들이 집약된 유전 효과와 자본의 요소에 의해 전승된다. 수능이든 학종이든 이러한 계층 불평등을 완화하지 못한다는 사실은, 공정성만 보장되면 누구든 좋은 대학에 갈 수 있다는 담론에 의해 은폐되었다.

'가족 개인'의 탄생과 능력주의

그럼 조국 사태를 통해 교육에서 무엇을 이야기해야 할까? 우선 우리가 이야기하는 '공정'에 대해 성찰해야 한다. 공정은 매우 중요한 가치이지만, 공정이 정의의 원칙으로 심화되거나 넓게 확장되지 못하고 빈약한 개념이 되어 버린 것을 성찰해야 한다. 공정이 지배하는 교육에서는 오로지 능력만 중요해지며 적대적 경쟁만이 남는다. 능력과 성공은 물신화되어 적자생존, 승자독식이 유일한 가치로 추구된다.

그런데 능력주의는 상당한 동의를 얻어 실행되고 있는 이데올로기이고 사람들의 마음과 행위에 관철되는 규범적 원리이다. 능력주의는 재능의 낭비를 극소화한 효율적인 사회공학이고, 개인에게는 사회 이동의 꿈이며, 사회적으로는 공정하다고 인가되는, 불평등(계급) 없는 사회를 향한 진보로 상찬될 수도 있다. 그래서 우리는 더욱 자유주의 사회에서 능력주의는 불평등을 강화, 정당화한다는 것을 인식해야 한다. 제한된 일자리와 그것을 얻는 데 효력이 있는 증명서인 대학 졸업장은 우리 일생을 지배하고, 학생들은 대학 입학 때부터 시작한 스펙 쌓기를 계속하느라 진이 빠진다는 사실을 드러내야 한다. 특목고에서 명문대로의 엘리트 트랙을 밟기 위해 초등학생 시기부터 학습 노동이 시작되고 이는 어느덧 자율성으로 위장되어 능동적으로 이루어지고 있다는 것을 깨달아야 한다. 특히 공정 담론이 개인화되어 공동체 차원의 집단적 모색은 상상하지 못하거나 신빙성 없다고 내치고 각개약진하는 현상의 문제를 드러내야 한다.

    교육은, 믿을 것은 오직 내 한 몸이라 꾸준히 나를 계발하고 나를 키우라고 닦달한다. 자기 힘으로 자기 앞가림을 해야 한다는 이러한 자립의 윤리는 의문의 여지 없이 받아들여져 저마다 생존 능력을 키우기 위해 고군분투한다. 우리는 조국 사태를 통해서 이러한 능력주의와 공정 그 자체에 문제가 있음을 성찰하는 데까지 나아가지 못했다. 오직 능력주의나 공정이 불충분하거나 변질되었기 때문에 문제라고 인식했을 뿐이다. 본래 능력주의는 인간을 신분적, 가족적 결속과 구속으로부터 떼어 내 국가가 일반 의지와 보편 이익을 대변하여 각각을 동등하게 고려하고 공정하게 보상한다는 이념과 연결된다. 다시 말해 국가의 일반 의지는 교육에서 구현된다. 그래서 가족이 구현하는 특수성과 특권, 불평등을 국가의 보편성과 공정성과 평등이 일소해야 한다. 그런데 능력주의의 총아인 개인은 속해 있는 가족에 따라 힘이 다르다. 집단이 아니라 개인 단위로 행위할 때 이미 힘이 있는 자의 성공 가능성은 월등할 수밖에 없다. 이 점에서 능력주의는 가족의 영향력을 배제할 것을 요구하는데 실제 능력주의가 작동하는 맥락은 개인이 아니라 '가족 개인'*이다. 가족 개인이 제도화되면서 특권이 있는 사람들은 현대 사회가 가장 영리한 사람들에 의해서 통치된다고 믿는다. 신분에 의한 귀족제나 돈에 의한 금권 정치가 아니라 능력주의에 의해 그렇다고 믿기 때문에 더욱 정당화된다.

그럼 어떤 정책과 경로를 거쳐야 이 악순환에서 빠져나올 수 있을까? 확언할 수는 없다. 하지만 자녀에 대한 애틋한 사랑이 상속을 향한 열정의 동기라는 점을 생각하면, 그들을 지나친 경쟁으로 내모는 우리의 생활 양식이 실질적 합리성을 완전히 결여하고 있다는 문제를 전면화해야 한다. 구체적 경로가 무엇이 되든 공정한 능력주의 밑에 있는 불안을 달래기 위해서는 모든 계급의 권리를 돌보는 교육이 필요하다. 가장 높은 지위의 시민 못지않게 가장 낮은 지위에 있는 시민의 권리와 행복을 세심하게 도모하는 교육을 추구해야 한다.

---

* 김동춘(2020), 《한국인의 에너지, 가족주의》, 피어나.

📝 안전

안전하다는 판단은
누가 내리는가

진냥
초등 교사, 청소년인권운동연대 지음, 《오늘의 교육》 편집위원

한국의 역대 정권은 매번 교육 정책이 없다는 비판을 받아 왔다. 국가가 만들어지던 초기에는 그나마 국가 주도의 공교육 제도를 일반화해서 교육의 기회를 확대하는 정책을 가지고 있었 으나 이후의 정권들이 내놓은 것은 입시 정책에 불과했다. 그런 점에서 2010년대 이후 강조되고 있는 '안전한 학교 만들기'는 드 물게 정부가 내놓은 교육 정책이라고 평가할 수 있다. 그러나 지 난 한국 교육 역사에서 꾸준히 주장되어 왔고 많은 이들의 노력 과 헌신으로 변화를 이루어 낸 민주주의, 인권, 자치의 흐름 속에 서 '안전'은 몹시도 겉도는 주제다. 모든 것에 있어 기본적이기에 가장 자주 호출되지만, 그 자체가 운동이나 정치의 영역으로 여 겨지지 않고 그저 바닥처럼 편평하게 여겨지는 '안전'. 이 글은 그 '안전'이라는 말을 조금은 다르게 봐 주시길 제안하는 글이다.

'학교 안전'의 탄생

오래전부터 학교는 안전하지 않았다. 2000년대까지 교사의 체 벌은 정당하다는 여론이 높았고* 때리지 않는 교사는 오히려 비

---

* "학생에 체벌 63%가 찬성-18세 이상 5천 명 교육 의식 조사", 〈중앙일보〉, 1992년 12월 15일.

정상적으로 여겨졌다. 학생들은 학교 집단과 교사에게 성적에 따라 다르게 대우받았으며 따돌림을 두려워했다. 보호자들은 촌지를 요구받고, 등·하굣길에는 성추행범과 유괴범, 폭력 조직이 있었다. 이러한 현실에 대한 성찰과 문제의식에서 '안전한 학교 만들기' 정책은 도출되어야 했다.

그러나 학교가 안전하지 않다는 사회적 진단은 현실에 대한 성찰과는 관계없이 내려졌다. 2005년 한국의 교통사고 발생률이 OECD 회원국 중 가장 높다는 것이 문제로 지적되었다. 교통사고로 인한 어린이 사망률 역시 가장 높은 것으로 나타났다. '교통사고 발생률 1위'라는 타이틀은 '벗어야 할 오명'으로 불렸고 정부 주도의 전국적인 움직임이 시작되었다. 이런 배경에서 2008년 (사)어린이안전학교가 세워졌다. 2007년 제정된 「학교안전사고 예방 및 보상에 관한 법률」이 학교 안전사고 예방과 더불어 사고에 따른 치료와 보상을 위한 법적 근거를 마련했고,* 이에 따라 학교 안전교육을 담당할 강사를 양성하는 등의 역할을 맡을 단체가 만들어진 것이다. '학교 안전'이라는 사회적 용어가 탄생한 시기라 할 수 있다.

법에 근거하여 학생들에게 안전교육이 실시되기 시작했다. 학교 주변을 포함한 학교 공간에서 발생할 수 있는 사건·사고를 예방하기 위한 안전 조치들도 개발되고 의무화되기 시작했다. 하지

---

* 윤혜순(2015), 〈학교안전 연구동향과 과제〉,《청소년학연구》, 22(2), 345~366쪽.

만 이것을 '안전한 학교'를 만들기 위한 노력이라고 볼 수 있을까? 사고를 예방하는 것과 학교를 안전하게 만드는 것은 다르다. 나는 교통사고가 무서워서 학교가 싫다는 학생의 말은 아직 들어 본 적이 없다.

학교폭력이 사회 의제로 떠오르다

2011년 말, 한 청소년이 자신이 겪은 학교폭력을 유서로 고발하고 스스로 세상을 떠났다. 전국적으로 세세한 부분까지 보도가 되었고 사회 전체가 충격에 휩싸였다. 이명박 당시 대통령 역시 이를 언급하고 빠른 조치를 지시했다.

"이 대통령은 이날 청와대에서 수석비서관회의를 주재한 자리에서 "학원폭력 연령이 낮아지고 있다. 심각한 단계라는 인식을 가져야 한다"면서 이같이 지시했다고 박정하 청와대 대변인이 전했다."*

이명박 전 대통령이 '학원폭력'이라고 말한 것이 보여 주듯, '학교폭력'이라는 말이 익숙하지 않은 사람들이 이때까지도 많았다. 그래서였을까. 언론에서도, 토론회에서도 빠지지 않는 질문은 '학교폭력이 지금 와서 심각해진 건가요, 아니면 원래 이랬던 건

---

* "李 대통령, 학교폭력 근절 범정부 대책 지시", 〈연합뉴스〉, 2011년 12월 26일.

데 우리가 몰랐던 건가요?' 하는 것이었다. 당연하게도 학교폭력, 정확히는 학생 간 폭력은 계속 존재했고 많은 사람들이 고통받았다. 하지만 애들 싸움 또는 문제아들이 하는 문제 행동으로 치부되었을 뿐 사회 의제로 대해지지 않았다.

그래서 대통령의 발언은 학교가 안전해져야 한다, 즉 학교가 안전하지 않다는 국가적이고 공식적인 최초의 선언이기도 했다. 「학교폭력예방 및 대책에 관한 법률」이 2012년 국회 회기가 열리자마자 전부개정에 가깝게 개정되었고 후속되는 조치들도 쏟아졌다. 그러나 돌이켜 보건대, 당시의 움직임들은 학교폭력을 해결하고자 하는 노력은 결코 아니었다. 학교폭력으로 인한 자살을 막겠다고 교실 창문이 10cm 이상 열리지 않게 못질을 한 교육청, 점쟁이처럼 학교폭력 가해 학생을 한번에 알아보기 위한 체크리스트를 뿌리고 모든 학생을 대상으로 관찰하고 기록하는 '학생상담카드'*를 작성하라는 지침을 내린 교육부, 학생 간에 30초 이상 대화를 금지한 학교……. 당시 학교폭력에 대한 대응은 패닉에 가까웠다. 가해자 개인을 악마화 또는 질병화하고 그로부터 다른 학생들을 분리하기 위한 졸속적인 지침의 연속이었다. 관계와 권력의 문제를 외면한 채 해결 방법을 고민하다 보니 피해 학생에게는 '신고'만이 강조되고 교사들은 더 큰 권력과 힘으로 학생들

---

* 일부 시·도교육청과 교육·인권단체 등은 학생에 대한 사찰이라며 반발하기도 했다.[참고 : "학교폭력 학생부 기재와 생활카드, 인권침해 소지", 〈오마이뉴스〉, 2012년 8월 3일]

을 내리누르기를 강요받았다. 가해 학생에게는 명상이나 운동을 많이 해 에너지를 분출하게 한다는 등 주술에 가까운 방안들만 이루어졌다.

그렇게 패닉에 가까웠던 2010년대 초보다 학교폭력이라는 말의 무게는 오히려 지금 더 무거워진 듯도 하다. 법적 절차도 많이 수정되었고 사회적 인식도 달라졌다. 하지만 근본적으로 달라졌다는 평가를 하긴 어려울 것 같다. 학교폭력을 특별법으로 다루는 것은 학교 내의 폭력 사안에 특수성이 있기 때문이다. 학교폭력의 특수성은 폭력의 양상이 보다 관계적이고 복합적이라는 것, 그리고 가/피해자 및 관련자에게 모두 징벌보다 교육적 맥락에서의 조치들이 이루어져야 한다는 것을 의미할 것이다. 그러나 여전히 학교폭력을 대하는 태도는 징벌적이다. 교육 기관은 학교폭력을 조사하고 징계안이나 지원안을 만들고 집행한다. 상담 지원 등은 외부 기관에 위탁한다. 이 과정에서 중립적 태도를 요구받고 흔히 중립적 태도는 '모른 척하기' 또는 '거리 두기'로 실천된다. 모두가 거리를 두고 있을 때 피해자는 피해자로 존중받을 수 없다. 학생들은 자신의 피해나 경험에 대해 안전하게 이야기할 수 없고 자신을 제외하면 모두가 아무렇지도 않아 보이는 학교에서 서둘러 내적·외적 문제를 봉합해야 한다는 압박을 받는다. 결국 문제가 해결되는 경험은 아무도 하지 못하는 것이다. 해결되지 않은 문제를 안고 사는 사람이 안전하다고 느낄 수 있을까?

안전 담론은 우리를 안전과 멀어지게 한다

안전 담론이 학교에 도입되기 시작한 교통사고와 학교폭력의 논의 속에서는 그래도 대안적인 목소리가 있었다. 교통사고를 예방하기 위해 학생들을 대상으로 안전교육을 강화하고 조심하라고 요구하기보다 스쿨존 강화, 지역 사회에 어린이·청소년을 위한 문화 공간 증설 등이 더 중요하다는 주장이 있었다. 학교폭력 논의에 있어서도 공동체 문화 전반의 변화나 교직원부터의 변화, 학생 자치 강화 등의 대안 제시가 있었다. 학생인권조례가 제정된 지역이나 일부 학교의 실험들이 이러한 대안이 더 효과적이고 근본적인 해결책일 수 있음을 보여 주었다.

그러나 세월호 참사와 경주와 포항의 지진 등의 대규모 재난 상황이 떠오르면서 학교의 안전 담론은 훨씬 더 강력해지기 시작했다. 생명의 위협 앞에서 다른 것도 중요하다는 주장은 감히 내놓기 어려웠다. 포항의 지진은 지열 발전소 건립 때문에 벌어진 그야말로 인재人災였음에도 교육은 이것을 다루지 않았다. 누가 이것을 책임져야 하며, 왜 이런 일이 벌어졌고 다시 반복되지 않게 하기 위한 대책을 세우라는 요구를 민주 시민으로서 할 수 있고 요구해야 함을 학교는 언급하지 않았다. 학교가 강조한 것은 지진이 났을 때 머리를 보호하고 운동장으로 대피하라는 말뿐이었다.

이때부터 전문가들이 매체에 등장해 안전을 이야기하기 시작했다. 비전문가인 보통 사람들은 물론, 학생들은 내게 필요한 안전이 무엇인지 고민하거나 판단할 필요가 없었다. 그것은 과학의 논리로 무장한 전문가들의 몫이었다. 메르스와 코로나19 유행에서 안전 담론은 과학의 논리를 입고 더 강력해졌다. 언제 터질지 모르는 위험 속에서 교사와 관리자, 교육청 관계자들이 교육부와 전문가 집단만 바라보고 있었다. 문제가 발생했을 때 스스로 고민하지 않고 다른 사람의 지시만 기다리는 것은 질책을 받지 않기 위한 방어다. 그리고 실은 정말로 안전하기를 포기한 태도이기도 하다.

안전 책임의 개인화

세월호 참사는 한국 현대사에서 매우 큰 의미를 가지고 있고 앞으로도 계속 여러 의미들이 되새겨져야 할 일이지만, 특히 교육과 관련하여 큰 의미를 가지고 있다. 어린이·청소년들의 희생에 흔히 부각되는 '우리 아이들', '미안해 ○○아' 등의 대상화하는 태도보다 '가만히 있으라', '세월호 이후 교육' 등의 문제의식에 대한 고민이 더 오랜 기간 지속되었기 때문이다. 세월호의 노란 리본은 진실 규명의 요구이자 가만히 있지 않겠다는 국민과 청소년의 목소리이기도 했다. 이때부터 촉발된 청소년들의 목소리는 박근혜 탄핵 촛불 집회로, '스쿨 미투'로 이어졌다.

그러나 '가만히 있으라'는 통제 중심의 교육을 비판하는 요구는 교문을 넘지 못했다. 그나마 대피 훈련이나 안전교육에 대한 개선이 이루어졌지만 여전히 '판단'은 전문가와 행정가의 몫이다. 코로나19의 유행 사태 때 지역마다, 학교마다 상황이 달랐지만 모든 학교가 상급 행정 기관의 지시만 기다리고 있었던 모습은 '가만히 있으라'의 재현이었다. 교실에서도 역시 다르지 않다. 화재 경보 사이렌 속에서도, 교사의 성폭력 속에서도 학생은 자신의 판단대로 말하거나 움직일 수 없다. 스스로 판단해 움직이면 교사의 위협이나 통제 등 더 많은 위험에 노출되기 때문이다. 세월호에서 '왜 학생들은 위험한 상황에서조차 교사들의 통제에 따라 가만히 있었는가'라는 질문은 여전히 유효하다.

안전 담론의 해악을 짧게 표현하면 안전에 대한 책임을 개인에게 돌리는 것이다. 현실에 대한 성찰 없이 학교에 도입된 안전 담론은 스스로의 안전은 자기 자신이 챙기고 책임져야 하는 각자도생의 문화를 학교에 자리 잡게 했다. 또한 안전하기 위해 우리 모두를 스스로 격리되게 만들었다. 학교는 끊임없이 사람들이, 학생들이 가까워지지 않도록 관리했다. 그건 우리 교육의 가장 흔한 문제 대응 방식이었다. 학교에서든 가정에서든 거리에서든 무슨 일이 생기면 '어른'들은 '아이'들에게 '네 자리로 가', '모여 있지 마', '뭉쳐 다니지 마'라고 해 왔다. 교육이 마주한 모든 문제 상황에서 학생을 포함해 모든 구성원들이 요구받는 것은 아무 말 하지 않고 가만히 기다리는 것이었다. 각자의 책임을 다하는 흩어진 개인으로서만 인식될 뿐, 모이고 소통하고 협력하는 것은 문제 상황에서 기대되지 않는다.

무엇이 우리를 안전하게 하는가

학교는 어린이·청소년들이 있는 곳이고 안전 책임을 개인화하면서도 어린이·청소년들은 미덥지 않으므로 결국 교사와 보호자들은 어린이·청소년을 감독하도록 요구한다. 안전 담론이 탈-정치화, 탈-민주주의화하는 중요한 부분이다. 경남도교육청 교육정책연구소에서 실시한 설문 조사 결과에서도 코로나19 유행 이후 학교의 통제가 더 심해졌다고 느낀다는 학생 응답이 높게 나타났다. 등교 시 교문 지도가 더 엄격해졌다는 응답이 75%, 쉬는 시간이나 점심시간에 통제가 더 심해졌다는 응답이 76%에 달했다.* 그간의 노력으로 조금씩 되찾아 왔던 학생들의 공간과 시간이 감염병 위기 속에서 박탈된 것이다.

안전 담론이 소수자를 덜 주목하면서 인권적이지 않다는 비판은 적게나마 꾸준히 이루어져 왔다. 지진이 발생했을 때 휠체어 이용자는 어떻게 대피할 수 있을 것인지, 시각 장애인에게 전달될 수 있는 안전 매뉴얼이 항상 접근 가능한지, 학교나 큰 기관에 소속되어 있지 않은 사람이라도 CPR 교육을 정기적으로 받을

---

* 경상남도교육청 교육연구정보원 교육정책연구소(2020), 〈코로나 이전과 이후 학생 생활 변화〉, 《이슈플러스생각》, 2020년 2호.

수 있는지 등 중요한 논의들이 제기되어 왔다. 하지만 또 한편으로 지적되어야 하는 것은 안전이 민주적으로 판단되고 민주적으로 실현되지 않는다는 점이다.

안전은 질서에서 나온다는 말이 있다. 하지만 권력의 통제로부터 나오는 질서는 두려움과 무력감을 줄 뿐이다. 진정 안전해지기 위해서는 공동체의 합의와 연대가 세우는 질서가 필요하다. 그래서 이것저것의 미봉책으로 가져다 붙이는 안전이 아닌, 구성원들의 감각을 기준으로 두는 안전으로 의미가 전환되길 바란다. 우리는 계속 안전하지 않은 위기의 시대를 살아가야 할 테니 말이다.

청소년 시민

학교, '청소년 시민' 앞에 서다

배경내
인권교육센터 '들' 활동가

최근 '청소년 시민'이라는 말을 부러 자주 사용한다. 청소년도 당연히 시민인데 굳이 '청소년 시민'이라고 불러야 하나 의아한 이들이 있을지 모르겠다. 한 사회의 일원이라는 의미에서는 청소년도 '이미' 시민이지만, 이 사회의 전망을 함께 논의하고 결정할 수 있는 권리를 과연 가졌는가를 기준으로 보면 청소년은 '아직' 시민이 아니다. 시민은 주로 남성·비장애인·청장년의 얼굴을 하고 있다. 또 시민은 '국가란 무엇인가'를 질문하는 저항의 주체로 표상된다. 시민의 이미지에 청소년의 얼굴은 없다. 청소년은 장차 민주 시민으로 육성되어야 할 예비 시민으로만 대개 그려진다. 더 잦게는 계도가 필요한 문제적 존재로 언급된다. 청소년과 시민이라는 두 낱말의 조합에서 어떤 생경함이나 이질감이 느껴지는 이유다. 청소년 시민이라는 호명에는 두 낱말의 현실적 거리를 직시하면서도 그 거리를 좁혀 나가자는 제안이 담겨 있다.

　지난 10여 년은 청소년 시민에게 어떤 시간이었나. 세 가지 열쇳말이 가장 먼저 떠오른다. 광장, 학생인권조례, 그리고 참정권. 2010년 경기도에서 학생인권조례가 처음 제정되면서 '인간'으로 인정받게 된 청소년은 2019년 말 18세 선거권이 국회를 통과하면서 제도적으로는 처음으로 '시민'의 지위를 인정받기에 이르렀다. 그리고 정치적 장소로서의 '광장'은 삼각형의 꼭짓점에서 학생인권조례 제정과 선거권 연령 하향이라는 변화를 끌어올렸다.

광장 - 청소년의 사회적 위치를 흔들다

2010년 「경기도 학생인권조례」가 제정될 수 있었던 배경에는 광우병 소고기 수입 반대와 이명박 대통령 퇴진을 외쳤던 2008년 촛불 집회가 있다. 촛불을 가장 먼저 들었던 사람들도, 인터넷을 통해 대통령 탄핵 서명을 가장 먼저 발의했던 이도 모두 청소년이었다. 나쁜 고기를 먹게 된 정치적 사연을 캐물었던 광장에서 청소년들은 '나쁜 교육'에 대한 저항의 촛불도 함께 들었다. 일제 고사 부활로 대표되는 이명박 정부의 교육 정책에 대한 심판의 물결은 때마침 치러진 교육감 직선제에서 이른바 '진보 교육감'의 효시 격인 김상곤 경기도교육감의 당선을 낳았다. 학생인권조례 제정은 김상곤 교육감의 핵심 공약 가운데 하나였다.

2014년 무려 304명의 목숨을 앗아간 세월호 참사의 충격은 촛불의 광장을 다시 열었다. '왜 세월호는 침몰했으며 승객들은 구조되지 못했는가'라는 질문은 그 자체로 국가의 존재 의미와 책임을 묻는 강력한 메시지였다. 특히 세월호가 침몰하기 직전 선내 방송을 통해 울려 퍼졌다던 '가만히 있으라'는 박근혜 정부 아래에서 시민들이 놓인 위치와 함께 청소년에게 복종만을 강요해 온 교육을 상징하는 명령으로 해석되었다. 그래서 더더욱 가만히 있어서는 안 되는 것이었다. 단지 희생자의 다수가 또래였기 때문이 아니라 국가에 의해 나도 저렇게 버림받을 수 있다는 자각이 청소년들에게 더 깊은 충격과 애도, 분노를 자아냈던 것으로 보인다. 정치에 관심을 가지게 된 주요 계기로 세월호를 꼽는 청소년을 지금도 만나기 쉬운 이유다. 보호와 육성의 대상이기만 할 때 제대로 된 보호나 교육조차 받을 수 없다는 정치적 각성이 밑거름이 된 것일까. 2015년 역사 교과서 국정화 반대 운동, 특히 2016년의 박근혜 퇴진 촛불 집회에도 청소년들의 폭발적 참여가 이어졌다.

지난 10여 년간 이어진 촛불의 광장은 두 가지 의미에서 청소년에게 부여된 사회적 위치를 뒤흔드는 정치적 장소였다. 시민들 다수가 광장에서 함께 촛불을 든 '동료 시민'으로서 청소년을 만나는 경험을 했다. 그 결과 선거권 연령 하향에 관한 관심과 지지가 자연스레 늘었다. 청소년에게 광장은 일상과의 괴리를 절감케 만드는 장소이기도 했다. 보호주의와 폭력의 위험이 없지 않았지만 그래도 광장에서는 시민 대접을 받았다. 반면 일상에서는 경쟁 교육과 폭력, 통제가 고스란히 이어졌다. '가만히 있으라'의 교육은 계속되었고, 첫 대통령 탄핵이라는 역사적 변화 뒤에 찾아온 2017년 대선에서도 청소년은 투표장 바깥에 내몰린 신세였다. 이 괴리를 메울 도전들이 이어졌다. 2014년 전북을 끝으로 주춤했던 학생인권조례 제정 운동이 경남, 충남, 강원 등지에서 다시 불붙었고, 선거권 연령 하향을 주요 목표로 하는 청소년 참정권 운동도 폭발적으로 전개되었다. 2018년 4월 서울 용화여고를 시작으로 전국적으로 확대된 '스쿨 미투' 운동은 2000년대 학내 두

발 자유 시위처럼 학교를 '광장'으로 만듦과 동시에 교육과 인권, 교육과 페미니즘, 교육과 정치의 거리를 좁혀야 한다는 외침이기도 했다.

학생인권조례 - 인권, 교문을 넘다

김대중-노무현 정부 하에서 학생인권 기준 구체화와 권리 보장 기구 설치를 주요 내용으로 '학생인권법' 제정을 요구했던 청소년인권운동은 2007년 말, 「초·중등교육법」에 추상적 조항(제18조의4 "학교의 설립자·경영자와 학교의 장은 헌법과 국제인권조약에 명시된 학생의 인권을 보장하여야 한다") 하나가 신설되는 데 그치는 아쉬운 결말을 마주해야 했다. 이어서 들어선 이명박 정부는 학생인권에 적대적이었다. 청소년인권운동이 찾아낸 돌파구는 바로 학생인권조례였다. 교육감 직선제가 실시되고 초·중등 교육 정책이 교육청으로 점차 이관되면서 조례 제정을 통해 법률의 공백을 메우자는 기획이었다.

2010년부터 2014년까지 경기도와 광주, 서울, 전북에서 학생인권조례가 잇달아 제정됐다. 특히 서울에서는 시민이 직접 만든 조례안으로 주민 발의(주민 발안) 서명을 받고 제정에 성공하는 결실을 맺었다. 당시만 해도 유권자 1%의 주민등록번호와 자필 서명까지 모두 종이에 받아 제출해야 했고, 정작 당사자인 청소년은 유권자가 아니라는 이유로 참여조차 할 수 없는 조건에서 학생인권이라는 주변부의 의제로 주민 발의에 성공한다는 것은 기적과 같은 일이었다. 비슷한 시기 충북과 경남에서도 주민발의를 성공시켰지만, 보수적인 교육청과 도의회에 가로막혀 제정까지 이르지는 못하였다. 한동안 주춤했던 학생인권조례 제정 흐름은 2020년 충남과 제주에서 제정에 성공함에 따라 현재까지 학생인권조례가 있는 지역은 총 6개이다.

학생인권조례 운동을 계기로 학생인권에 대한 사회적 이해도 높아졌고, '학생이 인권은 무슨 인권이냐'는 이야기를 더는 대놓고 하기 어려운 시대가 되었다. 교육감 선거에서는 학생인권 공약이 진보와 보수를 가르는 기준이 될 만큼 정치적 비중도 강화됐다. 학생인권조례는 제정된 지역에서는 미흡하나마 학생인권 상황을 개선시키는 효과를, 조례가 없는 지역에서는 학생인권 정책의 시늉이라도 하게끔 견인하는 효과를 내고 있다. 반면 보수 교육 집단과 혐오 세력이 결탁하여 조례 제정 반대나 폐지 운동이 계속 이어지고 있다. 교육청의 책임 행정이 뒤따르지 않아 조례가 현장에 제대로 정착되지 못한 채 조례 무용론이 제기되고 있기도 하다. 2021년 시민사회와 교육청이 추진하던 경남 학생인권조례안의 도의회 상정이 불발된 사례, 같은 해 「서울 학생인권조례」에 따라 발표된 교육청의 〈학생인권 종합 계획〉에 대한 보수 집단의 집단 항의가 이어진 사례, 2022년 「서울 학생인권조례」 폐지 청구가 이루어진 사례가 대표적이다. 논란이 계속되면서 교육계는 물론 정치권에서도 학생인권에 대한 피로감이 높아져 학생인권을 전면에 내세운 정책이나 법률을 꺼리는 모양새다. 교사운동 역시 현장 조합원 정서를 핑계로 학생인권에 소극적인 자세에 머물러 있다. 학생인권은 돌이킬 수 없는 시대적 과제가 되었지만, 여전히 높은 사회적 장벽에 부딪히고 있는 셈이다.

인권은 교문을 넘고 있지만, 정작 학교 안에 들어서서는 생기를 잃어버린다. 체벌이나 '귀밑 3cm' 규정이 사라졌다고 해서 학생인권이 실현되었다고 믿는다면 착각이다. 스쿨 미투 운동은 학교의 여전한 폭력을 비추는 거울이다. 교육 당국이 2020년 코로나19로 등교 수업을 재개할지 말지를 결정할 때도 학생의 의사를 묻는 절차는 당연하다는 듯이 생략되었다. 학교운영위원회에 학생 위원의 자리는 없고, 감염 위험에도 체육복 등교를 금지하고 휴대전화를 뺏는 학교도 있었다. 교사의 혐오 발언이나 정치 편향적 발언에 청소년이 이의를 제기하거나 토론할 수도 없는 게 교실 현장인데, 학생인권에 소극적이거나 부정적인 사람들이 민주시민교육 확대를 부르짖는 모순을 만나기도 한다. 청소년은 학교에서 여전히 존엄한 인간으로, 동등한 시민으로, 교육의 주체로 대접받지 못하고 있는 셈이다. 학생인권의 반대편에 '교권'을 놓는 관성적 사고방식도 여전하다. 학생인권은 폭력, 차별, 특권, 배제의 교육을 평등과 존엄의 교육으로 전환하기 위한 최소한의 기준이다. 학생인권의 반대편에 교권이 놓여 있다면, 그 교권이란 때릴 권리, 차별할 권리, 기득권을 유지할 권리, 학생을 배제하고 학교를 운영할 권리의 다른 이름이지 않을까.

참정권 - 청소년 시민의 시대가 시작되다

2008년 서울과 2009년 경기도에서 치러진 첫 교육감 직접 선거는 교육감의 영향을 가장 크게 받을 수밖에 없는 청소년이 정작 선거에는 참여할 수 없는 부정의를 직관적으로 파악하는 계기가 되었다. 「서울 학생인권조례」의 주민 발의 과정에서도 조례 제정 청구권이 투표권자에게만 주어지다 보니 청소년은 참여할 수 없었다. 이는 청소년 참정권의 중요성을 절감케 했는데, 박근혜 퇴진 촛불 집회와 이어진 대선은 더 결정적 계기가 되었다.

청소년의 고통은 왜 중요한 정치적 의제가 되지 못할까. 청소년이 정치에서 '표가 되지 않는 집단'이기에 청소년의 의사는 과소대표조차 되지 못하고, '청소년의 정치'가 부재하기에 청소년의 고통 역시 외면당한다는 각성이 청소년 참정권 운동에 불을 지폈다. '선거권 없음'은 청소년이 동등한 시민이 아니라는 부정의의 상징으로 여겨졌다. 청소년이 투표뿐 아니라 선거운동과 정당 활동에도 참여할 수 있고 스스로를 대표하기 위해 입후보도 할 수 있는 세상을 만들자는 참정권 운동이 거세게 일었고, 2018년에는 국회 앞에서 43일간 노숙 농성도 이어졌다. 그 결과, 2019년 12월 27일 기존 19세에서 18세로 선거권 연령을 낮추는 「공직선거법」 개정안이 국회를 통과했다. 이로써 청소년은 정치하면 안 된다는 오랜 사회적 금기에 파열이 가해졌다.

2020년 18세 선거권 시대가 열렸지만, 코로나19의 여파로 청소년 시민이 참여한 첫 번째 선거의 의미는 제대로 조명되지 못했다. 후속 변화도 더디다. 교육 당국과 중앙선거관리위원회는 정치교육이나 주권자 교육을 추진하기는커녕 선거법 위반을 안내하는 정도의 소극적 교육에 머물렀다. 학교가 정치화될 수 있다는 우려로 모의 선거마저 금지하면서 청소년의 정치나 정치교육이 오히려 위축되기도 했다. 2020년 치러진 21대 총선에서 18세 유권자는 당시 55만여 명이었는데, 그 가운데 고등학교 재학자는 16만 명 가량이었다. 학교 밖 청소년의 수를 감안하더라도 18세 유권자의 다수가 고등학생 이후 연령대다. 18세 선거권으로는 대다수 청소년의 삶과 초·중·고 교육을 변화시키는 정치구조를 만들기 어려운 이유다. 학교에서 정치는 여전히 금기어다. 2020년 서울시교육청이 '사회현안 논쟁형 토론 활성화'를 업무계획으로 내놓자 교총에서는 특정 정치적 색깔을 주입한다며 반대했고, 2022년 5월에는 정우택 국민의힘 의원이 유권자든 아니든 학생들이 교내에서 선거운동을 아예 못 하도록 하는 「공직선거법」 개정안을 대표 발의하기도 했다. 비유권자인 학생과 공무원인 교사의 선거에 관한 의사 표현을 가로막는 선거법과 「국가공무원법」으로 인해 선거를 앞두고 지지하는 정당이나 후보, 정책에 대한 자유로운 토론도 어렵다. 법이 허용한다 해도 교사-학생 간 권력의 불평등이 바로잡히지 않는다면 토론은 여전히 어렵겠지만.

다행히 전환의 물꼬를 틔울 작은 변화들이 지속적으로 감지되고 있다. 2021년의 마지막 날 국회의원과 지방 선거에 입후보할 수 있는 피선거권 연령이 18세로 낮아졌고, 2022년 1월에는 16세부터 정당 가입이 가능하도록 한 「정당법」 개정안이 국회를 통과했다. 무엇보다 청소년의 정치 참여 의식이나 실천이 확산하고 있음에 주목할 필요가 있다. 21대 총선에서 18세 투표율은 67.4%로 전체 평균 투표율 66.2%보다 높았다. 18세 여성의 투표율이 71.8%로 18세 남성 투표율 63.3%보다 훨씬 높은 젠더 차이도 관찰됐다. 청소년 시민의 삶을 둘러싼 정치·사회적 환경 가운데 무엇이 이들의 정치적 말하기를 증폭시키고 있는지는 세밀한 분석이 필요하겠지만, 이들이 정치 참여를 통해 어떤 변화를 갈망하고 있음은 분명하다. 선거권이 없는 청소년들도 같은 10대가 투표하게 된 변화를 마주하면서 정치적 관심이 커졌음을 곳곳에서 확인할 수 있다. 한국청소년정책연구원의 조사에 따르면, 초등학교 4학년부터 고등학교 3학년까지 재학 중인 청소년 8,718명 가운데 87.7%가 "청소년도 사회 문제나 정치 문제에 관심을 갖고 의견을 제시하는 등 사회에 참여할 필요가 있다"고 답했다.* 이는 향후 정치의 흐름을 가르는 중요한 변곡점을 형성할 바탕이 될 것이다.

 제도적 인정과 무관하게 지금 청소년 시민이 학교 앞에 서서

---

* 김영지 외(2021), 《2021 아동·청소년 권리에 관한 국제협약 이행 연구 – 한국 아동·청소년 인권실태 : 기초분석보고서》, 한국청소년정책연구원.

질문을 던지고 있다. 학교는 청소년 시민을 맞이할 준비를 하고 있는가. 학교는 청소년의 정치적 말하기를 해석할 힘이 있는가. 학교는 광장이 될 수 있는가. 이 질문들은 향후 교육의 방향을 재구성하는 좌표가 되어야 하고 될 수밖에 없다.

📝 페미니즘

페미니즘 페다고지를 향한 발걸음의 기록

조진희
초등 교사, 전국교직원노동조합 여성위원회

페미니즘(교육)에 대해 엄혜진 젠더교육연구소 이제IGE 소장은 "여성은 왜 지식 탐구의 주제로부터 배제되었는지, 이를 승인한 젠더 질서는 무엇인지, 성적 차이가 불평등으로 이어지지 않는 사회는 어떻게 가능한지를 질문하면서부터" 태동했다고 설명한다. 그리고 "성적 차이와 그 의미를 구성하는 질서 및 권력을 이해하고, 불평등을 낳는 사회 구조, 제도, 문화 등을 비판적으로 성찰하여, 보다 성평등한 사회를 지적으로 모색하는 과정"이 페미니즘 교육이라고 정의한다.*

예를 들어 여성과 남성의 신체적 '차이'가 왜 '불평등'이 되었는지를 분석하는 것이 페미니즘이라면, 어린이·청소년기에 왜 여성들은 신체활동에 소극적이거나 그로부터 배제되는지 "기울어진 학교 운동장"을 비판적으로 분석하고 대안을 모색하는 것은 페미니즘 교육의 연구 영역이다. 이 글은 페미니즘 교육이 폭발적으로 대중화된 지난 10여 년의 시간을 되돌아보면서 여전히 페미니즘 교육은 부차화되고 배제되고 있음을 주장하며, 페미니즘 교육의 주류화**는 어떻게 가능한지를 모색하는 초보적인 의제를 던져 보고자 한다.

---

* 엄혜진 외, 젠더교육연구소 이제 엮음(2021), 《페미니즘 교육은 가능한가》, 교육공동체 벗, 6~7쪽.

'성'교육'들'과 페미니즘 교육

'성'과 관련된 강력 범죄나 사회적 이슈가 발생할 때 정부와 교육부가 가장 손쉽게 하는 조치가 바로 교육을 강화하는 것이다. 2008년 조두순의 잔인한 아동 강간 사건도, 2010년 학교 안에서 초등학생을 납치해 강간한 김수철 사건도 어린이·청소년 대상 성폭력 예방 교육과 유괴 방지 교육을 강화하는 것으로 귀결되었다. 해바라기 아동센터 연계 강화, 원스톱 신고 창구 마련, 피해자 보호 조치를 강조하는 등 변화도 있었지만, '내 몸은 내가 지켜요', '낯선 사람을 따라가면 안 된다', '밤늦게 다니지 말라', '옷 잘 입고 다녀라' 식의 피해자가 조심해야 한다는 교육 내용이 여전히 남아 있다.

인터넷과 휴대전화에 친숙한 세대의 디지털 성폭력, 학교폭력 등의 문제가 심화되자, 교육부는 사이버 성폭력 예방 교육과 더불어 성교육에 관한 국가 표준 지침을 발표하였다. 2015년 3월, 교육부가 발표한 〈국가 수준의 학교 성교육 표준안〉(성교육 표준안)은 순결주의와 금욕주의에 기반한 성차별과 편견을 조장하는 시대착오적인 교육과정이었다. 낡은 성교육 표준안은 이후 성과 관련된 모든 교육 사안의 가이드라인이 되어 학교 현장의 교사들

** "'젠더주류화gender mainstreaming'는 "정책 개발, 연구, 법제화, 예산 할당, 계획 수립, 실행 및 감시 등 모든 과정에서 성인지적 관점을 취하여 결과적으로 젠더 평등을 달성하기 위한 국제적 전략이다."(페미위키, 2023년 2월 10일 기준)

에게뿐만 아니라 성교육 전문가들에게조차 족쇄가 되고 있다.*

성인지 감수성 교육, 성인권 교육, 성평등 교육, 젠더 기반 폭력 예방 교육, 디지털 성폭력 예방 교육 등으로 세분화되고 있는 '성'교육'들'은 개념도 내용도 명확하지는 않지만 공공 기관인 교육청과 학교에서 더욱 강화되고 있다. 제대로 된 '포괄적 성교육'이 어린이·청소년들에게 필요하다는 유네스코UNESCO의 권고에도 불구하고 한국에서는 난립한 '성'교육'들'로 인해 페미니즘 교육이 '여성 우월주의 교육'을 넘어 '남성 차별 조장 교육'으로까지 곡해되고 있다.

이러한 '성'교육'들'은 일정 부분 여성운동의 성과이기도 하다. 그 맥락에는 학교, 가정, 직장을 성폭력으로부터 안전한 공간으로 만들고자 했던, 한국 여성운동의 최대 의제였던 '반反성폭력운동'이라는 역사가 위치하고 있다. 「중대재해처벌법」의 제정 뒤에는 일하다 귀가하지 못한 노동자들이 있듯이 안전한 학교, 가정, 직장을 위한 법률 뒤에는 성범죄 피해자들이 있다.

---

* "교육부 '국가 수준의 학교 성교육 표준안' 철회를 위한 연대회의"는 성교육 표준안이 다양한 가족, 성소수자의 인권을 거론조차 하지 못하게 하고 여러 성차별적인 내용을 담고 있을 뿐 아니라, 이를 근거로 학교 현장에서 교육 내용을 감시·통제하는 일이 벌어지고 있다며 비판하였다.(2016년 9월 발표한 성명서 내용 참고)

페미니즘 교육 대중화의 전사前史, 반성폭력운동

1992년에 두 가지 사건이 있었다. 하나는 일본군 전시 성범죄를 증언한 김학순 할머니를 비롯한 일본군 '위안부'들의 고발이었고, 다른 하나는 최초의 성희롱 인정 판결을 이끌어 낸 '서울대 신 교수 성희롱 사건'이다. 이 사건은 5년이 지난 1997년에서야 대법원에서 승소하였다. 전쟁터에서 천신만고 끝에 돌아온 고향 땅에서도 숨어 지냈던 일본군 성노예 할머니들의 증언과 직장과 학교에 만연한 성폭력으로 안전하지 못한 배움과 노동을 해야 했던 여성들의 목소리는 2000년 '운동사회 성폭력 뿌리뽑기 100인 위원회'(100인위)로 이어진다.

100인위는 2000년 7월부터 2003년 10월까지 활동한 익명의 모임으로 대학 총학생회, 노동조합, 사회운동단체 등에서 벌어진 여성에 대한 남성의 성폭력 사건을 조사해 16명의 성폭력 가해 혐의자를 '운동사회 성폭력 가해자 명단'이라는 이름으로 공개했다.* 가해자 실명 공개로 인한 명예 훼손 논란에도 100인위가 사건을 폭로한 것은 운동 사회 또한 남성 중심 가부장제 성폭력 문화에서 자유롭지 못한, 함께 운동했던 피해 여성들은 사라지고 없는데 남성 활동가들은 건재한 모순된 현실 때문이었다. 100인위의 활동은 이후 운동 사회 성폭력 예방과 근절을 위한 내규(조직 안

---

* 페미위키, '운동사회 성폭력 뿌리뽑기 100인 위원회' 항목, 2023년 2월 10일 기준.

의 규칙)를 만들어 내는 성과와 함께 페미니즘 연구와 실천으로 이어진다. 그러나 운동 사회의 성폭력은 이후로도 끊이지 않았다. 2008년, 당시 정권에 수배 중이던 민주노총 이석행 위원장의 도피를 도운 전교조 여성 조합원을, 조직강화특위 위원장 김○○이 강간 미수한 '민주노총 김○○ 성폭력 사건'이 발생했다. 이에 민주노총 여성 간부들과 시민사회 활동가들이 피해자 지지 모임을 꾸려 대응했다. 이 사건은 원래의 가해뿐만 아니라 조직적 은폐와 사건 축소를 시도하는 등의 2차 가해의 심각성에 대한 논의를 촉발했다. 2013년 6월 19일, '성범죄 친고죄' 조항이 폐지되었고 피해자가 아니더라도 성범죄 고발이 가능해졌다. 이런 변화는 반성폭력 운동이 있었기에 가능했다.

강남역 살인 사건과 페미니즘 리부트

2015년 '메르스 사태'와 2016년 '강남역 살인 사건'은 지금의 페미니스트 교사와 스쿨 미투 세대를 이해하는 핵심적인 사건이다. 2015년 한국에서 메르스 감염이 처음 발생했을 때 홍콩에 쇼핑을 간 젊은 여성들이 최초 감염자라는 루머가 돌면서 이들을 '김치녀', '민폐녀'라고 부르며 여성 혐오적으로 비판하는 여론이 들끓었다. 그러나 뒤늦게 최초 감염자가 남성이라는 게 밝혀지면서 분노한 여성들이 디시인사이드의 커뮤니티 중 하나인 '메르스 갤러리'를 통해 여성 혐오 문화를 고발하기 시작했고, 이어

'메갈리아'라는 별도의 사이트를 만들어 계속 활동했다. '메갈리아'는 '메르스'와 페미니즘 소설 《이갈리아의 딸들》의 배경인 남성과 여성의 지위가 뒤바뀐 가상 국가의 이름 '이갈리아'를 조합한 것이다. 온라인에서 주로 활동하던 페미니스트들은 2016년 강남역 살인 사건을 계기로 "나도 피해자가 될 수 있었다", "여성이라서 죽었다"라는 내용의 포스트잇을 붙이며 피해자를 추모하고 여성 혐오 범죄의 예방과 처벌을 호소했다. 2015년을 전후로 온·오프라인에서 폭발적으로 일어난 페미니즘 대중화 현상을 페미니스트 문화 평론가 손희정은 '페미니즘 리부트'라고 이름 붙였다.

여성 혐오와 차별에 반대하는 페미니즘 대중화의 물결은 20~30대 여성들의 삶에 스며들었으며, 페미니즘 대중서의 출판은 가속도를 붙여 주었다. 메이저 출판사들도 앞다투어 페미니즘 서적을 출판하였고 이러한 흐름은 어린이·청소년 책에까지 영향을 미쳤다. '강남역 살인 사건을 목격한' 세대, 《82년생 김지영》을 읽은' 세대에게 꾸밈 노동과 다이어트를 강요하는 삶의 양식은 벗어던져야 할 성차별적 규범임과 동시에 여성 스스로 자신을 옥죄던 '코르셋'이다. 여기서 '코르셋'은 여성성을 갖추기 위해 필요한 일련의 행동 양식을 말한다.

탈코르셋(탈코) 운동은 여성주의 관점으로 여성이 살아가는 세상을 분석했던 이들조차 여성으로 살아오는 동안 자신의 몸 어디에 무엇이 새겨졌는지를 놓칠 수 있었다는 깨달음이 포함된, 여성주의를 기반으로 한 새로운 운동이다. 남성들은 꾸밈 노동에 종속되지 않으며, 여성 스스로 꾸밈을 중지한 후에야 사회가 여성 개인에게 부여한 기본값을 인식하게 되었다는 자각에서 시작하였다.* 화장, 옷, 하이힐, 긴 머리, 반복되는 다이어트와 섭식 장애 등에서 해방된 여성들은 사회적으로 구성된 미인상을 부수고 몸의 자유를 얻음과 동시에 여성에게 강요된 성 역할을 거부하며 4B 운동**으로 나아갔다.

최현희 교사와 페미니즘 교육

2017년, 페미니즘 교육 운동에 커다란 획을 긋는 사건이 일어났다. 최현희 교사가 뉴 미디어 유튜브 채널 〈닷페이스〉의 영상 〈학교에 페미니즘이 필요한 이유 세 가지〉에 출연해 학교 페미니즘 공부 모임을 소개한 후, 일베를 비롯한 남초 사이트 네티즌들로부터 성희롱을 포함한 사이버 테러를 당했다. 이후 보수 혐오 세력을 비롯한 일부 학부모들까지 가세하였고, 8월 23일의 학부모-학교 간담회 후 일부 학부모들은 학교와 교사의 명예를 훼손하는 허위 사실을 SNS에 유포하였다. 그리고 이를 조·중·동이 일

---

* [이민경(2019), 《탈코르셋 - 도래한 상상》, 한겨레출판]에서 발췌 및 요약하였으며, 탈코르셋 운동 담론과 참여하고 있는 여성들의 인터뷰는 이 책을 참고하기 바란다.
** 비혼, 비출산, 비연애, 비섹스를 뜻하는 페미니즘 용어로 최근에는 2B(비소비, 비돕비)가 추가되었다. '비소비'는 여성 혐오 논란이 있는 재화와 서비스를 소비하지 않겠다는 것이고, '비돕비'는 같은 4B나 6B를 실천하는 여성을 돕는 B라는 뜻이다.(페미위키, '6B' 항목, 2023년 2월 10일 기준)

제히 기사화하면서 다시 한 번 최현희 교사에게 피해를 입혔다.

이런 거센 페미니즘 백래시backlash(사회적 진보나 변화에 대한 반발)에 맞서 "#우리에겐_페미니스트_선생님이_필요합니다", "#학교에_페미니즘을"과 같은 해시태그 캠페인, '페미니즘 교육 실현을 위한 네트워크' 결성 등 페미니즘 교육 촉구 운동이 확산되었다. 그해 12월에는 피해를 당한 최현희 교사가 공저자로 참여한 《페미니스트 선생님이 필요해》(2017, 동녘)가 출판되었으며, 다음 해 2월에는 '초·중·고 학교 페미니즘 교육 의무화' 청와대 청원이 참여 인원 20만 명을 넘겨 청와대의 공식 답변을 받기도 하였다. 최 교사 또한 조선일보와의 지난한 법정 공방 끝에 승소하였다.

페미니즘 교육이 공론화됨으로써 교육부의 성교육 표준안으로 대표되는 금욕과 생식 중심의 잘못된 성교육과 젠더에 무감한 학교 사회에 대한 비판 담론들이 발전되어 갔다. 그리고 일회적인 성평등 수업에만 머무르지 않고 성평등한 학교 문화와 수업 만들기, 유네스코가 제안한 포괄적 성교육, 10대 청소년들의 성적 자기 결정권과 섹슈얼리티 등의 의제들로 나아가고 있다.

미투, 스쿨 미투, 젠더 민주주의

페미니즘 교육 의무화 청와대 청원이 달성되기 얼마 전인 2018년 1월 29일, 서지현 검사가 JTBC 〈뉴스룸〉에 출연하여 검찰 간부의 강제 추행과 그로 인한 인사 불이익을 폭로하였다. 서

검사는 "잘나가는 남자 검사의 발목을 잡는 꽃뱀"이라는 비난과 "내가 뭔가를 잘못했기 때문에 이런 일을 당한 것은 아닌가"라는 자괴감에 시달렸다고 토로했다.* 이후 안희정 충남지사의 수행 비서였던 김지은 씨가 위력에 의한 성폭행을 폭로하며 일상의 성폭력을 고발하는 미투 운동이 사회 전 분야에서 이어졌다. 전교조 여성위원회는 초·중·고 학교와 대학에서 성폭력을 경험한 피해자의 말하기와 치유를 돕고자 2월 25일 페이스북 페이지 '스쿨 미투'를 개설했다. 이곳에 그해 9월경까지 98건의 스쿨 미투 고발 글이 올라옴과 더불어 전국 학교에 스쿨 미투 열풍이 불었고 '스쿨 미투'는 2018년 사회 분야 검색어 1위가 되었다. 강남역에 붙여진 추모와 연대의 포스트잇은 "#우리에겐_페미니스트_선생님이_필요합니다"를 경과하여 용화여고의 창문을 도배한 여학생들의 "WITH YOU, WE CAN DO ANYTHING, ME TOO" 포스트잇 선언으로 이어졌다.

 스쿨 미투 운동은 페미니즘운동이 10대 여성들의 실천과 조우하여 한국 사회 젠더 민주주의가 발전하는 계기가 된 사건이다. 2019년 말에 스쿨 미투 운동이 민주화운동기념사업회에서 주최하는 제2회 '6월 민주상'을 수상하고, 스쿨 미투 운동을 계기로 창립한 청소년 페미니스트 네트워크 '위티'의 대표 양지혜 씨

---

* "서지현 검사 "검찰 내 성폭행도 있었지만 비밀리에 덮여"", 〈JTBC〉, 2018년 1월 29일.

가 〈CNN〉으로부터 '2019년 아시아 변화를 이끈 청년 운동가'로 선정된 것은 이를 증명하는 국내적, 국제적인 사건이라고 볼 수 있다.*

버닝썬, N번방 그리고 페미니즘 교육

폭풍 같던 미투의 해가 지나 2019년에는 버닝썬 게이트가 터지며 한국 클럽의 강간 문화, 마약류 유통 혐의, 연예인들의 성범죄, 탈세 의혹 등이 폭로, 대서특필되었다. 2020년 코로나19 팬데믹 상황에서도 N번방, 박사방 같은 조직적인 디지털 성범죄를 포함해 대형 성범죄 사건 소식은 끊이지 않았다.

예비 교사와 현장 교사 또한 성범죄에 연루되기는 마찬가지였다. 2019년 서울교대 학생들과 현장 교사들의 단톡방 성희롱 사건, 2020년 교사에 의한 학교 내 불법 촬영 사건 등이 줄줄이 이어졌다. 2021년 10월에는 당시 초등학교장이 학교 여자 화장실을 불법 촬영하는 사건이 일어났다. 그러나 이 교장은 2022년 7월, 고작 2년의 징역을 선고받았다. 다 열거하기 힘든 강력 성범죄가 학교에서도 끊이지 않았고, 교실 수업과 생활 교육 일상에서의 성희롱과 성차별은 전국 곳곳에서 터져 나왔다. 교육계 안

---

* 조진희(2020), 〈스쿨미투운동이 학교민주주의에 주는 함의〉, 성공회대학교 교육대학원 석사 학위 논문, 97쪽.

밖의 충격적인 사건이 있을 때마다 거론되는 페미니즘 교육은, 그 내용과 방법에 대해서는 아직 구체화되지 않았지만 사회적, 교육적 필요성은 이미 재론의 여지가 없게 되었다.

도대체 교사와 예비 교사 들의 성범죄는 왜 끊이지 않는 것일까? 왜 학생들이 학교에서 겪는 교사와 학생 간, 학생과 학생 간의 젠더 폭력*을 이야기해도 학교와 교사들은 이해하지 못하고 심지어는 "교권이 침해됐다"고 역고소까지 하는 것일까? 서울, 부산, 충남 등 지자체 수장들은 왜, 어떻게 그 위력을 이용해 여성 노동자들의 안전하게 노동할 권리를 침해했는가? 왜 페미니즘을 옹호하는 진보 단체, 정당에서도 성폭력 사건이 반복되는가? 모두 교육의 탓으로 되돌려 버리면 되는 쉬운 문제가 아니다. 교사, 정치인, 행정가, 진보 운동가 모두 지겹도록 매년 성폭력 예방 교육을 받은 사람들이다. 수십 년 동안 해 왔던 '성'교육'들을 강화한다고 해서 해결될 문제도 아니다. 가정, 학교, 직장 등 우리 사회 공동체의 권력이 해체되는 페미니즘적 '전환'과 새로운 관계 문화를 구축하는 '탈환'이라는 패러다임의 대이동으로 나아가야

---

* 유네스코와 유엔여성기구에서는 학교 내 성희롱·성폭력에 대한 보다 포괄적인 개념으로 '학교 관련 젠더 폭력(school-related gender-based violence)' 개념을 제시하고 있다. 이는 학교 내·학교 주변에서 일어나는 성적(性的)·신체적·심리적 폭력 행동 또는 위협을 말하며, 젠더에 대한 규범과 고정 관념의 결과로 행해지고 불평등한 권력(power)의 차이에 의해 가해지는 폭력을 말한다. 여기에는 언어적 폭력, 괴롭힘(bullying), 성폭력·성희롱, 강간과 같은 다양한 형태의 성적·신체적·심리적 폭력이 포함된다.(교육부·한국여성인권진흥원(2020), 〈학교 내 성희롱·성폭력 사안 처리 대응 매뉴얼〉, 10쪽)

한다. 엄혜진은 페미니즘 교육은 여성 해방, 인간 해방과 더불어 교육 해방의 길로 나아가는 인식과 실천의 전환임을 역설한다.

따라서 우리가 페미니즘 교육을 주창하는 것은 페미니즘 사상에 기반해 여성 해방, 인간 해방의 사유를 저변화하는 일일 뿐만 아니라, 교육을 해방적 과정으로 만드는 데 동참하는 일이 된다. 평등의 한 자원이자 경로로 여겨져 왔던 학교교육이 불평등을 개선하는 데 도움이 되기는커녕, 오히려 조장, 심화하는 데 기여하고 있다는 관찰이 팽배해지고 있는 오늘날의 현실에서는 더 긴요한 인식이다. 구체적으로는 오늘날 학교 성평등교육이 어떻게 실패해 왔는지, 그 근본적 원인은 무엇인지를 분석할 때도 적용되어야 할 인식 자원이다.*

페미니즘을 자기 인식론의 기반으로 삼으면서 젠더, 인종, 계급 등을 교차하는 차별과 혐오, 폭력과 불평등에 맞서 젠더 정의를 추구하고 실천하는 사람들을 페미니스트라고 명명한다면, 그들이 추구하는 비판적 교육학을 '페미니스트 페다고지'라고 부를 수 있을 것이다. 그래서 2017년의 "우리에게는 페미니스트 선생님이 필요하다"는 외침들은 교육 공간의 젠더 차별을 없애고 정의롭고 평등한 교육 가능한 공간으로 만들자는, 교육운동의 패러다임의 전환과 동시에 페미니스트 페다고지라는 비판적 교육

---

* 엄혜진 외(2021), 앞의 책, 30~31쪽.

학으로 전진하자는 선언이었다.

페미니스트 페다고지는 가능해야 한다

2022년 11월 9일, 윤석열 정부 교육부가 행정 예고한 2022 교육과정 개정안은 기존 교육과정에 담긴 '장애인, 이주 외국인, 성소수자 등'이라는 표현을 '성별, 연령, 인종, 국적, 장애 등으로 차별받는 사회 구성원 등'으로, '성·재생산 건강과 권리'는 '성·생식 건강과 권리'로 바꾸었다. '성소수자'와 '재생산' 표현은 배제되고 '생식'이 포함되었다. 언어와 개념의 포함과 배제는 학교교육의 명시적 또는 잠재적 교육과정이 정치적임을 드러내는 것이다. 페미니스트 페다고지의 렌즈로 분석할 때 몰성적gender blind으로 보였던 교육과정을 포함하여 학교의 제도와 문화의 젠더 차별적인 블랙박스는 더욱 명료하게 드러난다.

'페미니즘'에 '교육'을 결합하여 또 다른 트렌디한 '○○ 교육'의 일종으로 전락시켜 버릴 수 있는 심급의, 교육과정의 수많은 범교과 가운데 하나의 영역으로 치부하거나 부차화할 수 있는 시대는 지나갔다. 비록 사회 각종 분야의 젠더 주류화의 물결이 당장은 후퇴하거나 감소하는 시대를 경과하고 있을지라도 '페미니즘 교육'이라는 언어의 인식론과 실천 전략은 점점 명확해질 것이다. '페미니즘 교육'은 일부 교사들의 낭만적이고 치기 어린 기대의 과잉이라고 비난하는 자가 있다면 그들은 어떠한 교육을 지향하고 있으며 학교의 현재를 어떻게 분석하고자 하며, 또한 지속 가능하고 정의로운 사회는 어떠한 상태라고 생각하는지 묻고 싶다. 만약 페미니스트 페다고지가 불가능하다면 교육 또한 불가능한 것이다. 따라서 지금보다 더 나은 사회를 위해 더 나은 교육을 실천하고자 한다면 우리에게는 페미니즘 교육이 필요하다.

📝 다문화교육

소수를 위한 교육에서
모두를 위한 교육으로

이정은
경기도외국인인권지원센터

"생물학적, 과학적으로 잡종 강세라는 말도 있다."
"예쁘고 똑똑한 애들 사회에서 잘못 관리하면 파리 폭동처럼 사회 문제가 될 수 있다."

2019년 5월 11일, 전북 익산에서 열린 제14회 행복나눔운동회에서 시장이 축사 중 한 말이다. 행복나눔운동회는 '다문화 가족'의 지역 사회 정착을 위한 행사로, 이날 중국과 베트남 등 9개국 출신 이주민과 그 가족이 600여 명 참석했다. 지자체장이 행사를 축하하고 참여자들을 응원하기 위해 나섰다가 '다문화 가족' 자녀들을 사회 문제의 잠재적인 원인으로 지목하며 혐오와 차별에 앞장서 버린 셈이다. 익산시장은 여론의 비판이 드세진 후에야 공식적으로 사과했다. 그는 한 언론과의 인터뷰에서 '튀기'라는 단어를 쓸 수 없어서 한 말이었고, '다문화 가족' 자녀를 격려하기 위한 선의였다고 말했다. 해명하는 자리에서조차 혐오·차별 표현을 하다니! 그가 하려던 덕담은 폭언이 되었고 그 과정에서 그가 가진 차별적인 인식이 고스란히 드러났다. 이는 한국에서 태어나거나 자랐지만 '특별하게' 구분되어 소외되고 배제되는 '다문화 가족' 자녀들이 쉽게 맞닥뜨리는 현실이다.

한국 사회에서 국제 결혼에 따른 이주가 점차 증가하면서 2005년 즈음 서로 다른 나라의 문화가 결합되어 있는 가족이라는 의미로 '다문화 가족'이라는 용어가 등장했다. 2007년에 「다문화가족지원법」이 제정되었고 이 법에 의해 '다문화 가족'이 정의되었다. 기존의 국제 결혼 가정과 그 자녀들을 가리키는 다양한 용어가 낙인 효과를 일으킴에 따라 대안으로 채택된 것이었다.* 중앙 정부를 비롯하여 각 지자체에서는 '다문화 가족'의 적응 및 정착, 사회 통합을 주요 목적으로 다문화 정책을 실행하고 있다. 지역 사회 다양한 현장에서는 시민들의 다문화 수용성을 증진하기 위한 노력이 펼쳐진다. 시민들이 공존하는 사회를 만들기 위해 한 걸음씩 내딛는 길에 지자체장이 동조하기는커녕 혐오와 차별을 일삼으며 소금을 뿌린 것이다.

다문화(교육) 정책이 차별을 심화하다?

이런 차별은 다문화교육 현장의 현실에서도 흔히 찾아볼 수 있다. 다문화교육은 대다수의 교육 프로그램에서 학생들을 '다문화'와 '비非다문화(혹은 일반)'로 이분법적으로 구분하였다. 동네 곳곳에 '다문화 가정 자녀를 위한 ○○○○ 프로그램'이라는 제목을 단 행사 홍보물이 걸렸다. 교실에서는 교사가 학생에게 특별

---

* 2004년 4월 27일, 건강가정시민연대가 '개선해야 할 가정 용어' 목록 중 하나로 '혼혈아' 대신 '다문화 가정 2세'라는 용어를 쓰자고 제안하고 교육부에서 이를 정책 용어로 반영하면서 언론, 학계, 정부 등 모든 영역에서 본격적으로 쓰이기 시작했다. 〈빛바랜 선의, '다문화가정' 용어를 넘어서〉, 《주간경향》, 2021년 9월 13일〉

한 지원을 하려는 목적으로 "방과 후에 다문화 남아"라고 말하는 일도 벌어졌다. 학급 친구들은 선생님의 언어를 그대로 닮아 갔다. "쟤 다문화래!"라고 손가락질하기도 하고 "다문화랑 놀지마~"라고 말하는 학부모도 생겼다. '다문화'라는 용어가 개인의 고유한 이름을 대신하였다. 학기 초가 되면 당사자가 원하지 않음에도 주목받고, 이름 옆에 은연중에 '다문화'라는 꼬리표가 달렸다. 국제 결혼 당사자가 자기 경험을 성찰하며 쓴 책《후아유》에 등장하는 사례는 다문화교육 현장에서 직간접적으로 목격되는 일이다.

어느 날 사회 시간이었다. 사회 교과서에 다문화가족에 대한 내용이 나왔다. (……) 담임선생님이 그때 무슨 생각을 했는지 "자, 다문화 부분은 애린이가 읽어 보자"하고 말씀하셨다. 애린이는 자리에서 일어나서 그 부분을 읽었다. 그러면서 왠지 부끄러운 마음이 들었다고 했다. (……) 그 순간 교과서를 읽으면서 나는 너희와 다르니 '다름을 존중해 달라'고 얘기하는 꼴이 되어 버렸다.*

이주 배경 청소년은 자기가 가진 배경을 본인의 의사와 관계없이 들키곤 한다. 새 학년이 된 첫날, 담임 교사가 교실에서 "혹시 다문화 가정 자녀인 사람 손 들어 보세요"라고 묻거나 "○○○은

---

* 이향규(2018),《후아유》, 창비교육, 59쪽.

엄마가 □□ 사람이에요. 다른 문화를 가졌지만 우리 모두 같은 반 친구이니까 서로 잘 지내 보아요" 하는 일도 비일비재하다. 선의지만 당사자에게는 부당하고 부담스러운 일이다.

일부 언론에서는 낯선 존재인 이주 배경 청소년들을 학업 부적응, 집단 따돌림 문제에 집중해 결핍된 존재로 그려 냈다. 그리고 이를 방치하면 사회 문제가 심각해질 것으로 예견했다. 그들이 가진 고유한 문화 정체성은 강점보다 약점이 되었고, 이름으로 불리기보다 '다문화'로 통칭되었다. 그리고 또래 환경에서 긍정적이고 협력적인 친구 관계를 맺는 동등한 존재가 아니라 이질적인 존재로서 도움을 받아야 하는 대상으로 전락했다. 2009 개정 교육과정을 비롯한 공식 문서에 교내 봉사 활동의 유형으로 '다문화 가정 친구 돕기'가 명시되는 일도 있었다. 이주 당사자들이 문제를 제기하면서 2015 개정 교육과정에서는 해당 내용이 빠졌다.

시민사회단체들은 다문화교육이 도입되었던 2000년대 초반부터 용어의 문제를 거듭 지적해 왔다. 지원 정책을 수립하기 위해 대상을 정의하려던 본래 목적과는 다르게 '다문화 여성', '다문화 학생' 등 특정 사람들을 지칭하는 용어로 쓰이며 차별을 강화하기 때문이다. 2015년 유엔 인종 차별 특별 보고관 무토마 투 티에르는 어느 특정 집단을 인종주의적으로 구별하는 '다문화'라는 용어의 오용을 금지할 것을 권고했다.*

이주 배경 청소년의 증가와 다문화교육 정책의 변화

최근 10년간 '다문화 학생'** 현황을 살펴보면 2012년 46,954명에서 2022년 168,645명으로 매년 증가하는 추세이다. 전체 학생수 감소와 맞물려 '다문화 학생'이 차지하는 비율은 2012년 0.7%에서 2016년 1.7%, 2022년 3.2%로 꾸준히 증가해 왔다. 그 안에서 최근 5년간 유형별 변화 추이를 보면 국내 출생(국제 결혼 가정)이 차지하는 비율이 높다. 그러나 이 비율은 2017년(85.3%)에서 2022년(74.7%)로 감소세를 나타내며 중도 입국 및 외국인 학생이 차지하는 비율이 상대적으로 증가하고 있다.*** 학생 중 이주 배경 청소년 비율은 앞으로도 지속적으로 증가할 것으로 전망된다.

이와 같은 인구 변화에 따라, 이주 배경 청소년들의 특성을 고려하여 맞춤형 교육을 지원하고, 다문화 수용성을 향상할 수 있는 환경을 조성하는 일이 시급해졌다. 한국 정부가 다문화교육을 정책화한 계기는 2006년 한국계 미국 프로 미식축구 선수 하인즈 워드의 방문이다. 그해 4월, 교육인적자원부는 〈다문화가정

---

* "다문화 편견 98건 보도… 인권위 미사용 권고한 '불법체류'도 52건", 〈경기매일〉, 2019년 11월 19일.
** 정부에서는 '다문화 학생'으로 명명하지만, 용어가 주는 낙인에 대한 문제의식으로 이 글에서는 '이주 배경 청소년'이라는 용어와 혼용하기로 한다. 이는 한국에서 태어나고 자란 경우와 그렇지 않은 경우를 모두 포함한다.
*** 교육부와 한국교육개발원에서 매년 발표하는 〈교육 기본 통계〉 조사 결과를 참고하였다.

자녀 교육 지원 대책〉을 발표하였다. 교과서 내용도 단일 민족을 강조하기보다 다문화·인권을 강조하는 방향으로 차차 바뀌었다. 제7차 교육과정 개정 시 사회, 도덕, 국어 등 관련 교과에 타문화 이해 존중, 편견 극복 및 관용에 관한 내용이 포함되도록 한 것도 이때부터다. 또한, 이주 배경 청소년의 교육권을 보장하기 위해 「초·중등교육법 시행령」을 개정, 출입국 또는 외국인 등록 증명 서류를 준비할 수 없는 경우 임대차 계약서 등 거주 여부를 확인할 수 있는 서류만으로 편·입학이 가능하도록 하였다. 2012년에 한국어(KSL) 교육과정을 도입, 2013년도에 '다문화 학생' 특별 학급을 도입해 이주 배경 청소년의 학력 인정 근거를 마련했다. 2014년에는 '다문화중점학교'를 선정했다.

연도별 다문화교육 정책 추진 목표

연도	내용
2008년	다원주의 가치·개성·창의 존중 인재 육성
2009~2011년	배움과 이해로 함께 살아가는 다문화 사회 구현
2012~2013년	다양성을 이해하는 창의적인 글로벌 인재 양성
2014년	함께 어울려 '꿈과 끼'를 키우는 다문화 친화적 학교 조성
2015~2016년	맞춤형 다문화교육을 통한 교육 기회 평등 실현 및 다문화 인재 양성
2017년	다름을 인정하는 교육, 다문화 시대 인재 육성
2018~2022년	함께 배우며 성장하는 학생, 다양하고 조화로운 학교

'다문화가정 자녀 교육 지원 대책'으로 시작한 다문화교육 정책의 명칭 역시 차츰 변하였다. 2014년에는 '다문화교육 활성화 계획'이라고 했다가 다시 2015년 '다문화 학생 교육 지원 계획'이라고 하고 2016년부터는 '다문화교육 지원 계획'이라고 부른다. 명칭상의 차이는 있지만 내용에 있어서는 큰 차이가 없다가 2018년도에 눈에 띄는 변화가 나타났다. 비전에서 '다문화'라는 용어가 삭제되는 대신 '함께 성장하는 학생, 다양하고 조화로운 학교'가 강조되었다. 그간 '다문화 학생' 지원 중심으로 다문화교육을 추진하여 왔다면, 앞으로는 반(反)차별·평등, 상호 문화 이해와 소통 역량 강화에 보다 초점을 두겠다는 의지이다. 즉, 출신 배경 등에 의해 구분하기보다는 모든 학생을 위한 교육으로 다문화교육의 목적을 설정한 것이다. 한편, 한국에서 태어나지 않은 중도 입국 청소년이 다수 편·입학함에 따라 또 다른 배경을 가진 학생들이 증가되었다. 이에, 이중 언어 강사를 통한 모국어 학습 지원 및 상담, 진로교육, 멘토링 등 다양한 학습 기회가 마련되었다. 이를 통해 사각지대 없이 모든 학생이 고루 성장할 수 있도록 교육 기반을 조성하고 교육 기회를 평등하게 보장하도록 했다. 2019년에는 '출발선 평등을 위한 다문화교육 지원 계획'이라고 명명하였다.

학교는 다양한 구성원들의 문화 차이를 이해하고 존중하며 공존하기 위한 시민의 자질을 익히는 공간이 되어야 한다. 그러나 학교에서 시행된 다문화교육은 초기에는 '다문화 가정' 자녀들에게 국한되었다. 기초 학습 능력 증진 및 정체성 형성 프로그램을 운영하였고, 소수에 대한 특별한 배려 혹은 적응을 위한 교육에 급급했다. 특정 집단만을 대상으로 하는 특별 교육이다 보니 역차별이라는 비난도 컸다. 15년이 넘는 시간이 흐르는 동안 시행착오를 겪고 방향을 수정해 가며 현재에 이르렀다. 초기 다문화교육은 이주 배경 청소년들의 '결핍'에 주목하여 이들을 '문제 집단'으로 상정했고 교육 복지적 접근이 강조되었다. 그러나, 모두의 다양성을 존중하도록 다수의 변화를 꾀하는 방향으로 교육이 전환되고 있다.

  수많은 학자들이 다문화교육을 정의했다. 나는 그중 뱅크스가 '다양한 계층, 인종, 민족 집단의 학생들에게 균등한 교육 기회를 제공할 수 있도록 하는 개혁 운동'[*]이라고 정의한 데 전적으로 동의한다. 진정한 의미의 다문화교육은 출신 지역, 출신국, 피부색, 인종뿐 아니라 성별, 종교, 장애, 지향, 취향에 이르기까지 다양한 문화적 정체성을 가진 구성원들이 상호 존중하며 조화롭고 평등하게 공존하는 사회를 만드는 데 발판이 되어야 한다. 학교를 누구도 소외되지 않고 모두의 잠재력이 발현되는 장場으로 만드는 일, 교육 당국의 노력만으로 과연 가능할까? 다문화교육의 토대를 마련하기 위해서도 학교와 지역 사회의 연대가 필요하다.

---

[*] Banks, J. A.(1993). Multicultural education: Historical development, dimensions, and practice. *Review of research in education*, 19, pp. 3-49.

연대의 힘으로 혐오와 차별을 물리치자

코로나19 시국에서 교육 현장에서 있었던 사례를 하나 살펴보자. 2020년 코로나19 재난 상황으로 인해 서울시교육청은 한시적으로 아동수당을 확대 적용해 '아동양육한시지원금'*을 지급하기로 했다. 그러나 외국 국적을 가진 학생은 대상에서 제외되었다. 이에 서울 구로 지역 교육단체·공동체들은 이를 규탄하는 성명서를 발표하였다. 아래는 성명서 내용의 일부이다.

학교에서는 재난 대피 훈련에서 거동이 불편하여 대피 훈련에서 소외되고 교실에 남겨지는 학생들, 긴급 재난 방송에서 수어 통역이 제공되지 않아 배제되는 사람들, 코로나19 마스크 대란에서 마스크 5부제의 사각지대에 놓인 외국인 노동자들의 이야기를 나누며 내 주위에서 발생하고 있는 차별에 대한 민감성을 높이자고, 그래서 '선량한 차별주의자'가 되는 것을 경계하자고 다짐하고 약속하는 다문화교육을 진행하고 있습니다.
그런데 모두에게 닥친 재난 상황에서 학교는 순식간에 얼굴을 바꿔 '적극적 차별주의자'가 되어야 하는 상황입니다. 돌봄 지원금 지급 대상에 외국인 학생이 제외된 것입니다. 지금의 방침대로라면 '다른

---

* 초등학생 아동 1인당 20만 원을 지원하는 '아동 특별 돌봄 지원' 사업과 중학생 1인당 15만 원을 지원하는 '비대면 학습 지원' 사업이 포함된다.

것은 자연스러운 것'이라던 학교가 '달라서 차별해야겠다'며 학생들을 배신해야 하는 꼴입니다. 불이 났는데 '너 한국 사람이냐' 물어 가며 구해 오는 것과 다르지 않습니다.

'더불어 살아가자, 연대하는 삶을 살자'는 교실 속의 외침이 무색해집니다.*

구로 지역은 중국 동포를 포함한 중국 출신 이주민들의 거주 비율이 높다. 학교 안에서는 학생들 사이에서 '차이'가 '차별'이 되고, 학교 밖에서는 주민들 사이에서 크고 작은 갈등이 일어났다. 지역에 대한 편견을 조장하는 미디어도 문제였다. 그동안 이 문제를 해결하기 위하여 다양한 주체들이 연대해 왔다. 학교를 중심으로 다문화교육이 이루어지고, 교사들은 연구 모임을 하였으며 주민과 소통하는 자리도 마련하였다. 교사와 지역 주민들로 구성된 공동체에서 인종 차별 문제가 공론화된 것은 이러한 노력의 결실이다. 성명서가 발표되면서 SNS, 언론 등을 통해 교육 행정에 대한 비판적 여론이 전국적으로 확산되었다. 서울뿐 아니라 경기와 충남, 경남 등 각 지역에서 외국 국적 학생을 지원 대상에 포함하기로 했다. 학교 밖 청소년에 대한 지원도 추가되었다. 지역의 작은 움직임이 사회의 변화를 일으키는 데 물꼬가 된 것이다.

---

* "서울시교육청은 차별의 교육을 중단하라", 다문화교육을 연구하는 각색교사모임 외, 2020년 9월.

이러한 움직임이 없었더라면 하마터면 학교가 소외나 편견, 차별과 배제의 도구가 될 뻔했다.

이 글의 시작에서 언급한 익산시장의 발언에 분노했던 이주 여성들은 어땠는가? 지자체장으로부터 공개적으로 모욕과 상처를 받은 이주 여성들은 피해자로만 머물지 않았다. 보통은 인권단체가 앞장서 대응하는 편이다. 그러나 이 경우에는 이주 여성 당사자 활동가가 중심이 되어 주도적으로 기자 회견을 조직하였다. 각 지역에서 수백 명의 이주 여성들이 익산으로 모였고 서울, 광주에서도 동시에 기자 회견을 열었다. 이처럼 이주민들에 대한 차별과 혐오가 만연한 한국 사회에서 다양성은 갈등만 조장하는 것이 아니라, 변화와 성장의 동력이 되기도 한다. "다양성이 있는 곳에서는 다툼과 단절이 일어나지만, 그런 현장에는 서로 보강하며 멈추지 않고 활동하는 강인함이 있다."*

다양성을 존중하고 평등하고 평화롭게 공존하는 사회를 만들기 위해서는 다문화교육에 새로운 지향점이 필요하다. 교육부의 다문화교육 정책 비전이 동화주의에 입각했던 초기에서 벗어나 '모두를 위한' 교육으로 전환된 것은 다행이다. 이는 길지 않은 시간 동안 다양한 경험을 통해 변화를 추구한 학교 안팎의 노

---

* 브래디 미카코 씀, 김영현 옮김(2022), 《나는 옐로에 화이트에 약간 블루 2》, 다다서재, 63쪽.

력이 있었기에 가능한 일이었다. 앞으로의 다문화교육은 개별 정체성에 대한 존중을 바탕으로 상호 소통하는 역량을 키우는 데 주목해야 한다. 사회 내에 다양한 문화가 존재하는 것을 인정하는 것뿐 아니라, 다수의 문화와 소수의 문화 간 갈등을 해소하려면 서로 대등한 입장에서 상대방의 문화를 존중하고 상호 교류하는 것을 목표로 삼아야 한다. 이때 '교육'은 학교 담장을 넘어야 한다. 평생교육 차원으로 시민들에게 다가가야 한다. 결국 함께 살아가는 존재로서 동료 시민, 이웃들이 만나야 하기 때문이다. 형태나 방식에 있어서도 변화를 꾀해야 하는데, 일방적 강의 방식을 벗어나 상호 소통하는 시간과 공간을 늘려 가야 한다. 물리적인 공간을 넘어 미디어를 활용한 교육도 열려야 한다. 미디어를 통해 확산되는 혐오와 차별을 방지할 수 있기 때문이다. 단순히 이론과 지식을 전달하는 것이 아니라, 소통과 교류를 통해 삶의 영역에서 실천을 함께 모색해야 한다.

다문화교육은 불평등을 해소하고 각자의 문화와 정체성을 존중하며 공존을 모색하는 데 등대가 될 수 있다. 소수만을 위한 교육에서 모두의 성장과 공존을 위한 교육으로, 민주 시민·세계 시민으로서 성장하게끔 돕는 지지대로 거듭나기를 기대한다. 나아가 '다문화교육'이 사회 정의를 실현하기 위해 행동하는 시민을 기르는 교육, 긴급 처방에 그치지 않고 지속 가능한 교육으로 자리잡기를 바란다.

미등록 이주 아동

있지만
없는 학생들

김진
사단법인 두루 외국변호사

2023년 현재, 한국에는 총 200만 명이 넘는 외국인이 거주하고 있다. 법무부의 통계에 의하면 2020년 코로나19로 인해 외국인의 출입국이 제한되었던 것을 제외하고 전체 인구 대비 체류 외국인의 비율은 2015년 3.69%에서 2019년 4.87%로 매년 증가해 왔다. 대한민국 내 이주민의 수가 증가함에 따라 이에 비례하여 국내 출생 외국인 아동을 포함한 이주 아동의 수 역시 함께 증가하였다.*

2022년 11월 기준, 법무부는 국내 체류 중인 19세 이하의 외국인이 총 161,855명이라고 파악하고 있다. 이는 법무부에 외국인으로 등록이 된 아동의 통계로, 체류 자격이 없는 아동과 국내 출생 아동 중 외국인 등록을 하지 않은 아동의 수는 반영되지 않은 수치이다.

'외국인'이기 전에 '아동' - 아동의 권리와 한국의 이주 아동

전 세계 가장 많은 국가가 가입한 국제 협약인 아동권리협약은 아동 또는 그의 부모의 신분과 관계없이, 어떠한 종류의 차별

---

* 이 글에서 '이주 아동'은 한국 국적이 없이 한국에서 살고 있는 18세 미만의 사람을 의미한다.

없이 모든 아동의 권리가 보장되어야 함을 강조하며, 당사국으로 하여금 아동에 관한 모든 활동에 있어 아동 최선의 이익을 최우선적으로 고려할 것을 당부하고 있다. 한국 역시 1991년 이 협약을 비준한 이후 아동권리협약을 한국의 상황에 적용하기 위해 아동의 권리와 관련된 다양한 법령을 두었다. 이 중 특히 아동의 복지 보장을 목표로 하는 「아동복지법」은 제2조의 기본 이념을 통하여 "아동은 자신 또는 부모의 성별, 연령, 종교, 사회적 신분, 재산, 장애 유무, 출생 지역, 인종 등에 따른 어떠한 종류의 차별도 받지 아니하고 자라나야 한다"고 규정하고 있다. 즉, 아동권리협약 등 국제인권법과 아동복지법 등 국내법의 기본 이념에 의하면 이주 아동은 아동이기 때문에, 한국 국적이 없더라도 한국 땅에서 차별받지 않고 권리를 누릴 수 있어야 한다.

그럼에도 불구하고 한국 땅에서 이주 아동, 특히 체류 자격이 불분명한 미등록 이주 아동은 법과 제도의 미비로 인해 살아가는 동안, 그리고 학교에 다니고 교육받는 내내 지속적으로 차별에 노출된다. 2012년에는 7세 때 한국에 입국해 고등학교에 다니고 있던 몽골 출신의 A가 싸움을 말리던 중 참고인 자격으로 경찰서에 갔다가 조사 과정에서 체류 자격이 없다는 사실이 드러나 강제 출국되어 큰 충격을 준 사례가 있었다. 경찰은 A가 미등록이라는 사실을 알고도 통역을 잘해 주면 집에 보내 주겠다고 하며 밤새 통역을 시켰다. 경찰의 약속에도 불구하고 사건이 일단락된 후 A는 수갑이 채워진 채 법무부의 출입국관리사무소로 이송되었다가 구금 시설인 화성의 외국인보호소로 이송되어 성인과 함께 구금되었다. 이 과정에서 어떤 내용인지도 잘 모르는 서류에 서명을 강요당한 A는 결국 다시 수갑이 채워진 채 인천공항으로 이송되어 부모와 떨어져 홀로 강제 출국되었다. A의 담임 선생님을 포함한 교사들과 이주민 지원 단체들은 아동권리협약의 원칙을 철저히 무시한 법무부의 결정에 분노했고, 국가인권위원회는 이 사건과 관련해 법무부의 결정은 아동권리협약상 피해 아동의 최선의 이익을 최우선적으로 고려하지 않은 것임을 확인하며, 미등록 이주 아동이 부모와 분리되어 단독으로 강제 퇴거되는 사례가 발생하지 않도록 대책을 마련할 것을 권고했다.

2010년대 들어서는 이주 아동과 관련한 정책에 긍정적인 변화가 있었다. 2010년, 법무부는 〈불법 체류 학생의 학습권 지원 방안〉을 마련하여 미등록 이주 아동이 초등학교 또는 중학교에 재학 중인 경우에는 단속을 자제하고, 단속되어도 학생과 그 부모에 대해서는 중학교를 졸업할 때까지 강제 퇴거의 집행을 유예하도록 했다. 「출입국관리법」은 공무원이 직무 수행 과정에서 법을 위반한 사람을 발견하면 그 사실을 출입국사무소장 등에게 알려야 하는 '통보 의무'(제84조)를 규정하고 있는데, A의 강제 출국 사건 이후 「출입국관리법 시행령」을 개정하여 초등학교, 중학교, 그리고 고등학교에서 미등록 아동의 학교생활과 관련하여 알게 된 신상 정보에 대해서는 통보 의무를 면제하도록 하였다. 또, 중학교에 재학 중인 학생까지만 적용하던 〈불법 체류 학생의 학습권 지원 방안〉 지침을 고등학생에 대해서까지 확대 적용하도록 하기도 했다.

「초·중등교육법」과 위 법무부의 지침 등을 통해 현재 한국에서 이주 아동은 국적과 체류 자격과 무관하게 공교육을 받을 수 있고, 학교에 다니고 있다면 체류 자격이 없는 미등록 이주 아동이라 하더라도 강제 퇴거를 유예받을 수 있다. 하지만 이러한 조치만으로는 아동권리협약이 이야기하는 비차별의 원칙을 충실히 지키고 있다고 할 수 없다. 먼저, 초등 교육과 중등 교육을 의무 교육으로 정하고 있는 현행 「교육기본법」은 의무 교육의 주체를 모든 '국민'으로만 규정하여, 국민이 아닌 외국인 아동은 한국에서 태어나 한국을 벗어난 적이 없어도 한국에서 의무 교육의 대상이 아니다. 즉, 초등학교 또는 중학교에 입학하고자 하는 아동은 절차에 대한 특례 규정에 해당하는 「초·중등교육법 시행령」에 근거해 거주지가 있는 지역의 학교장에게 입학 또는 전학을 신청할 수 있을 뿐, 학교장이 재량에 의해 입학을 거절한다 하더라도 이에 대처할 수 없다. 관련법에 이주 아동의 전·입학 거부를 금지하는 별도의 조항이 없기 때문이다. 2015년에는 영종도 난민지원센터에 입소한 난민 신청 아동 10여 명이 "한국인 학생들과 정서적 충돌이 일어날 수 있다"는 이유로 입학을 거부당해 난민지원센터에서 1시간 이상 떨어진 공립 다문화학교에 다녀야 했던 사례도 있었다.

실제로 한국에서 이주 아동은 다양한 이유로 전입학이 거절되고 있으며, 미등록 이주 아동의 경우에는 체류 자격이 없어 전학 또는 진학이 아예 불가능하다는 잘못된 인식을 가진 교원의 조언에 따라 학교폭력 등의 인권 침해에 노출되는 경우에도 전학을 가지도 못하고 적절한 보호를 받지 못하기도 한다. 미등록 이주 아동은 학교에 다닐 수 있다 하더라도 각종 교육비 지원에서 제외되며, 스쿨뱅킹 계좌 개설, 학교의 홈페이지 가입, 재능을 인정받을 수 있는 대회 참여 등 다른 학생들이 기본적으로 이용할 수 있는 사회 서비스와 교육 서비스에서 소외되고 있다. 가장 큰 문제는 미등록 이주 아동은 학교에 재학 중에 체류 자격을 별도로 부여받는 것이 아니라 강제 퇴거 명령의 집행이 유예되는 것뿐이기 때문에 아무리 오래 체류한다 하더라도 고등학교를 졸업한 이후에는 체류의 연장을 요구할 수 없다는 점이다. 적합한 체류 자격이 없이는 대학 진학도 현실적으로 불가능하다.

2017년에는 나이지리아 국적의 B가 고등학교 졸업 후 공장에서 일하던 중 단속되어 강제 퇴거 처분을 받아 언론의 주목을 받은 사례가 있었다. B와 B의 누나, 그리고 3명의 동생들은 모두 한국에서 태어나 성장했지만, 유년기에 아버지가 강제 퇴거된 후 체류 자격을 상실한 채로 어머니와 함께 한국에서 미등록 상태로 거주해 왔다. 이들 남매는 모두 한국에서 학교를 졸업했거나 재학 중이며, 본국의 친인척, 지인과는 모든 관계가 단절되어 한국에서 한국인의 정체성을 가지고 살고 있었다. 다행히 B의 강제 퇴거 처분은 소송을 통해 취소되었고, 법무부는 항소를 포기하여 B는 한국에서 체류 자격을 부여받은 후 대학교에 진학할 수 있었다. 하지만 법무부는 항소를 포기하며 발표한 자료를 통해 이 사건은 B가 "초등학교 재학 시 장학생으로 선정"되고 "서울시 수돗물 아리수 사랑을 실천하는 '아리수 음수대 돌보미 어린이 홍보 대사'로 활동"한 적도 있다는 사실, 중학교와 고등학교 재학 시에도 "예의가 바르고 선행 사실이 뚜렷"하고, "품행이 단정하고 타의 모범이 되"어 표창을 받은 적이 있으며, "3년 내내 개근하여 개근상을 받은" 사실 등 특수한 배경과 요건 등을 고려한 것일 뿐 이 결정과는 별개로 법무부의 "불법 체류자 억제, 단속 의지에는 변함이 없"다고 밝히는 등 항소를 포기하기로 한 결정이 매우 이례적임을 분명히 하였다.

장기 체류한 미등록 이주 아동의 "체류할 권리"

이러한 상황에 대해 2020년 국가인권위원회는 장기 체류 미등록 이주 아동이 국내에 지속적인 체류를 원할 시 체류 자격을 신청할 수 있도록 하고, 아동 최상의 이익을 고려한 심사 기준에 따라 적정한 체류 자격을 부여할 수 있는 제도를 마련할 것을 법무부 장관에게 권고하였다.* 아동들이 고등학교 졸업 후 〈불법 체류 학생의 학습권 지원 방안〉 지침에 따른 유예 사유가 사라져 강

---

* 국가인권위원회, "장기체류 미등록 이주 아동의 체류자격 부여제도 부존재로 인한 인권침해", 2020년 3월 31일 결정, 19진정0703100.

제 퇴거 대상이 된다면 출입국·외국인청이 달성하고자 하는 공익보다 아동들이 입게 될 불이익이 더 클 것으로 예견되고, 따라서 헌법 제10조에서 보장하는 인간의 존엄성 및 행복추구권의 침해에 해당할 것으로 판단함에 따른 결정이다.

언론 및 시민사회단체의 지속적인 문제 제기, 그리고 국가인권위원회의 권고에 대한 이행 조치로 법무부는 2021년 5월, 〈국내 출생 불법 체류 아동 조건부 구제 대책 시행 방안〉을 발표, "국내에서 출생한 후 15년 이상 국내에서 계속 체류하면서 우리나라의 중·고교 과정을 받고 있거나 고교를 졸업한 외국인 아동을 대상으로 학교 재학, 법 위반 여부 등 일정한 심사를 거쳐 학업 등을 위한 체류 자격을 부여"하되 이 제도를 통해 "아동이 불법 이민 등의 수단으로 악용되는 것을 방지하기 위해 일정한 자격 요건을 충족하는 경우만을 대상으로" 2025년 2월까지 한시적으로 이 제도를 시행할 계획이라 밝혔다.

이 2021년 구제 대책은 국가인권위원회 등이 권고한 바와 달리 대다수의 미등록 이주 아동이 배제된다는 점에서 비판받았다. 사람의 존재가 불법일 수 없으며 미등록 이주민에 대해 부정적 영향을 줄 수 있으므로 '불법 체류'라는 용어의 사용을 자제할 것을 당부한 국제 사회 및 시민사회의 요구에도 불구하고 이 용어를 계속해서 사용하고 있다는 점, 그리고 대책을 발표하며 배포한 보도 자료의 한 면 이상을 제도 마련에 대한 "사회적 우려", "국민의 공감대"의 필요성, "제도의 부작용" 및 악용 가능성에 대해 언급하여 대다수의 미등록 이주민들이 이 제도를 '악용'할 것이라는 인상을 주는 문제를 차치하고라도, 이 대책은 합리적인 근거 없이 미등록 이주 아동 중 극소수만을 대상으로 설정했다는 점에서 한계가 명확했다.

먼저, 이 대책은 정책 대상을 "1) 국내에서 출생하여 2) 15년 이상 국내에서 체류하고 3) 국내 중·고교에 재학 중이거나 고교를 졸업한 불법 체류 외국인(아동)"으로 한정하였다. 이 중 하나의 요건이라도 충족되지 않을 경우 대상이 될 수 없다. 현재 한국에 거주하는 미등록 이주 아동 중에는 한국에서 출생한 아동도 있지만, 해외에서 출생한 후 영유아기에 입국해 체류하고 있는 아동 역시 다수 있다. 법무부는 조건부 체류 자격 부여의 근거로 한국에서 출생하여 장기 체류한 아동이 본인의 선택과 무관하게 부모의 결정에 의해 한국에 살게 되었다는 점, 한국에 장기 거주하며 공교육을 이수하여 언어·문화적으로 한국인으로서의 정체성을 형성하였다는 점, 한국의 언어·문화만을 익혀 본국으로 돌아가더라도 적응이 어렵다는 점 등을 제시하였는데, 이는 해외에서 출생한 후 한국에 입국해 장기간 체류하고 있는 아동에게 역시 적용되는 문제다. 그럼에도 불구하고 이 대책은 합리적 근거 없이 대상을 '국내 출생'한 아동에만 두었다. 뿐만 아니라 한국의 현행 제도상 출생 신고는 가족 관계 등록 제도의 일부로서 존재하므로 국민이 아닌 외국인 아동의 출생에 대한 등록 및 증명은 불가능한데, 한국에서 출생하였으나 국내 출생을 증명하는 서류가 없는 아동의 경우 체류 자격을 어떻게 신청할 수 있는지에 대한 명확한 안내 역시 부재했다.

15년이라는 자의적인 체류 기간의 기준 역시 문제로 지적되었다. 미등록 이주 아동에게 체류 자격을 부여하는 해외 국가들의 입법례 등을 살펴보면 기간의 제한을 짧게는 4년, 길게는 10년 정도로 두고 있다. 또한 이 과정에서도 사회 통합 정도, 본국과의 유대, 교육 이수 여부 등의 아동의 개인적 사정, 그리고 아동 최상의 이익을 고려해 거주 기간과 무관하게 체류 자격을 부여할 수 있는 여지를 남겨 둔 경우가 많다. 아동이 개인적으로 처한 사정 등을 고려할 여지를 전혀 두지 않은 채 15년이라는 긴 기간을 넘겨야만 한다는 것은 아동의 인권을 고려한 것이라기보다는 행정 편의적이며 지나치게 가혹한 기준이다. 이에 국가인권위원회는 구제 대책에 대하여 "대상과 기간이 한정되어 있어 장기 체류 미등록 이주 아동에게 체류 자격을 부여할 수 있는 제도를 마련했다고 보기 어렵다"며 제도의 보완을 권고하기도 하였다.

이러한 비판을 일부 수용하여 법무부는 2022년 1월 20일, 〈외국인 아동 교육권 보장을 위한 체류 자격 부여 대상 대폭 확대 방안〉을 발표, 자격 기준을 완화하여 시행할 계획을 밝혔다. 새롭게 발표된 조치에 따라 한국에서 태어났거나 영유아기에 한국에 입국해 6년 이상 체류한 아동 또는 7년 이상 국내에 체류하며 공교육을 이수한 아동도 체류 자격을 신청할 수 있게 되었다.

하지만 확대된 방안에도 불구하고 한국에서 공교육을 이수하지 않은 아동은 구제 대상에서 제외되며, 대학 진학 또는 취업 등 진로가 결정되지 않은 경우에는 조건을 부과하여 단 1년간의 임시 체류 자격이 부여된다는 점, 시행 기간 역시 "국민이 공감하는 범위"라는 자의적인 기준에 따라 2025년 3월까지로 제한하고 있다는 점, 부모에게 부여되는 과도한 범칙금에 대한 감면 및 분할 납부의 가능성 등 대안이 제시되지 않아 실효성에 문제가 있다는 점, 그리고 부모 외 보호자 및 구제 대상 아동의 형제, 자매에 대한 언급이 없어 부모 미동반 아동 등 다양한 경우의 수를 고려하고 있지 못하다는 점 등 문제와 한계는 분명하다. 이러한 부분들이 보완되지 않을 경우 요건에 부합하지 않는 일부 미등록 이주 아동 및 그 가족은 구제 대책 이후에도 소외되어 권리를 온전히 보호받지 못할 것으로 보인다.

'외국인'이기 전에 '아동' - 이주 아동의 권리와 한국 정부

한편, 그동안 이러한 문제를 인식해 국회에서는 18대, 19대 두 차례에 걸쳐 국내 이주 아동의 기본적인 권리를 보장하자는 취지의 '이주 아동 권리 보장 기본법' 등 법의 제정 및 관련 타법의 개정이 시도되었다. 하지만 이러한 법은 이주 아동에게 한국 국적을 가진 아동은 누리지 못하는 막대한 혜택을 주자는 것이 아닌, 단순히 외국인 아동이라 하더라도 가장 기본적인 권리만은 누릴 수 있도록 보장하자는 내용을 담고 있음에도 불구하고 '자국민

역차별', '불법 체류자 추방' 등 실제 법안의 내용과 관계없는 반대 의견에 의해 충분히 논의조차 되지 못하고 무산되었다.

"상상해 봤으면 합니다. 당신이 태아이고 어머니의 국적을 모른다면 어떻게 하시겠습니까? 어머니는 한국인일 수도 있고 미국인일 수도 있지만 시리아인이거나 예멘인, 이란 사람일 수도 있습니다. 그래도 당신은 난민에 대해 반대하며 추방하자고 말할까요?"

학교 친구의 난민 인정을 위해 청와대 국민 청원 게시판에 사연을 올리는 등 다양한 활동을 진행했던 서울 아주중학교의 학생회가 친구의 난민 인정을 환영하며 발표한 성명은 이렇게 시작한다. 한국에서 이주 아동은 자신의 의지와 관계없이 한국에서 외국인으로 태어나 체류하고 있는데, 이렇게 태어났다는 이유만으로 아동이라면 반드시 누려야 할 권리에서 배제되고 있다. 법무부 지침을 통해 초등·중학교 재학 아동의 단속을 자제하도록 한 지 12년이 지난 2023년에도 여전히, 인생을 결정하는 중요한 시기인 아동·청소년기를 한국에서 보낸 이들에게 아동 최상의 이익의 원칙에 기반한, 한국에서 미래를 설계할 수 있는 기회는 주어지지 않고 있다.

인공지능

인공지능 활용 교육은
교육 격차를 줄일 것인가

정용주
초등 교사, 《오늘의 교육》 편집위원

인공지능은 교육에 어떻게 융화되고 있는가

인공지능^AI은 1950년대에는 지능형 컴퓨터 프로그램을 만드는 과학과 공학을 묘사하기 위해 사용되었지만 크게 주목을 받지는 못했다. 2006년, 딥러닝 알고리즘의 개발로 빅데이터와 결합한 인공지능 기술이 비약적으로 발달함에 따라 교육 분야에서도 다양한 형식과 방법으로 인공지능을 활용하게 되었다. 교육에서는 주로 '인공지능과 함께하는 학습^Learning with AI'과 '인공지능에 대한 학습^Learning about AI'이라는 두 개념을 축으로 의미망이 형성되고 있다. 우선 인공지능과 함께하는 학습은 인공지능이 교수-학습을 지원하는 테크놀로지의 형태로 활용되는 것을 의미한다. 교육 시스템에서 활용되는 인공지능, 학생이 마주하는 인공지능, 교사가 마주하는 인공지능으로 구분된다. 학생은 인공지능 기반 교육용 플랫폼을 통해 학습자 맞춤형 학습을 제공받고, 교사는 학습 관리 시스템과 자동 채점 시스템으로 학습자의 이해도를 모니터링하고 개별 피드백을 제공한다. 인공지능에 대한 학습이란 현재 초·중·고등학교에서 이루어지고 있는 인공지능의 개념, 프로그래밍, 알고리즘 설계 및 개발과 관련한 내용의 교육을 가리킨다고 할 수 있다.

2021년 11월, 교육부는 2022 개정 교육과정 방향을 발표하며 온·오프라인 병행 및 다양한 에듀테크를 활용하여 유연한 교육과정을 운영하고 이를 바탕으로 학습자 개별 맞춤형 지도 및 평가를 강화할 계획을 발표했다. 이러한 흐름을 이어 2022년 5월 출범한 윤석열 정부는 8월 범부처 합동으로 〈디지털 인재양성 종합 방안〉을 마련하였다.

종합 방안은 디지털 산업의 빠른 성장으로 글로벌 선도 국가(미국, 영국 등)와 인공지능 분야 인재 및 사업화 수준 격차가 벌어지면서, 교육 전 범위에 걸쳐 체계적 디지털 인재 양성이 필요하다고 판단하였기 때문이라고 그 배경을 설명하고 있다. 디지털 경험을 보편적 인권의 문제로 접근하면서, 보편적 교육을 누구에게나 차별 없이 제공해야 하는 공교육에서 디지털 역량이 무엇인지, 어떻게 디지털 역량을 강화할 것인지 비전을 제시한다. 이러한 맥락에서 기존 문해력의 개념을 재정의하고, 기초 디지털 문해력 향상을 위한 방안, 누구나 소외됨이 없는 두터운 디지털 교육 기회 확대를 위한 지원 방안을 제시한다.

서울시교육청에서는 2021년 2월, 〈AI 기반 융합 혁신미래교육 중장기 발전 계획〉을 발표하면서 인공지능 관련 교육을 인공지능 소양 교육이라고 명명하고 이를 다시 인공지능 이해 교육, 인공지능 개발 교육, 인공지능 활용 교육으로 분류하였다. 인공지능 이해 교육은 인공지능의 개념, 원리, 영향, 윤리 등을 다루는 교육을 의미한다. 인공지능 개발 교육은 알고리즘, 머신러닝, 딥러닝을 알고 인공지능을 설계하고 시험하는 등 인공지능 개발에 필요한 전반적인 지식에 대한 교육과정을 말한다. 마지막으로 인공지능 활용 교육은 인공지능을 체험하고, 교수-학습 현장에서 교사를 지원하고 보조하는 형태로 인공지능을 활용하는 교육을 의미한다.

교육부의 종합 방안과 서울시교육청의 발전 계획에서 보이는 공통된 흐름은 보편적 공교육을 강화하기 위한 목적으로 인공지능을 활용하고 인공지능에 대한 이해를 높이는 방향으로 접근하고 있다는 점이다. 특히 기초 학력 보장과 교육 격차 해소를 위해 개인 맞춤형 교육과 취약 계층 대상 서비스 강화를 강조하고 있다.

그런데 이때 아주 기초적인 질문이 간과되고 있다. 인공지능이 더 많은 결정을 스스로 내리는 세상을 너무 긍정적으로 묘사하면서, 인공지능의 결정 그 자체에 대해서는 질문하지 않는 것이다. 데이터화, 알고리즘으로 대표되는 인공지능 기술이 폭발적으로 진화하면서 사회 전체적으로 디지털 전환이 가속화되고 있지만, 교육에서의 디지털 전환에 대한 논의는 기존의 교육을 기술적으로 보조하는 차원에 국한되었다. 기술의 발전에 비례하는 교육의 적극적 역할과 그에 맞는 변화에 대한 논의가 무르익지 못하면 인공지능 교육이 인공지능 활용 교육으로만 축소될 수 있다. 새로운 종류의 공공 가치를 창출할 수 있는 인공지능 기반 교육의 기회와 도전 요인을 분석하는 것이 필요하다. 특히 인공지능 기술의 핵심인 알고리즘이 교육의 전통적 의사 결정과 교육 거버넌스에 어떤 영향을 미치는지를 중심으로 살펴보자.

인공지능 활용 교육은 교육 격차를 줄일까?

이상욱은 유네스코한국위원회에서 펴낸 자료집에서 "(AI의) 나쁜 점을 방지하거나 고치기 위해 이런 조치를 해야 한다고 선언하는 것이 아니"라 "우리 사회에서 핵심적으로 존중되는 가치에는 어떤 것이 있으며 그 가치를 최대한 균형 있게 존중하는 방식으로 AI 개발과 활용을 하기 위해 어떤 점에 주의하고 어떤 제도적 장치를 마련해야 하는지" 탐색하려는 노력이 인공지능 윤리의 핵심이라고 말한다.* 이는 2021년 스탠포드대 인공지능 100년 위원회가 출간한 보고서**의 내용과 연결된다. 보고서에서는 인공지능과 관련하여, 사회 정의를 다룸에 있어 통계적 관점을 채택하는 것의 위험성, 허위 정보가 민주주의를 위협하는 문제, 그리고 기술해결주의techno-solutionism의 문제를 제기한다.

이 세 가지 문제는 우리 교육에서 인공지능을 어떻게 활용할 것인가에 대해 시사하는 점이 크다. 최근 교육부와 시·도교육청에서는 학습 부진 학생을 비롯해 학생의 학습 이력에 대한 기록

---

* 이상욱(2021), 〈인공지능 윤리, 함께 생각하기〉, 유네스코한국위원회, 20쪽, 47~48쪽.
** The one hundred year study on artificial intelligence(AI100), 〈Gathering Strength, Gathering Storms〉.

을 토대로 인공지능을 통해 학생의 학습을 지원하는 정책을 펴는 등 복잡한 문제를 인공지능 알고리즘으로 해결하려는 경향을 보인다. 그러나 인공지능 기술은 작은 문제를 해결하는 과정에서 더 큰 문제를 만들 수 있다. 예를 들어 학습 부진 학생에 대한 지원을 합리화하고 자동화하는 시스템은 심리학자, 교사, 학부모 등이 협력하여 해결해야 할 학습 지원 체계를 알고리즘에 의존하게 할 수 있다. 이는 알고리즘이 인간보다 덜 편향된 선택을 하고 인간이 해결하지 못하는 것을 해결할 것이라는 사고를 전제하고 있다. 그러나 인공지능 알고리즘을 만드는 과정에서 데이터의 편향성은 오히려 차별을 악화시킬 수 있다.

인공지능에 의해 자동화된 의사 결정은 기존 편향을 복제하고 증폭하는 왜곡된 결과를 생성할 수 있다. 그런데 보다 심각한 문제는 교사나 교육 정책가, 정치가들이 인공지능에서 파생된 결론을 확실성으로 받아들일 때이다. 이러한 결정론적 접근 방식은 교육에 심각한 영향을 미칠 수 있다. 예를 들어 교육 평가나 교육 심리에서 미래의 예측 가능한 점수나 성격, 진로 등 학생에 대해 평가하는 것을 인공지능 알고리즘에 의존할 경우 교육에서 추구되어야 할 정의가 인공지능으로 아웃소싱되고, 인공지능이 점점 더 많은 요소를 분석할 수 있게 됨에 따라 알고리즘이 추산한 확률을 사실로 착각할 수 있다.

교육과 관련된 인공지능 개발 회사들은 인공지능이 가장 적절한 답을 내놓도록 만들기 위해 끊임없이 나름의 논리와 연구를 해 나가면서 알고리즘을 만들 것이다. 그런데 인간의 지능으로도 쉽게 답을 내놓을 수 없는 문제에 대해 인공지능이 알아서 정답을 내놓으라고 하는 것은 과연 얼마나 생산적일지, 또 그 답은 얼마나 공정하며 과연 인간과 인간의 가치를 존중할 수 있을지는 의문이 남는다. 더 나아가 인공지능마다 내놓는 답이 알고리즘의 차이에 따라 다를 수 있다. 심한 경우 서로 상충하는 답을 내놓을 수도 있을 것이다. 때로는 편향된 역사적 결정이나 노골적인 차별을 강화할 수도, 사회적 정의를 위협할 수도 있다.

우리가 어려운 문제에 직면했을 때 인공지능에 답을 내놓기를 요구하는 것보다 더 중요한 것이 있다. 많은 사람이 참여하는 숙의 과정을 통해 우리 사회의 핵심 가치를 최대한 존중할 수 있는 타협점을 찾아 원칙을 만들고, 그것이 인공지능의 개발에서부터 활용에 이르기까지 전 단계에 걸쳐 적용되도록 뜻을 모으는 일이다. 제한적인 상황에서만 실력을 발휘할 수 있는 인공지능이 공정하고 인간적인 선택을 해 주기를 기대하는 것이 아니라, 충분히 공정하고 인간적인 시스템의 틀 안에서 인공지능이 실력을 발휘하도록 하는 방법을 먼저 고민해야 한다. 하지만 과연 이러한 인공지능이 구현될 수 있을지는 여전히 장담할 수 없다.

민주적 견제 없는 맞춤형 학습 체제는 허구다

스탠퍼드대 로스쿨의 랜스 엘리엇 박사는 2021년 4월 《포브

스》에 기고한 글에서 의미 있는 사고 실험을 했다. 도시의 모든 택시가 인공지능으로 자율 주행을 하고 있다고 치자. 택시들은 도시 전역에 균일하게 분포하며 승객을 실어 나른다. 하지만 시간이 지날수록 택시들이 호출 빈도가 더 높은 특정 지역으로 몰리기 시작한다. 그곳은 대체로 소득 수준이 높은 지역일 가능성이 높다. 이렇게 되면 빈곤한 지역에서 택시를 잡으려는 승객과 대기 중인 택시 간의 평균 거리는 부유한 지역에서의 평균 거리보다 점점 커질 것이고, 가까운 곳에 있는 승객을 우선시하는 인공지능은 더욱 많은 택시를 부유한 지역에 몰아주게 될 것이다.*

인공지능 기반 맞춤 학습 체제 도입을 두고도 이와 같은 사고 실험을 할 수 있다. 인공지능 기반 맞춤 학습 체제는 모든 학생들의 선호를 반영하고 각 학생의 다양성을 증진하면서 개인에 최적화된 교육을 제공할 것이다. 그러나 시간이 지날수록 인공지능과 학생과의 거리는 차이가 아니라 격차로 변할 가능성이 높다. 가치 조정적 시장 논리가 인공지능 기반 맞춤형 교육에서도 그대로 재현될 확률이 높기 때문이다. 이 과정에서 인공지능이 윤리적으로 잘못한 것은 없다. 의도적으로 빈곤한 학생이나 학습 곤란을 겪는 학생을 배제하거나 격차를 키우는 알고리즘을 설계한 것도 아닐 테니 개발자가 잘못한 것도 없다. 인공지능은 중립적이고 공

---

* Eliot, L., 〈Finding great value in The United Nations UNESCO historic AI ethics agreement, which provides handy insights even for those burgeoning AI-based self-driving cars〉,《Forbes》, Apr 14, 2022.

정하다. 그러나 경제적, 사회적으로 격차가 있는 학생들의 상황과 인공지능이 결합하면서 맞춤형 교육은 격차를 심화시키는 교육이 될 수 있다.

따라서 우리가 인공지능 교육과 관련해서 생각해야 하는 것은 인공지능이 내리는 결정이 아니라 교육과 성장이라는 가치에 대한 우리의 숙의와 타협이다. 문제는 인공지능이 학습자를 맞춤형으로 돕는 것이 아니라, 어떻게 해야 모두에게 이로운 평등한 사회를 만들 수 있는지에 관한 것이다. 인간의 존엄성과 근본 가치를 지키기 위한 교육에서 우리가 할 일은 인공지능이 내놓는 결과물에 공정을 요구하는 것이 아니라, 인공지능을 활용하는 사회·교육 시스템 전반에서 우리가 인공지능을 통해 구현하려는 가치를 지킬 수 있는 환경을 만들어 내는 것이라는 사실이다. 이것은 의도 없이 만들어진 인공지능이 의도와 다르게 작동하며 문제를 일으키는 사례를 예의 주시하며 차별과 혐오의 언어를 발설하지 않도록 인공지능 개발 과정에 더 공정하고 다양한 시각이 반영되도록 하는 것을 넘어서는 문제이다.

진정한 맞춤형 교육이 되기 위해서는 학습자가 '제시된 표준'을 넘어서 새로운 가치와 모델, 삶의 방식을 찾아 나설 수 있어야 한다. 다시 말해 맞춤형 교육은 새로운 규칙, 새로운 코드, 새로운 습관, 새로운 삶의 방식과 교육적 모델을 발명할 수 있도록 해야 하며, 도전을 향해 열려 있어야 한다. 그러나 인공지능의 알고리즘은 공통적인 패턴과 표준을 만들어 나가는 과정이 주를 이

룬다. 이러한 환경에서 맞춤형 교육은 목적지에 가는 경로의 다양성만을 보장할 뿐이다. 진정한 맞춤형 교육이 가능하기 위해서는 표준화로 향하는 흐름에 대해 다양한 견제 장치를 갖춘 민주적 시스템이 잘 작동하도록 해야 한다. 이러한 민주적 시스템이 작동해야 개인의 권리와 존엄성을 지킬 수 있고, 이러한 권리과 존엄성의 토대에서 맞춤형 교육이 가능해진다. 인공지능 교육에서 우리가 관심을 가져야 할 것은 완벽한 선택과 결정을 내리는 인공지능보다는, 그 선택과 결정에 이르는 과정에 인간과 사회의 가치를 잘 담아내도록 하는 것이다. 미래 교육은 알고리즘이 아니라 우리 자신의 선택에 달려 있다.

| 참고 자료 |
주정흔 외(2021), 《인공지능(AI) 기반 에듀테크의 학교 현장 적용을 위한 협력적 실행 연구》, 서울교육연구정보원.

생태교육

생태전환교육, 교육과정의 생태적 전환

정용주
초등 교사, 《오늘의 교육》 편집위원

생태전환교육은 아직 이론적, 실천적 개념어로 체계화되지 않았다. 지속가능발전교육, 전통적 환경교육과 무엇이 다른지에 대해서도 정리되지 않았으며, '기후위기 대응교육', '탄소중립교육' 등 유사한 개념들도 계속해서 생겨나고 있다. 생태전환교육을 개념화하기 위해서는 환경교육과 지속가능발전교육의 의미를 먼저 살펴보아야 한다.

먼저 환경교육이란 국가와 지역 사회의 지속가능발전을 목표로 국민이 환경을 보전하고 개선하는 데 필요한 지식, 기능, 태도, 가치관 등을 배양하고 이를 실천하도록 하는 교육을 말한다. 다음으로 지속가능발전교육은 기성세대의 삶과 미래세대의 삶을 개선하고 유지하는 데 필요한 교육으로 정의할 수 있다. 외국의 많은 나라에서는 지속가능발전목표(SDGs) 4.7*을 중심으로 세계시민, 문화 다양성의 개념을 융합하면서 변혁적 역량을 기르는 비전을 제시하고 있다.

생태전환교육은 지구환경시스템의 지속 가능성 안에서 우리의 문명을 유지하며 생태적으로 전환하기 위해 노력하는 생태 시

---

* 지속가능발전목표란 2015년 70차 유엔 정상회담에서 설정한 세계 빈곤 종식과 평화 유지를 위해 2030년까지 이루어야 할 과제 17개를 말한다. 4.7이란 이 중 '포용적이고 공평한 양질의 교육 보장과 모두를 위한 평생학습 기회 증진'을 목표로 하는 네 번째 과제의 일곱 가지 세부 목표를 말한다.

민을 기르는 교육이라고 할 수 있다. 그 과정에서 텃밭 가꾸기, 학교 밖 생태 체험, 생태 조사 등 다양한 생태 활동을 통해 생태 감수성을 기른다. 이때 학생들은 지속 가능한 미래와 사회 변혁을 위해 필요한 가치, 행동, 삶의 방식을 모든 사람이 배울 수 있는 사회를 만들어 가는 데 주체가 되어야 한다. 이 글에서는 생태전환교육이라는 화두에 이르기까지 논의의 흐름을 돌아보고 현재 논의가 멈춰 선 지점을 확인한다.

제3세대 환경교육의 시작

환경교육과 지속가능발전교육을 포괄하는 의미에서 생태전환교육이 전면화된 계기는 코로나19였다. 예기치 못한 코로나19의 확산과 장기화로 인해 일상생활에 거대한 위기가 도래하였다. 모든 인류의 삶을 위협하는 심각한 도전에 직면하면서 전국시도교육감협의회는 민의를 대변하여 기후 위기를 코로나19 팬데믹의 원인으로 인식하고 기존의 환경교육과 지속가능발전교육을 넘어서는 선언과 제안을 주도하였다. 특히 서울시교육청에서 시작된 생태전환교육 전면화는 2022년 교육과정 개정 국면에 파동을 일으켰다. 서울시교육청은 기존의 환경교육, 지속가능발전교육, 생태교육과 구별하여 문명을 생태적으로 전환하는 비전을 담은 생태전환교육을 공식화하였다. 그리고 전국시도교육감협의회가 2020년 7월 9일에 〈학교 환경교육 비상선언〉을 발표하는 것으로 서울시교육청의 움직임을 이어받았다. 이 자리에서 전국의 교육감들은 생태 문명과 전환교육이라는 표현을 사용하며 네 가지 현안에 대해 합의했다.

1. 기후위기 대응교육을 통해 우리 아이들의 행복한 미래를 위한 환경학습권을 보장하고, 미래세대가 함께 살아가는 관계를 배우는 「교육생태계의 핵심으로서 학교」를 만들어 가겠습니다.
1. 자연과 더불어 살아가는 공존의 지혜를, 학교를 넘어 마을과 지역에서 함께 찾아 미래세대의 건강권과 안전권을 확보하기 위해 노력하겠습니다.
1. '지속 가능한 미래를 위한 교육'으로 전환하기 위한 노력으로 학교와 교육청에서 시작할 수 있는 온실가스 감축 방안을 모색하겠습니다.
1. 기후위기·환경재난 시대를 극복하기 위한 실천을 통해 다가치(민주, 인권, 평화, 다문화, 환경 등)를 내면화하면서 지구공동체의 생태시민으로서 성장하도록 공동의 노력을 기울이겠습니다.

이후 전국시도교육감협의회는 선언을 토대로 각 시·도교육청에서 실행할 수 있는 구체적 방안을 마련하기 위해 학교환경교육정책연구단을 발족시켰다. 이러한 흐름은 환경교육의 질적 전환을 이루어야 한다는 현장의 지속적인 문제 제기와 실천이 민선교육감들을 통해 구체화한 결과라고 할 수 있다. 이는 제3세대

환경교육 정책의 시기별 구분

	제1세대 환경교육 정책 (1987~2007)	제2세대 환경교육 정책 (2008~2019)	제3세대 환경교육 정책 (2020~현재)
환경교육의 관점	선형적 관점	복합적 관점	복잡계적 관점
목표	경제 성장의 부작용 보완	경제 성장과 환경의 균형	생태적 관점에서 경제 성장의 문제점 인식
초점	계속적인 경제 성장과 환경 문제에 대한 소극적 대응	경제 성장과 환경 보존의 균형 관점 속에서 환경교육 강화	경제 성장의 한계를 인식하고 전환적 삶에 대한 인식 확산 및 행동 강조
방법	연구학교 운영, 연수, 교재 개발·보급	연구학교 운영, 연수, 교재 개발·보급, 교원학습공동체	연계 및 네트워킹 촉진, 전문성과 자율성 증대, 교육과정 안에서 통합 모색
환경교육 주체	교육부, 교육청	교육부, 교육청, 학교	교육부, 교육청, 전국시도교육감협의회, 학교, 지방 정부, 시민사회
비전	경제 성장의 문제점 보완	개발과 보존의 균형점 확보	문명의 생태적 전환

환경교육으로의 패러다임의 전환을 이루는 계기가 되었다.

환경교육의 흐름에서 제1세대는 경제 성장의 부작용으로서 환경 문제를 인식하고 이를 교육과정의 시수에 반영하기 시작한 시기를 말한다. 유엔에서는 이미 1970년대부터 지속 가능성을 화두로 던졌으며 교과 통합적 관점, 학교 전체적 접근에서 환경 문제가 다루어져야 한다고 제안했다. 그러나 경제 성장 담론이 지배했던 우리나라 교육과정에서 이는 한참 후에 반영되었다. 이 시기에 환경교육은 자연과 사회를 기계적으로 분리하여 사고하며, 경제 성장 과정에서 발생하는 예상치 못한 문제를 과학의 힘으로 해결하자는 논리가 주를 이루었다. 교육과정에서는 중화학 공업 중심의 경제 성장을 강하게 긍정하면서, 환경 관련 단원이나 소재를 주변부로 배치하는 정도로 편제되었다.

제2세대 환경교육은 상호작용적 관점에서의 접근을 시작하였다. 이 시기에는 환경 교과가 개설되었으며 자연 보호를 넘어 산업 문명과 자연을 통합적으로 보려는 환경 체제론적 접근을 취했다. 다만 여전히 환경과 사회 정의 그리고 경제 성장을 조화시키려는 관점을 유지한다는 한계가 있었다.

마지막으로 제3세대 환경교육은 환경을 다루는 교육을 넘어서 삶의 질 제고, 지속가능발전, 환경 불균형 해소 등 다양한 정책 문제를 포괄하였다. 자연스레 환경교육의 목표와 위치가 경제 성장을 포괄하면서, 환경 문제에 대한 적극적인 해결책으로 인식되기 시작했다. 특히 경제 성장과 환경 보호의 조화와 균형이라는 녹색 성장의 논리를 넘어 지속 가능한 지구생태시스템 안에서 성장을 모색해야 한다는 문명 전환의 관점이 전면화되었다는 점에서 제3세대 환경교육은 성장 그 자체를 지구생태시스템의 지속 안에 배치하는 생태전환교육의 관점을 반영하고 있다고 할 수 있다.

전국시도교육감협의회에서 주도하는 제3세대 환경교육 정책으로의 전환이 모든 교육청에서 실현되고 있는 것은 아니다. 하지만 이런 움직임은 교육부와 대통령 직속 국가교육회의가 파트너로 참여한 2022년 교육과정 개정 과정에서 생태전환교육이 전면화되는 성과를 가져왔다. 내용적으로는 기존의 환경교육을 답습하고 있지만 향후 학교 환경교육의 비전이 무엇이어야 하는가를 생각하게 하는 중요한 계기가 되었다.

산업 문명과 생태 문명은 양립할 수 없다

생태전환교육과 같은 교과를 아우르는 주제를 교육과정에서 녹여 내는 방법에는 여러 가지가 있다. 우선 각각의 교과와 영역에서 생태전환교육을 구체화해야 한다. 이러한 실천은 이제까지 관심 있는 교사들의 자발적인 노력으로 이론적·실천적으로 상당 부분 심화되고 확장되었다. 환경에 대한 교육적 관심이 고조되면서 '환경을 생각하는 교사모임' 등이 동시대의 환경 문제를 정치사회적 맥락에서 접근하고자 노력하며 지속적으로 환경교육 강화를 요구해 왔다. 이러한 자발적 흐름이 제도적 영역과 만나「환경교육진흥법」이 제정되고 교육과정에서 환경교육이 강조되었다. 학교교육을 넘어서서 평생교육의 관점에서 환경 소양을 기르기 위한 노력도 계속되고 있다.

이러한 학교 안팎을 넘나드는 통합적 접근은 비단 환경교육의 문제만이 아니다. 모든 교과에서 교육과정의 통합성을 높이고, 삶과 연관된 교육, 학습자의 주도성을 기르는 교육으로 전환되고 있다. 이런 흐름을 받아들이면서 환경교육의 목표, 내용, 장소, 시간이 기존의 교육과정, 학교교육의 범주에서 확장되고 있다. 특히 학생의 삶과 행위 주체성이 강조되면서 교실과 학교 내에서뿐만 아니라 지역과 사회로 확장되고, 학교에서의 교과 수업뿐만 아니라 동아리 활동이나 지역 사회 기반의 체험 활동 시간까지 확장하여 접근되고 있다. 이에 따라 각 학교 차원에서는 학생들의 핵심 역량을 개발하고, 통찰력을 바탕으로 하는 융합적 사고를 함양시키기 위해 학교 특성에 맞게 교육과정을 재구조화하면서, 학교교육에 있어서도 패러다임의 변화를 가져오고 있다. 이러한 변화 속에서 교사가 수업에서 다루어야 할 내용과 요소에도 변화가 필요하게 되었다. 즉, 수업에서 학생들의 생활이나 지역 사회와 관련된 문제를 함께 다루어 사회적 원칙이나 가치, 그리고 실천에 대해서도 함께 생각할 기회를 제공할 필요가 있게 되었다. 학생들은 수업에서 자기 주변의 생활이나 사회 문제를 다루면서 문제를 해결하는 방안을 모색하고 때로는 이를 위한 실천을 동료들과 함께 해 나감으로써 사회에 대한 공감과 더불어 감수성을 갖게 될 것이다. 그리고 이러한 경험은 학생들이 회복력 있는 학습자로 성장하기 위해 꼭 필요한 과정이다.

문제는 어떻게 교육과정 안에서 좋은 삶에 관한 우리의 내적 기순을 바꾸는 동시에 그런 삶을 실현하기 위한 외적 기준을 바꿀 것인지 구체화하기 어렵다는 점이다. 여전히 성장 담론, 인간 중심성 담론이 국가 교육과정을 지배하고 있기 때문이다. 인간이 만든 환경 파괴의 심각성을 인식하면서도 기술 변화를 통해서 지금의 문명이 지속될 수 있다고 믿고, 자연에 대한 과학적 이해를 토대로 산업화를 지속하려 하는 생태적 근대화 담론이 그것이다. 지금 생태전환교육의 논의는 산업 문명과 생태 문명의 조화라는 비전으로 수렴되고 있다. 대표적인 현상이 생태 문명과 디지털 문명이 동시에 논의되는 것이다. 생태 문명의 전환 속에서 디지털 기술을 활용하는 것인지, 생태와 디지털이라는 두 문명이 병행하는 것인지 혼란에 빠지게 된다. 이렇게 생태 문명과 디지털 문명이라는 두 차원으로 문명적 시각이 분화되면서 교육과정에서도 생태시민성으로 통합성을 갖지 못하고 디지털 교육과 생태교육이라는 두 갈래가 기계적으로 분할되었다.

생태전환교육이 가진 보다 근본적인 문제는 교수-학습과 교육과정의 내용과 방법론에 대한 접근이 있을 뿐 인지의 과정에서 문명 패러다임의 전환을 구체화하지 못하고 있다는 것이다. 그래서 이전의 교육 개혁에서 흔히 반복되는 패턴인 새로운 인간상을 정의하는 방식밖에 제시하지 못하고, 나머지는 환경교육을 더 잘하자는 주장으로 회귀하게 되었다. 역대 정부의 교육 개혁 기조가 크게 다르지 않으니, 기존의 교육 개혁 의제의 연장선에서 대안을 제시하는 데 그쳤다고 볼 수 있다. 우리는 교육과정, 교육을 지배하는 패러다임을 전환하기 위해 노력해야 한다. 이는 궁극적으로 과학적 탐구라는 패러다임, 즉 이성을 활용하여 합리적으로 판단하기 위해 주체와 대상을 선명하게 구분하고 객관성을 확보하는 법을 배우는 학습의 과정에서 더 나아간 논의를 시작하는 것이다.

이렇게 전환의 방향이 구체화되지 못한 가운데 생태전환교육은 현행 교육과정에 통합되는 결과를 가져왔으며 각 학교에서는 단기적 환경교육 강화에 집중하게 되었다. 그래서 이 이슈는 '생태전환교육'이라는 문구가 들어가느냐 아니냐의 문제만 남게 되었다. 이는 다른 말로 하면 '생태전환교육'이라는 문구를 삭제하고 독해하면 지금까지 반복되었던 교육 개혁 논리와 대부분 일치한다는 것이다. 생태전환교육은 현행 교육과정과 학교교육에서 환경교육을 강화하는 전략과는 다른 경로를 가져야 한다. 교육 목표와 사회적 목표를 연결하고 여러 주제를 조정하고 통합하면서 교육과정의 모든 교과, 주제들을 생태적 전환의 관점에서 재맥락화하는 프레임워크, 교과 우선순위를 제시해야 한다. 정치, 경제, 사회, 문화 영역에서 구체화되고 있는 생태적 전환의 비전을 반영해 학교의 운영 원리를 생태적으로 전환하는 방안에 대한 고민이 병행되어야 한다. 교육과정 운영에서도 단순히 기후 위기에 대해 배우는 것이 아니라, 모든 교육과정과 체제에 전환의 관점이 반영되어야 한다. 그렇지 않으면 학교 급 간, 해당 년도 교육과정 편성과 운영, 시간적 차원에서 통합적으로 생태전환교육이 이루어지지 못하게 된다. 학교 급 간 차원의 통합, 해당 년도 교육과정 편성과 운영에서 통합은 교과 교육과정 실행과 연구, 연수 사이의 더욱 긴밀한 연계와 통합을 의미하고, 이러한 통합이 가능하려면 교육과정 계획, 집행, 평가로 이어지는 과정에서 생태전환을 중요한 비전으로 고려하도록 교육과정을 설계할 필요가 있지만 여기까지 생태전환교육의 비전이 구체화되지는 못했다.

정치가 선거와 선거 사이에 있는 것처럼, 교육과정은 교육과정 개정과 개정 사이에 있다. 다시 말해 우리는 현행 개정 교육과정을 실행하는 것이 아니라 다음 교육과정을 개정하는 실천을 하고 있는 것이다. 지금 우리의 실천은 다음 교육과정 개정의 주요 내용을 사회적 의제로 만든다. 생태전환교육을 다음 교육과정에서 사회적 이슈로 만들어 내기 위해서는 지금 우리의 실천을 벼려야 한다. 제3세대 환경교육과 생태 문명을 보다 급진화시키는 실천을 통해 생태전환교육은 기존 문명의 보완재가 아닌 대체재가 될 수 있으며, 교육과정의 편제에서 특정 주제 영역을 포함하는 것을 넘어 교육과정 비전 자체를 바꿀 수 있다.

교육공동체 벗

교육공동체 벗은 협동조합을 모델로 하는 작은 지식공동체입니다.
협동조합은 공통의 목적을 가진 사람들이 모여서 만든
권력과 자본으로부터 독립된 경제조직입니다.
교육공동체 벗의 모든 사업은 조합원들이 내는 출자금과 조합비로 운영됩니다.
수익을 목적으로 하지 않기에 이윤을 좇기보다
조합원들의 삶과 성장에 필요한 일들과
교육운동에 보탬이 될 수 있는 사업들을 먼저 생각합니다.
정론직필의 교육전문지, 시류에 휩쓸리지 않는 정직한 책들,
함께 배우고 나누며 성장하는 배움 공간 등
·우리 교육 현실에 필요한 것들을 우리 힘으로 만들고 함께 나누고 있습니다.

조합원 참여 안내

출자금(1구좌 일반 : 2만 원, 터잡기 : 50만 원)을 낸 후 조합비(월 1만 5천 원 이상)를 약정해 주시면 됩니다. 조합원으로 참여하시면 교육공동체 벗에서 내는 격월간 교육전문지 《오늘의 교육》과 조합통신을 받아 보실 수 있습니다. 출자금은 종잣돈으로 가입할 때 한 번만 내시면 됩니다. 조합을 탈퇴하거나 조합 해산 시 정관에 따라 반환합니다. 터잡기 조합원은 벗의 터전을 함께 다지는 데 의미와 보람을 두며 권리와 의무에서 일반 조합원과 차이는 없습니다. 아래 홈페이지나 카페에서 조합 가입 신청서를 내려받아 작성하신 후 메일이나 팩스로 보내 주세요.

홈페이지 communebut.com
카페 cafe.daum.net/communebut
이메일 communebut@hanmail.net
전화 02-332-0712
팩스 0505-115-0712

교육공동체 벗을 만드는 사람들

※하파타순

후쿠시마 미노리, 황지영, 황정일, 황정원, 황이경, 황윤호성, 황봉희, 황기철, 황규선, 황고운, 홍정인, 홍용덕, 홍순성, 홍세화, 홍성구, 홍석근, 현복실, 현미열, 허효인, 허창수, 허윤영, 허성균, 허보영, 허광영, 함점순, 함영기, 한학범, 한채민, 한지혜, 한은옥, 한송희, 한소영, 한성찬, 한석주, 한민혁, 한만중, 한낱, 한길수, 한경희, 하효정, 하주현, 하정호, 하정필, 하인호, 하승우, 하승수, 하순배, 탕동철, 최희성, 최현숙, 최현미, 최진규, 최주연, 최정윤, 최정아, 최은정, 최은숙, 최은ээ, 최윤미, 최원혜, 최원희, 최영식, 최연희, 최연정, 최승훈, 최승복, 최선영, 최선경, 최봉선, 최보람, 최병우, 최미영, 최류미, 최대현, 최기호, 최광용, 최경미, 최경련, 최강토, 채효정, 채종민, 채민정, 차종숙, 차용훈, 진현, 진주형, 진웅용, 진영준, 진낭, 지정순, 지수연, 주순영, 조희정, 조형식, 조헌민, 조항미, 조해수, 조진희, 조지연, 조준혁, 조주원, 조정희, 조용현, 조윤성, 조원희, 조원배, 조용진, 조영현, 조영옥, 조영실, 조영선, 조여은, 조여경, 조성희, 조성실, 조성배, 조성대, 조석현, 조석영, 조문경, 조문경, 조남규, 조경애, 조경아, 조경삼, 조경미, 제남모, 정희영, 정희선, 정흥윤, 정혜령, 정현주, 정현숙, 정혜레나, 정춘수, 정진영a, 정진영b, 정진규, 정종헌, 정종민, 정재학, 정이든, 정은희, 정은주, 정은균, 정유진a, 정유진b, 정유숙, 정유섭, 정원탁, 정원석, 정용주, 정예슬, 정영현, 정수연, 정보라, 정미숙a, 정미숙b, 정명옥, 정명영, 정득년, 정대수, 정남주, 정광호, 정광필, 정관모, 정경원, 전혜원a, 전혜원b, 전준한, 전정희, 전유미, 전세란, 전보애, 전병기, 전민기, 전미영, 전명herbs, 전나희, 장현주, 장인하, 장은정, 장은미, 장윤영, 장원영, 장시준, 장상욱, 장병호, 장병학, 장병순, 장근영, 장군, 장경훈, 임혜정, 임향신, 임한철, 임지영, 임중혁, 임종길, 임정은, 임전수, 임은우, 임수진, 임성빈, 임성무, 임선영, 임상진, 임민자, 임덕연, 이희옥, 이희연, 이효진, 이호진, 이혜경, 이혜린, 이현, 이혁근, 이향숙, 이한진, 이태영a, 이태영b, 이충근, 이진혜, 이진혼, 이진주, 이지혜, 이지현, 이지향, 이지영, 이지연, 이중석, 이주희, 이주영, 이종은, 이정희a, 이정희b, 이재익, 이재은, 이재영, 이재두, 이임순, 이인사, 이은희a, 이은희b, 이은향, 이은진, 이은주, 이은영, 이은숙, 이유엽, 이유승, 이유선, 이윤경, 이유진a, 이유진b, 이원님, 이용환, 이용숙, 이용기, 이영화, 이영혜, 이영주, 이영아, 이연진, 이연주, 이연숙, 이연수, 이승헌, 이승재, 이승아, 이슬기a, 이슬기b, 이수정a, 이수정b, 이수연, 이수미, 이성희, 이성호, 이성숙, 이성수, 이설희, 이선표, 이선영, 이선애, 이선애b, 이선미, 이상호, 이상화, 이상직, 이상원, 이상미, 이상대, 이병준, 이병곤, 이범희, 이민아, 이미옥, 이미라, 이문영, 이명훈, 이명형, 이동철, 이동준, 이덕주, 이남숙, 이난영, 이나경, 이기규, 이근희, 이근영, 이광연, 이계샴, 이경화, 이경, 이경숙, 이경미, 이건진, 윤홍은, 윤지영, 윤종원, 윤우람, 윤영숙, 윤영백, 윤수진, 윤상혁, 윤병일, 윤규식, 유효성, 유재은, 유영길, 유수연, 유병준, 위양자, 원지영, 원육희, 원성제, 우창숙, 우지영, 우완, 우수경, 오중근, 오정오, 오재홍, 오은정, 오은경, 오유진, 오수진, 오수민, 오세희, 오민식, 오정환, 오숙, 영정신, 여희영, 여태진, 엄창호, 엄재홍, 엄기옥, 양해준, 양지선, 양은주, 양은숙, 양영회, 양애정, 양선형, 양선아, 양서영, 양상진, 안효빈, 안찬원, 안지현, 안지윤, 안준호, 안영선, 안옥수, 안영신, 안영빈, 안순억, 심향일, 심은보, 심승희, 심수환, 심동우, 심경일, 신혜선, 신충일, 신창호, 신창복, 신중휘, 신중식, 신은정, 신은경, 신유은, 신소희, 신성연, 신미옥, 송호영, 송혜란, 송별, 송정은, 송인혜, 송용석, 송승훈, 송명숙, 송근회, 송경화, 손현아, 손진근, 손정란, 손은경, 손은영, 손미수, 설은주, 설원민, 선휘영, 선미라, 석옥자, 석경순, 서혜진, 서태성, 서지연, 서정오, 서인선, 서은지, 서우철, 서혜원, 서명숙, 서강선, 상형규, 변현숙, 백현희, 백영호, 백승범, 배희철, 배주영, 배정현, 배이상헌, 배영진, 배아영, 배경내, 방득일, 방경내, 반영진, 박희진, 박희영, 박효성, 박효구, 박환조, 박혜숙, 박혁진, 박형진, 박형식, 박현숙, 박춘애, 박춘배, 박철호, 박진환, 박진수, 박진교, 박지희, 박지혜, 박지인, 박지원, 박중구, 박정미, 박재선, 박은하, 박은아, 박은정, 박용빈, 박옥주, 박옥균, 박영실, 박연지, 박신자, 박수진, 박성규, 박복선, 박미희, 박미옥, 박명진, 박명숙, 박동혁, 박도정, 박도영, 박대성, 박노해, 박내현, 박나실, 박고형준, 박경화, 박경정, 박건형, 박건진, 민병성, 문용식, 문순옥, 문순호, 문영은, 문성원, 문경모, 모성진, 마승희, 류창모, 류방모, 류정희, 류재향, 류우종, 류명숙, 류대현, 류경원, 도정철, 도방주, 데와 타카유키, 노영현, 노상경, 노경미, 남효숙, 남정민, 남윤희, 남유경, 남원호, 남예린, 남미자, 남궁역, 나규환, 김정, 김희옥, 김흥규, 김훈태, 김효미, 김규는, 김혜영, 김혜림, 김형렬, 김현a, 김현주a, 김현경, 김현철, 김현주, 김현탁, 김현필, 김태훈, 김태원, 김찬우, 김찬영, 김진희, 김진숙, 김진명, 김진, 김지훈, 김지운, 김지연a, 김지연b, 김지안, 김지미, 김지광, 김중미, 김준연, 김주영, 김종헌, 김종진, 김종원, 김종숙, 김종성, 김종선, 김정은, 김정식, 김정삼, 김재황, 김재민, 김일규, 김인순, 김이은, 김이민경, 김은표, 김은숙, 김은숙, 김윤주, 김윤우, 김원혜, 김원석, 김용훈, 김용양, 김용만, 김온화, 김영희, 김영진a, 김영정b, 김영기, 김영식c, 김영주a, 김영주b, 김영애, 김영선, 김연정b, 김연일, 김연오, 김연미, 김아현, 김순천, 김수현, 김수진a, 김수진b, 김수정a, 김수정b, 김수연, 김수경, 김소희, 김소영, 김세호, 김성탁, 김성숙, 김성보, 김선희, 김선철, 김선우, 김선미, 김선구, 김석규, 김서화, 김서영, 김상희, 김상정, 김상은, 김봉석, 김보현, 김보경, 김병호, 김병근, 김병기, 김범주, 김민주, 김민곤, 김미향, 김미합, 김미기, 김미숙, 김미선, 김문옥, 김무영, 김무섭, 김명희, 김명현, 김동원, 김동일, 김동원, 김도석, 김다현, 김다영, 김남철, 김나혜, 김기웅, 김기언, 김규대, 김광민, 김교종호, 김경일, 김경미, 김가연, 기세라, 김현옥, 금명순, 권혜영, 권혁천, 권태윤, 권자영, 권용혜, 권미지, 국찬석, 구자숙, 구월희, 구원회, 구수연, 구본희, 구미숙, 뻥이눈, 광효, 곽혜영, 곽현주, 곽진경, 곽노근, 곽도근, 공영아, 고춘식, 고진선, 고윤정, 고영주, 고영실, 고병헌, 고민연, 고민경, 강화정, 강현주, 강현정, 강한아, 강태식, 강준희, 강인성, 강이진, 강은영, 강윤진, 강영일, 강영구, 강수미, 강수돌, 강성진, 강석도, 강서형, 강미정, 강경모

※2023년 2월 10일 기준 727명

※ 이 책의 본문은 재생 용지를 사용해서 만들었습니다.